解放广西

广西革命纪念馆 编著

中国文史出版社

图书在版编目（ＣＩＰ）数据

解放广西 / 广西革命纪念馆编著 . —北京：中国
文史出版社，2022.11
　ISBN 978-7-5205-4030-8

　Ⅰ . ①解… Ⅱ . ①广… Ⅲ . ①革命史 – 广西 Ⅳ .
① K296.7

中国国家版本馆 CIP 数据核字（2023）第 030851 号

责任编辑：詹红旗

出版发行：中国文史出版社

社　　　址：北京市海淀区西八里庄 69 号院　　邮编：100142
电　　　话：010- 81136606　81136602 81136603（发行部）
传　　　真：010-81136655
印　　　装：廊坊市海涛印刷有限公司
经　　　销：全国新华书店
开　　　本：787 毫米 ×990 毫米　1/16
印　　　张：19
字　　　数：280 千字
版　　　次：2024 年 1 月北京第 1 版
印　　　次：2024 年 1 月第 1 次印刷
定　　　价：68.00 元

前　言

　　党的十九届六中全会通过的《中共中央关于党的百年奋斗重大成就和历史经验的决议》指出:"解放战争时期,面对国民党反动派悍然发动的全面内战,党领导广大军民逐步由积极防御转向战略进攻,打赢辽沈、淮海、平津三大战役和渡江战役,向中南、西北、西南胜利进军,消灭国民党反动派八百万军队,推翻国民党反动政府,推翻帝国主义、封建主义、官僚资本主义三座大山。党领导的人民军队在人民支持下,以一往无前的英雄气概同穷凶极恶的敌人进行殊死斗争,为夺取新民主主义革命胜利建立了历史功勋。"

　　解放广西,是中国共产党领导的人民解放战争伟大史诗的重要篇章。在波澜壮阔的人民解放战争中,中国共产党广西地方组织领导广西军民英勇奋斗,付出了巨大牺牲,做出了突出贡献。为了忠实记录中国共产党广西地方组织领导广西军民在解放战争时期可歌可泣的革命历程,热情讴歌革命先烈和仁人志士为了人民解放而前仆后继、舍生忘死的牺牲精神,广西革命纪念馆组织开展了"广西军民在解放广西中的突出贡献"专题研究,并在此基础上编写了《解放广西》一书。

　　《解放广西》一书正文共七章。第一章"争取和平民主　准备武装斗争"记录了抗日战争胜利后中共广西地方组织的发展壮大以及争取和平民主的努力及准备武装起义的斗争。在"两个中国之命运"大决战的前夕,中共广西地方组织领导广西军民成功实现了从抗日战争到解放战争的转变,为随后到来的伟大而残酷的解放战争打下了坚实的基础。

　　第二章"掀起武装起义的风暴"从1947年4月召开的中共广西省工委"横县会议"写起,记录了广西各地武装起义特别是英家起义、古城起义、桂北起义、桂西起义、横县起义、中秋起义、三(波)光(坡)企(沙)起义等的经过,深入分析了广西武装起义的深远意义。在人民解放军从战略防御转入战略进攻的背景下，中共广西地方组织适时地做出了"一切为着准备武装起义而斗争"的重大决策，并勇敢地发动了一系列武装起义，谱写了广西解放战争历史上悲壮的一页。

第三章"广泛开展游击战争"记录了1947年广西各地武装起义之后，中共广西地方组织领导广西军民在反"围剿"中坚持艰苦卓绝的游击战争，随后在人民解放军取得战略决战伟大胜利的背景下，迅速扩大人民武装力量，建立桂北游击区、桂中游击区、桂东游击区、柳北游击区、都宜忻游击区、左江游击区、右江（桂西）游击区、十万山游击区、六万山游击区、桂中南游击区、桂东南游击区等十一个游击区的历程。十一个游击区的建立，是广西军民在解放广西中的突出贡献的重要表现。

第四章"人民解放军发起广西战役"记录了在人民解放战争取得伟大胜利、中华人民共和国成立后，毛泽东和中央军委适时部署广西战役，人民解放军向广西进军，取得粤桂边大围歼等重大战斗的胜利，最后把红旗插上镇南关，宣告广西解放的历程。广西的解放，开辟了广西历史的新纪元。

第五章"广西军民为解放广西而英勇作战"记录了在人民解放军发起广西战役的背景下，中共广西地方组织领导广西军民广泛开展支前工作，积极配合人民解放军南下，同时抓住一切时机解放广大城市和乡村的历程。广西军民的英勇作战有力地配合了人民解放军发起的广西战役，是广西解放战争中的绚丽篇章。

第六章"广西地下党领导的艰苦卓绝的城市斗争"记录了在中共广西城工委领导下，广西城市地下党组织坚持斗争、迎接解放的历程，重点记录了桂林、梧州、柳州、南宁城工委在黎明前与敌人的殊死搏斗。城市地下斗争和乡村武装起义是解放战争时期广西地方党组织领导的反抗国民党反动派的"两条战线"，其意义同等重要。

第七章"建立人民的新广西"记录了中共广西省委成立、广西工作队南下、广西各市军管会成立和广西各级人民政权建立的历程，并阐述了广西解放的历史意义。"人民的新广西"的建立，标志着广西的彻底解放。

本书附录收录了有关解放广西的历史文献、解放战争时期中共广西地方组织和地方武装概况、广西解放战争时期历史大事记、广西各市县解放时间一览表、广西新旧县名对照表、广西武装部队序列及参考书目。

本书在编写过程中，参考了《中国共产党历史（第一卷）》《中国共产党广西历史（第一卷）》《广西解放》《全国解放战争时期的广西武装斗争》《解放战争广西敌后游击战争纪实》《广西解放纪实》《广西战役》《见证广西解放》《广西革命回忆录》《广西革命回忆文选》等图书和文献资料、学术论文，特向有关单位和个人表示衷心的感谢。

谨以本书献给在解放广西中牺牲的革命先烈以及一切为解放广西贡献力量的人们！

目 录

第一章 争取和平民主 准备武装斗争

　　1945 年 8 月 15 日，日本宣布无条件投降。9 月 2 日，日本代表在投降书上签字。至此，中国人民抗日战争暨世界反法西斯战争胜利结束。中华民族在经过浴血奋战取得抗日战争的伟大胜利后，又面临着"两个中国之命运"的斗争。中国共产党代表中国人民的根本利益，努力建设一个独立、自由与富强的新中国；代表大地主、大资产阶级利益的国民党统治集团，妄图抢夺抗日战争的胜利果实，继续维持国民党一党专政的统治。在光明与黑暗的大决战中，中国共产党领导广西人民努力争取和平民主，积极准备武装斗争，开创了人民革命的新篇章。

一、中共广西地方组织与上级党组织联系的恢复

　　抗日战争时期，中共广西地方组织遭受了严重挫折，但鲜红的党旗始终在八桂大地迎风飘扬。1942 年 7 月至 1943 年 1 月，中共广西地方党组织实现了工作重心由城市到农村的战略转变，在广大农村和一些小城镇陆续新建了一批党的工作据点，整顿、加强和发展了农村党组织，为以后发动农村武装斗争打下了基础。

　　1942 年 7 月桂林"七九事件"后，中共广西省工委和上级党组织失去联系。党中央对广西地方组织极为关注。1944 年 11 月，党中央决定组建八路军南下支队，由王震、王首道率领，挺进粤桂湘赣边，创建以五岭山脉为中心的抗日根据地。同年 8 月，中共中央南方局致电中共广东临时省委，要他们协助开展广西方面的工作。中共广东临时省委在 1945 年 1 月 9 日给周恩来的电报中指出："殷丹现将抵此，拟整风后派回广西工作。"后来由于情况发生变化，这一计划未能付诸实施。1945 年 6 月，中共中央又组织由文年生、雷经天等率领的八路军南下支队第二梯队，并抽调欧致富、韦祖珍、廖联原、黄传林等一批广西籍干部参加第二梯队，返回广西工作。不久，日本宣布投降，八路军南下支队的两

个梯队奉命北返，中共中央在粤桂湘赣边创建根据地的计划未能实现。

在国共谈判期间，新四军军长陈毅和副军长张云逸在山东临沂新四军军部找廖联原和黄传林谈话，要两人回广西工作，并作了指示：若和谈成功，就通过上层人物的关系，往国民党里钻，钻得越高越好，和平接收国民党政权，开展民主斗争；如和谈破裂，就在广西开展人民战争，上山打游击。张云逸介绍了桂系军阀的情况，对李宗仁、白崇禧、黄旭初等都一一作了介绍。张云逸交代：离开解放区以后，两人生活要靠自己，要有长期作战的思想，最少要做好奋斗5年的准备。按照中共中央的安排，廖联原、黄传林几经周折，于1946年夏初从华东返回广西，在他们的家乡贵县、贺县领导群众开展革命斗争。

当时，中共广西地方组织主要是以钱兴为书记的中共广西省工委。此外，还有由粤桂边特委常委魏南金领导的桂林、柳州、贺县、平乐党组织、属中共广东南路特委领导的钦廉四属和桂东南部分党组织。

1945年六七月间，日军为收缩兵力，开始从广西撤退，大批国民党中央军进入广西。国民党顽固派妄图借反攻之机，消灭中共地方组织领导的抗日武装。中共广西省工委在未能和上级党委取得联系的情况下，从广西的实际情况出发，指示桂东北、柳北各抗日游击队实行分散隐蔽的方针，已暴露的人员转移到外地活动，武器则分散隐藏，待条件成熟后再开展武装斗争。

抗日战争胜利后，中共广西省工委书记钱兴积极设法和上级党组织取得联系。

1945年9月初，中共广西省工委书记钱兴偕省工委政治交通员庄炎林由昭平县黄姚镇启程赴重庆，向中共中央南方局汇报工作。中共中央委员、南方局工作委员会书记王若飞和负责组织工作的钱瑛听取了钱兴的汇报。他们肯定了广西省工委几年来的工作，并向钱兴传达了党中央的指示："双十协定"虽然已经公布，但这只是纸上的东西，国民党可能执行，也可能不执行，打内战的可能性很大，广西党组织要做好两手准备，尽一切努力制止内战，尤其要防止蒋介石发动全面内战。中共中央这一指示总的精神是争取和，准备打，立足于打，使自己处于主动地位。

1945 年 11 月至翌年初，中共广西省工委书记钱兴先后到桂林、柳州、融县等地，向各地党组织负责人传达党的"七大"精神和中共中央南方局的有关指示。钱兴指示各地党组织广泛开展反内战、反独裁，争取和平民主的斗争，同时做好武装斗争的准备。在此前后，曾在柳州市、南宁市工作过的一部分党员返回两市活动。钱兴从广西的实际情况出发，决定抽调一批党员返回城市，恢复、发展党组织，领导人民群众，广泛开展争取和平民主、反对内战独裁的斗争，并大力培养骨干，以便将来将他们输往农村，开展武装斗争。同时，将大部分党员留在农村，广泛发动群众，成立各种群众组织，建立工作据点，为将来开展武装斗争打下坚实的基础。1945 年 8 月，中共广东区委委员、北江特委书记黄松坚根据广东区委的指示，将北江特委改称粤桂边特委，安排特委常委魏南金负责桂东方面的工作，要他立即返回广西，在桂东发展党组织，创造条件，建立根据地，并设法找到中共广西省工委书记钱兴。

1945 年秋，受中共广东南路特委和南路人民抗日解放军委派，林克武率领刘一桢、严敬义、刘林映、刘傅勇、李瑞能、谢应昌、陈金昌、万学知、谢应成等十多位广西籍同志潜返广西，分散隐蔽活动。这些广西籍地下党员的回归，一方面将上级党组织的精神带回广西，另一方面进一步壮大了广西地方党组织的力量。

1945 年 8 月下旬，准备开往雷州半岛、海南岛等地"受降"的国民党第四十六、六十四军进入广东南路地区，妄图借机消灭中共地方组织领导的抗日武装。中共南路特委根据中共广东区委提出的"坚持斗争，保存武装、保存干部"的方针，命令合（浦）灵（山）独立营、博白独立营（均为 1945 年春钦廉四属及桂东南抗日武装起义受挫后撤至廉江、遂溪的队伍）立即返回本县，以武工队的形式分散活动，开展自卫斗争。10 月，又命令南路人民抗日解放军第一团（主力团，沿称"老一团"）自雷州半岛突围西进十万山区，以保存力量和创建十万山游击根据地。

合灵、博白独立营返回本县后，会合留在当地坚持斗争的人员，以机动灵活的战术对付敌人的"清剿"，袭击了合浦的多蕉、灵山的升平、博白的松山等乡公所，处决了一批特务和地方反动头目，恢复、建立了一批革命据点，保存了革命力量。1946 年 5

月 4 日，灵山县游击队在佛子乡大坡村附近伏击负责护送军饷的广东省保安第一团的两个排，毙伤少校军需冯焯明以下 30 余人。

"老一团"粉碎敌人的前堵后追，于 1945 年 12 月到达防城，在防城县游击队的配合下，摧毁了峒中、那勤、扶隆等一批乡保政权和反动据点，为创建十万山游击根据地奠定了基础。与此同时，中共钦县（今为钦州市）党组织逐步集结 1945 年 2 月小董起义失利后分散隐蔽的武装人员，成立钦县游击队，开展游击活动。1946 年 2 月，国民党正规军第一五六旅及两广地方武装进犯十万山游击区。为忠实执行国共一月"停战协定"，避免内战扩大和保存力量，经印度支那共产党（沿称"越共"）中央同意，"老一团"及防城县游击大队主力于 4 月下旬撤入越境休整。

1946 年 9 月，中共广西省工委书记钱兴赴香港，向负责华南党的组织工作的中央代表方方汇报工作。方方向钱兴传达了党中央和毛泽东主席关于发动群众斗争和隐蔽精干等一系列重要指示，并对广西的工作提出了具体的意见。至此，正式恢复了广西省工委和上级党组织的直接联系。

二、中共广西地方组织的发展壮大

抗日战争胜利后，转移到外地活动的中共党员秘密回到原工作地。各地党组织按照中共广西省工委的指示，认真审查党员，整顿和恢复、发展党组织，领导人民群众开展各种形式的革命斗争。

1945 年 11 月，中共广西省工委书记钱兴决定重建中共桂林市工委，任命庄炎林为书记（庄留在中共中央南京局工作后，由阳雄飞代书记）；12 月任命肖雷为桂北区特派员；次年 2 月任命吴赞之为桂东区特派员，张祖贵为郁林区特派员。

各地党组织按照中共广西省工委提出的积极而又慎重地发展党员的方针，经过严格审查和悉心培养，吸收了大批经过抗日战争严峻考验和在爱国民主运动中涌现的骨干入党，壮大了党的队伍。

1944 年冬，日军再次入侵广西，桂林、柳州相继沦陷。根据中共广西省工委"八月决定"，广西党组织深入农村，建立敌后抗日游击根据地。经请示黄嘉，修仁县地下党支部的所有党员同志回到象县准备打游击，修仁县党支部改称象县党支部，由韦章平负责支部工作，韦纯束协助。之后，日寇步步紧逼，广西很快沦陷，由于交通阻隔或其他种种原因，象县党支部与黄嘉和上级党组织中断了联系。在一年多的时间里，没有上级组织领导，象县支部坚持独立斗争，做了不少工作。抗日战争胜利后，象县党支部经过商量，决定部分同志暂时留守象县，等候组织的进一步指示，个别同志有可能的就到别的县做教师，待与上级接上关系后再由组织安排。于是，韦章平等三位同志来到河池中学任教。不久，中共象县支部的李文达、韦纯宽与柳州党组织接上关系，甘瑛白、林侠、黄志明也回象县工作。此时全国民主氛围高涨，城市民主运动更为活跃。中共象县支部个别同志曾一度产生向往城市、搞轰轰烈烈的城市斗争的思想情绪，对在基层长期埋头做积聚力量的工作多少有些急不可耐。但是，和平民主的氛围很快就为内战的阴云所代替。中共中央连续发表了"以自卫战争粉碎蒋介石的进攻"等指示，象县党组织很快就清醒地认识到：以蒋介石为代表的国民党反动派高唱民主，和谈是假，积极内战是真。

解放战争中的思明地区是左江游击区三大块游击根据地之中的一块。这个地区包括思乐、明江、宁明、崇善四个县。燃遍思明的革命烽火是从明江县爱店街这个小圩镇开始的。爱店街地处十万山余脉、中越边境线上，是两国人民交往的重要关口。这里聚居着300多户人家，1000多人。街上居民几乎全部是来自广东的客家人，主要以做商贩谋生。他们与当地居民和睦相处，也跟居住在越南边境的华侨关系亲密。日本侵略军第一次入侵广西的时候，爱店人民曾经毅然奋起，武装抗击过敌人。1940年秋冬之间，广西学生军的一个小分队曾经来到这里，宣传组织群众，进行抗日救亡活动。学生军小分队中的共产党员林中、梁高民、谭家让、邹品芳等，在这里播下了革命的种子。后来，中共桂西南特委决定，派林中到爱店工作，担任中共爱店特别支部书记，培养骨干，为后来开展农村武装斗争准备了极为重要的条件。1945年春节过后，日本侵略军占领越南。日本取代了法国在越南的殖民统治。中共爱店特支与越南共产党领导的越盟北江省委共同研究，决定组建越华青年抗日救国宣传队，发动华侨与越南人民共同进行抗日斗争。那时候，越盟正在组织和发动越南人民，准备举行八月武装总起义。在革命大潮中，越南北江省局势动荡，有些地方出现了不正常的排华事件。中国边境一侧局势也很混乱，各种城乡帮派势力纷纷建立武装，窜入越南，企图浑水摸鱼，从中渔利。面对复杂的政治局势，中共爱店特支领导越华青年抗日救国宣传队深入群众中去，宣传华侨支持越南独立解放。越华青年抗日救国宣传队为开展中越之间共同的抗日斗争，开展了许多工作，作出了积极的贡献。抗日战争中，爱店特支与上级党组织失去了联系。1946年4月，中共桂越边境临时工作委员会统一领导中共广西组织在镇边、龙州、明江一带以及在越南华侨中的工作，由林中担任工委书记。从此，爱店特支恢复了与上级党组织的联系。特支深入农民当中开展工作，组织秘密农会，宣传"反三征"斗争，逐步打开了农村工作的局面，为1947年的爱店武装起义打下了比较坚实的群众基础。

到1947年夏广西武装起义时，原广西省工委系统建立了右江地委，书记区镇；左江地工委，书记黄嘉；桂林市工委以及桂东区、桂北区、郁林区特派员等6个地级组织，贵县、万冈、果德等3个中心县委，柳州、横县、万冈等3个县委，融县、武宣、博白、凤山、果德等5个县工委，南宁、武鸣、那马、向都、东兰、河池、平治、上思、龙州、平孟、爱店、来宾、象县、灵川、全（县）灌（阳）、荔（浦）蒙（山）、贺县、英家、怀集、容县、郁林（今为玉林）、贵（县）武（宣）等22个特别支部和1个（隆山县）总支，陆川、宾阳、上林、昭平、修仁、富川、都安、乐业、天峨等9县也建立了支部、区委。各个系统共在广西近50个县建立了党组织，党的队伍有了很大发展，为在全省广泛开展以武装斗争为中心的革命斗争奠定了基础。

三、争取和平民主的努力

抗日战争胜利后，中共中央经过反复研究，提出"和平、民主、团结"三大政治口号和争取和平民主、准备自卫战争的策略方针。1945年8月25日，中共中央发表对目前时局宣言，指出抗战胜利了，新的和平建设时期开始了，我们必须坚持和平、民主、团结，为独立、自由与富强的新中国而奋斗！1945 年 8 月 28 日，毛泽东偕周恩来、王若飞前往重庆同国民党当局进行谈判。经过 43 天复杂而艰苦的谈判，国共双方于 10 月 10 日正式签署《政府与中共代表会谈纪要》，即"双十协定"。国民党当局接受中共提出的"和平建国的基本方针"，双方同意"长期合作，坚决避免内战，建设独立、自由和富强的新中国"，并确定召开政治协商会议。但双方在人民军队和解放区政权两个根本问题上未能达成协议。

重庆谈判期间，国民党通过战争来削弱和消灭人民革命力量的企图就已经暴露出来。"双十协定"刚签订，蒋介石便调集 110 万军队，分三路进攻华北解放区，图谋打开进入东北的通道，进而占领整个东北。

国民党的内战政策激起要求和平民主的广大人民的强烈愤慨。1945 年 11 月 19 日，郭沫若等在重庆举行陪都各界反内战联合会成立大会，号召国民党统治区的人民反对国民党的内战政策。下旬，昆明学生举行反内战集会，3 万余人总罢课。12 月 1 日，国民党派武装暴徒镇压学生。重庆、上海等地陆续爆发声援昆明学生的活动，形成"反对内战，争取民主"的大规模的爱国民主运动。

中共广西省工委与上级组织取得联系后，相继向各地党组织传达了党的七大和重庆谈判精神及中共中央南方局的指示，领导开展反内战、反独裁，争取和平民主的斗争，同时积极准备农村武装起义，配合解放区的自卫战争。

各地下党组织通过所掌握的报纸、刊物等宣传工具，以及学生自治会、读书会、校友会等群众组织，广泛宣传国共"双十协定"和"停战协定"，揭露蒋介石集团坚持独裁、发动内战的反动政策，打击本地的反共顽固势力。陆川、河池、钟山、灵川等县党组织发动群众以游行、请愿等方式驱逐了本县的反动县长。各县特别是群众工作基础较好的全县、灌阳、柳江、贺县、钟山、横县、来宾、镇边、龙州、万冈、融县等县的党组织，发动饥民开展反征粮、反粮食外运、反囤积居奇、反苛捐杂税、反高利贷等斗争。这些斗争揭露了国民党祸国殃民的内战政策及其统治的腐败、黑暗，激发了各族人民对敌人的仇恨，同时保护了群众的部分利益，赢得了群众对中国共产党的信任和支持。各地党组织还利用各种社会关系，加强对在抗日战争时期曾和地下党建立过合作关系以及反对内战的爱国民主人士的统战工作，争取他们对中国共产党的同情和支持。同时，利用国民党广西当局"推行宪政"的机会，选派、动员一些党员和进步人士参选县参议员，乡、村、街长，乡民代表会主席等职。这些打入国民党内部工作的同志利用合法身份掩护地下党的活动，并对国民党党政军人员进行争取、分化工作。有的还掌握了县警队、自卫队的领导权，为后来举行武装起义创造了有利条件。位于中越边境的左江、十万山地区党组织还在越南华侨中广泛开展工作，争取他们的同情、支持，以至于参加国内革命斗争。

1945 年 9 月 18 日，中共陆川中学特支发动全校上千名师生，举着"争取和平民主"的横额参加各界庆祝抗战胜利大会。会后，该校学生会向县内外散发宣言、传单，揭露县长罗中天鼓吹内战、压制民主、贪赃枉法、残害人民的罪行。

12 月，国民党反动派在昆明枪杀进步师生的消息传到广西，中共广西地方党组织发动广西大学和桂林师范学院对昆明学生"一二·一"爱国民主运动发出声援电。昭平黄姚中学的师生在中共省工委书记钱兴的直接指导下，开展声援活动。南宁、梧州、陆川等城镇的学生也纷纷以各种形式积极声援昆明师生的斗争。

1946 年 3 月下旬，国民党平乐县政府企图借纪念"三二九青年节"活动大造内战舆论和扩大三青团组织。中共平乐支部在魏南金领导下，发动平乐中学师生与之进行了针锋相对的斗争，并在城里贴出了"反内战、反迫害、争民主"等标语。

7 月中旬，国民党特务在昆明刺杀民主同盟中央委员会执行委员李公朴、闻一多。中共广西地方组织与民盟组织联系在桂林的文化界进步人士和桂林师院、广西大学的师生，通过各种舆论工具，揭露、声讨国民党反动派的暴行，呼吁各界人民团结起来，反对内战，反对法西斯专政。桂林、柳州、南宁、梧州、博白等地大中小学师生纷纷举行集会，发表宣言，对国民党反动派表示强烈抗议。

12 月下旬，北平发生驻华美军强奸北京大学女学生的事件，引发了一场声势浩大的抗议驻华美军暴行的爱国运动。次年1月8日，在中共广西地方组织的发动下，广西大学学生自治会发出《告全省同学书》《告全国同胞书》等文告，并开展"美军滚出中国宣传周"活动。与此同时，桂、柳、邕、梧4市及昭平等地的大中学生亦纷纷举行集会，散发传单，强烈抗议美军侵华暴行。

1947年5月下旬，国民党反动派在南京制造五二○血案的消息传到广西，中共广西地方组织发动广大进步学生，开展声势浩大的反饥饿、反内战、反迫害运动。广西大学全体学生发出了《告全国同胞书》等，还与广西医学院学生联合宣布罢课3天。6月上旬，广西大学、广西艺术专科学校千余名学生在桂林市举行示威游行。柳州中学的学生罢课1天并上街张贴标语，散发传单。桂林中学、逸仙中学、桂林女师、桂林护士学校等校的近千名学生也举行罢课和示威游行。这期间，南宁、平南等地许多学校的进步学生也纷纷响应。

抗日战争胜利后，桂林师范学院由于地下党的基础较好，民盟的力量较强，知名的进步教授较多，政治、学术、民主空气较为浓厚，是桂林学生运动的主力之一。国民党政府为了削弱桂林的民主力量，分化瓦解学生运动，不顾师生的反对，于1947年2月决定将桂林师院迁到南宁（其中一年级学生已于1946年9月到南宁上课）。

桂林师院迁到南宁后，各方面条件都不如桂林，因而引起了师生们的不满。1947年5月初，国民政府教育部通知将桂林师院改名为国立南宁师范学院。根据行政院最新公布的《公教人员待遇调整办法》，师院教职员的待遇和学生的公费（伙食费）比桂林低了两级。这如同火上浇油，增添了师生们对南迁的不满，同学们自发贴出大量海报、标语，发出了"反对更改院名""维护师院光荣历史""反对不合理待遇"的呼声。师院党组织早就有开展斗争的准备，决定因势利导，开展以反对更改院名、反对不合理待遇为主要内容的"护院"运动，和整个国民党统治区爆发的"反饥饿、反内战、反迫害"运动的洪流汇合起来，反对国民党的反动统治。桂林师院民盟负责人梁成业1947年4月就加入了中国共产党。根据党组织的指示，梁成业以盟员的身份积极在盟内活动。

民盟成员情绪很高，盟组织决定积极投入"护院"运动。

当时，桂林师院的教授会、学生自治会的领导权均掌握在中国共产党和民盟组织手中。于是决定由学生自治会出面领导，教授会加以配合，以合法形式开展斗争。根据大多数同学的意愿，于1947年5月16日召开全体同学大会，通过了几项决议，其中有：致电教育部要求收回更改院名成命；致电行政院要求提高师院公教人员待遇和学生公费；从次日（17日）起罢课三天，以显示决心，要求部、院十天内答复，如得不到解决，则继续罢课；成立学生"护院"行动委员会（简称护委会），在学生自治会领导下开展"护院"工作。教授会也在当天晚上举行会议，决定支持学生的行动，电请行政院、教育部按桂柳区的标准确定教职员和学生的待遇。在罢课的过程中，学生会还要求同学们抓紧时间自学，请教授给予辅导，努力完成自己必修和选修的学分，并且要求党员、盟员带头学好。由于党、盟的紧密配合，工作进展比较顺利，"护院"运动得到了南宁、桂林各界人士的广泛同情和支持。

正当"护院"运动进入高潮的时候，南京发生了国民党政府镇压学生运动的五二〇血案。5月下旬，北大、清华等校发出号召：6月2日，全国学生举行"反饥饿、反内战、反迫害"罢课和示威游行。广西师院地下党组织决定联合全市各中学统一行动，通过学生自治会秘密邀请八所中学的学生会代表到师院开联席会议，通过了南宁院校"反饥饿、反内战、反迫害"联合宣言，决定6月2日举行罢课和游行示威。

6月2日，举行罢课和在校内外宣传的除师院外，还有师院附中、西江学院、南宁高中、南武师范、女子师范、尚实中学等院校，这在广西引起很大的震动。

四、开展"反三征"斗争

抗日战争胜利后，由于长期的战争和严重的自然灾害，广西人民面临着饥饿、疾病，甚至死亡的威胁。1946年春，全省受饥荒县达75%，灾民431万人，占全省人口四分之一。全县1946年饥民达21.5万人，占全县人口的70%；桂林北部兴安、灌阳、资源、龙胜、灵川等县饥民达67万余人，其中有10万人依靠树皮、草根度日。此时的广西理应休养生息。

但是，全面内战爆发前后，国民党广西当局接连颁发《地方治安武力整理办法》《各区散匪堵剿办法》《防止奸党地下活动以遏乱萌》等文电，饬令各县市设立保安警察队和加强特务活动，企图"肃清"粤桂南游击队和中共广西地下组织。同时，正式下令恢复征兵，1946年征兵额为4万名。在征粮、征税方面，不但增征"乡公所维持费""紧急保安费"等苛捐杂税，还补征1944年的粮赋。在征收田赋、营业税等之外，从1946年3月起又开征富力捐、裁员补助谷、乡公所造产费以及自卫特捐等，名目繁多，无止境地搜刮民财。由于滥发纸币，导致物价飞涨，大批公教人员失业，许多学生失学。广大百姓和一般公教人员陷入苦难的深渊而怨声载道，反抗情绪日益增长。

中共广西省工委适时指示各地党组织，发动群众开展反征兵、反征粮、反征税的"反三征"斗争。

1946年2月27日，中共贺县鹅塘乡党支部发动600多名饥民在鹅塘圩召开借粮救荒群众集会，并分两路到该乡乡长和一户大地主家，强迫他们开仓借粮7000多斤，解决了群众的燃眉之急。6月13日，灌阳县城的饥民发现南门码头停泊着3艘满载粮食的木船。中共地下组织获悉后，即通过外围群众组织"灌阳工作委员会"，发动城关、胡家、孙家、莫家的饥民和县立中学的学生一二百人封锁码头，阻米外运。国民党灌阳县政府当即派出警察、民团以武装进行威胁。群众怒不可遏，把船上的2万斤粮食一抢而光。

中共万冈县委以"反三征"为内容开展各种革命活动，"反三征"的斗争在全县迅速开展，群众的斗争情绪高涨，群众自动组织起来除掉国民党反动乡、村长和县征粮科长、征收员、特务等。同时，中共万冈中心县委还发动和组织学生进行反饥饿、反内战、反奴化教育的斗争，举行罢课、集会和游行示威，声援各乡人民"反三征"斗争。

此外，全县、柳江、钟山、横县、来宾、融县、龙州等县的中共地下组织也都领导饥饿农民开展"反三征"活动，强行开仓借粮，驱逐、袭击征粮征税征兵人员等斗争。12月1日，中共广西省工委发出《当前政治形势与我们斗争任务》的文件，指示各地积极做好准备工作，响应第二战场的开辟，夹击蒋军，领导大后方的人民一致行动起来，粉碎国民党征兵、征实、苛重租税的反动政策，并且在可能与有利的条件下发动武装斗争。

上述事实表明，中共广西省工委力求将全省各地的"反三征"斗争引向武装斗争，推动着广西革命走向新高潮。

五、准备武装起义

1946 年 6 月下旬，国民党军以围攻中原解放区为起点，向解放区展开大规模的进攻，全面内战爆发。10 月 11 日，国民党军侵占华北解放区的重要城市张家口。蒋介石悍然下令召开由国民党一党包办的"国民大会"，和平谈判的大门被堵死。

1946 年 11 月 6 日，中共中央发出《对南方各省工作的指示》，指出："现在南方各省国民党正规军大批调走，征兵征粮普遍施行，正是我党发动游击战争的好机会。"在目前全面内战的形势下，南方各省乡村工作应采取两种不同方针："凡有可能建立公开游击根据地者，应即建立公开游击根据地"；"凡条件尚未成熟之地区，则采取隐蔽、待机方针，以等待条件之成熟"。"但目标仍然是积极准备发动公开游击战争，建立游击根据地之各种条件，而不是不管条件是否成熟，一概采取长期隐蔽方针。"

由于中共广西地方组织没有电台，未能及时收到中共中央的这一指示。根据中共香港分局传达的中央指示和全国斗争形势的变化，中共广西省工委于 1946 年 12 月 1 日发出《当前政治形势与我们斗争任务》的指示，明确指出："今天中国革命已完全踏入新的战斗阶段，必须肃清一切和平幻想、麻木乐观和悲观失望的现象，以坚定斗争信心。""积极准备响应开辟夹击蒋军的第二战场，认真领导大后方广大人民一致起来，粉碎国民党反动派的征兵、征实、苛重租税的反动政策。并在可能与有利的条件下，发动武装斗争。"其后，中共广西省工委所属的地方党组织在广泛发动群众开展"反三征"斗争的基础上，积极建立秘密武装，准备发动武装起义。单是右江一地，就有秘密农会会员近 2 万人，秘密群众武装 5000 人，在左江、桂中南、桂东南、桂东北、桂东、柳北和桂中地区也都有了一定的准备。

早在 1946 年 8 月，右江党组织就确定了以积极准备武装斗争为今后工作的基本方针，以万冈、果德、东兰、凤山等老苏区为重点，在全区普遍建立革命同盟会，组织群众开展"反三征"斗争，并逐步建立秘密武装。左江地区党组织在地处中越边境的龙州、上金、雷平、明江、靖西、镇边等县积极培训骨干，发展农会，建立农会基干武装。到 1947 年秋发动武装起义时，右江地区参加各种革命组织的群众约 1.2 万人，地下党掌握的群众武装约 5000 人。左江地区有农会会员 1 万余人，农会基干武装 200 人。中共中央派回广西工作的廖联原在贵县、武宣、桂平、来宾四县边区建立反征兵小组和武装自卫小组，并将一批为躲避征兵逃入山林的青年组织起来，进行生产和开展军政训练，为举行武装起义准备基本队伍。

钦廉地区自 1946 年冬起，逐步恢复、发展公开的武装斗争，把分散的游击据点扩展为小块的游击根据地。1947 年 2 月，钦（县）防（城）联合武工队化装袭取防城县那天乡公所，缴枪26 支，随后广泛发动群众，发展武装，扩大了东山区和马后区游击根据地。同年 2 月，中共钦廉四属特派员陈华根据上级党委关于"建立以十万山为主的游击根据地"的指示，抽调合（浦）灵（山）游击队主力 300 多人西进，配合钦防游击队建设十万山根据地。两部游击队会合后紧密协同作战，摧毁了敌人的一批据点，推动了十万山地区武装斗争的发展。5 月，根据中共中央香港分局的指示，为创建十万山、六万山、镇龙山三大游击根据地，造成三山雄峙、互为掎角的态势，陈华将合灵西进部队调回六万山区活动。这一阶段，博白、陆川两县游击队继续实行分散发展的方针，为其后的斗争打下了坚实的基础。

廖联原和黄传林离开新四军后，于 1946 年 5 月 1 日到达香港。1946 年 6 月上旬，廖联原和黄传林来到广东省封川县，决定在此分手，廖联原回广西贵县，黄传林回广西贺县。黄传林回到贺县后，在八步对上层人物包括专署专员李新俊宣传了解放区的大好形势和中国共产党对时局的主张。因国民党发动全面内战，黄传林离开八步转入秘密活动。

廖联原回到贵县后，从6月下旬至9月底，先后在贵县的城厢、达开、中里、龙山、棉村、贵桂、山东、石卡，桂平县的新隆、石龙，武宣县的通挽、桐岭、马步、禄新、三里、东乡，来宾县的南泗、石牙等四个县的十多个乡镇进行了一次社会调查。经过社会调查，廖联原了解到，由于国民党发动全面内战，造成蒋管区经济破产，货币贬值，各阶层人民生活十分困难，群众非常不满，对国民党的征兵、征粮政策和苛捐杂税尤为愤恨。

在调查研究的基础上，廖联原在群众中进行了广泛深入的宣传工作。首先是揭露蒋介石、宋子文、孔祥熙、陈果夫和陈立夫四大家族和桂系军阀李宗仁、白崇禧、黄旭初三大豪门的阶级本质，指出他们是大地主、大买办阶级的代表，他们的反动本质决定了他们的反动政策，他们是广大劳苦大众的敌人，只有在共产党的领导下团结起来开展武装斗争，才能打倒他们，获得翻身解放；其次，用大量活生生的事实充分揭露国民党反动派独裁、内战、卖国的罪行，以激发广大人民群众的阶级仇恨和斗争决心。为了能和人民群众打成一片，廖联原打扮成农民模样，常常是头戴斗笠，腰插烟袋，破衣烂衫，当时有人给他取了一个外号："叫花子。"通过一系列调查研究和宣传活动，人民群众的政治觉悟普遍提高。廖联原因势利导，立即在贵县、武宣、桂平等县交界地区组织发动群众开展"反三征"（征兵、征粮、征税）斗争。当时，仅达开乡51个自然村建立起贫雇农会和"反三征"小组的就有28个自然村，占54%；全乡1万多人，发展会（组）员530人，占5%。有了这些群众组织的带动，"反三征"斗争很快在各地开展起来。为了加强党对群众斗争的领导，廖联原注意把在群众斗争中经过考验的积极分子吸收入党，先后发展了廖松和、廖联本两名党员，并于1946年10月建立了第一个党支部。有了党组织的领导，群众斗争走上了更加健康的轨道。

生于广西陆川县的林克武，1934年4月在陆川中学加入中国共产党后，相继在广州、陆川、南宁、桂林等地开展地下革命工作，1943年因敌人追捕而转移到粤北建立党的临时支部，继续从事秘密活动，先后任广东东江纵队军政干部学校政治指导员、广东南路人民抗日解放军教导营负责人、第三团政治处主任等职。

1945年秋，受中共广东南路特委和南路人民抗日解放军委派，林克武率领刘一桢、严敬义、刘林映、刘傅勇、李瑞能、谢应昌、陈金昌、万学知、谢应成等广西籍十多位同志潜返广西，分散隐蔽活动。

根据中共广东南路特委指示，林克武等分析了当时情况，研究了如何进入广西的问题。第一，同志们离开广西后，对广西的情况无了解，回去后又不能贸然与广西地下组织发生联系，加以大多数同志都是公开暴露了面目的，有的还直接参加了桂东南抗日武装起义，都是广西国民党当局要追捕的人，处境十分困难，要有坚强的意志、不怕困难与危险的精神，果敢和灵活地行动。第二，进入广西后，要利用各人的社会关系先找到立足点，隐蔽下来，然后根据了解的情况再行计议。第三，决定让尚未暴露面目的刘林映以学生的身份带领老师林敬文、陆振华先回到北流她的家乡暂住下来；在广西尚未暴露面目的严敬义以公开的身份回到陆川县，寻找公开职业，先隐蔽，再根据调查了解的情况做出以后的行动计划。第四，通信联络地点暂定陆川县城鹤年堂，这是严敬义在家乡开的中药店，也是严敬义的通信处，通过这里可以找到公开活动的严敬义。

根据这个决定，各人按计划分头秘密潜入广西。林克武等晚上行动，潜入陆川清湖，未能与当时的广西地下组织取得联系。林克武在陆川安东乡住了约一个星期，认为在陆川立足有困难，要设法转向外地。于是林克武从陆川、郁林、兴业、横县、永淳绕小路到南宁，步行了七八天，再由南宁向宁明，从爱店出越南谅山到河内，约一个星期后返回到广西横县，又急急前往湛江，找到了中共湛江特委，报告了越南之行及横县的情况。湛江特委指示说，在广东南路的一些广西同志还要转回广西，在广西做工作，要做好埋伏，积蓄力量，等待时机；要经常了解广西的情况，可以利用社会关系多交朋友，建立点、线，以便有转移的余地；如果国共能继续合作，可以利用可能的条件开展些宣传教育工作，口号是争取民主，反对内战，但仍要提高警惕，不能暴露，要有长期困难的打算；以横县、贵县、宾阳为中心，但其他有条件的，也要分散活动，不要过于集中，要有转移余地。

根据这一指示精神，林克武等以横县、贵县、宾阳三个点为中心，开展地下革命工作。1946年春夏，广东南路特委又派沈三、徐为楷、林琴英、陈维拉、袁达雄、张为周、陈德泽、曾庸、吴乾等同志先后来广西，交由林克武领导。他们都是在广东南路难于立足被迫转移的同志。

开始，中共广东南路特委决定不在广西发展党员和群众组织，只利用和创造条件开展一般的文化教育和宣传工作。因此，许多返回广西的同志被安排到教育战线，利用教育工作的岗位，分别在横县中学、横县西南中学、西北中学、南宁高中、贵县中学、陆川合平中学、陆川中学、都安中学等学校进行宣传教育工作，对团结进步力量和对学生进行启蒙教育起到了一定的作用。后来，这些学校的不少学生参加了解放战争时期党领导的地下工作和武装斗争。

后来，根据革命斗争的需要，中共广东南路特委要求设法找到广西地下组织的关系，一起搞武装斗争。1947年旧历春节前后，林克武在宾阳芦圩与负责桂南地区工作的广西地下党组织的同志覃桂荣见面，转告了上述意见。1947年4月，中共广西省工委书记钱兴在召开横县会议后，于5月到横县西北中学找以教师身份作掩护的林克武，商量在横县准备武装起义。

1946年夏，中共广东南路特委要林克武到越南去见南路特委书记周楠。周楠要求在广西活动的全体同志向左江转移，在广西边境建立游击区，以便将来配合南路人民抗日解放军的行动。1947年1月间，林克武回到宾阳举行紧急会议，传达周楠的指示，决定向左江转移，准备开展武装斗争；根据周楠的决定，成立特支，由林克武任支书。1947年4月底，广东南路特委通知，要求在广西的全部同志转入粤桂边区，不要再向西行动。林克武等少部分同志先行取道北海到湛江转向廉江游击区，向粤桂边地委书记温焯华报告。大多数同志转回陆川开展武装斗争。

1945年初，中共桂滇边特支书记杨烈奉命回到横县。当时，横县地下党经过敌人的破坏，仅剩余5个党员，许多党员被迫"埋藏隐蔽"，工作基础十分薄弱。6月，杨烈在鹿鸣村主持召开中共横县特支会议，决定在登记党员的基础上重新组建中共横县委员会，杨烈任县委书记。抗战胜利后，横县县委先后把一批党员和进步人士安排到农村基层，当教员、校长或乡长，在农村中建立党组织，发展党员，发动群众，掌握武装。到 1947 年春，横县县委已掌握了 200 多人枪的武装队伍，仅快龙、良造两村就拥有 100 多人的武装。横县革命斗争的蓬勃开展为中共广西省工委在这里召开会议提供了有利条件。

第二章　掀起武装起义的风暴

国民党在完成内战准备后，于1946年6月悍然向解放区发动全面进攻，扬言要在三五个月内消灭中国共产党领导的人民军队。中国共产党领导人民军队进行坚决的自卫战争，粉碎了国民党的全面进攻和重点进攻。按照中共中央和中央军委的统一部署，中共广西地方组织在广西组织领导了声势浩大的武装起义，沉重打击了国民党桂系在广西的反动势力，有力配合和支援了人民军队在全国的解放战争，为1949年广西解放打下了坚实的基础。

一、中共广西省工委"横县会议"

1946年6月26日，国民党军队约30万人进攻中原解放区，全面内战爆发。面对国民党军队气势汹汹的全面进攻，中国共产党领导解放区军民沉着应战。至1947年6月，人民解放军在第一年度作战中，共歼灭国民党正规军97.5个旅共78万人，挫败了国民党的全面进攻。1947年春，在国民党军队向陕北、山东解放区发动重点进攻的严峻关头，中共中央为尽快粉碎敌人的重点进攻，继而发动战略性进攻，把战争引向国民党统治区，以加速解放战争的进程，于3月8日发出《关于在蒋管区发动农民武装斗争问题的指示》，指出"在蒋管区发动与组织农民群众武装斗争的客观条件与时间是完全具有的"，同时强调"可先从合法斗争形式上建立群众基础，先从敌人力量较薄弱的地方发动武装斗争，求得存在和发展，尤其在组织上，开始不要铺张门面，过分刺激敌人，反易招致敌人过早过大的打击"。

人民解放军粉碎蒋介石对解放区的全面进攻和重点进攻，不仅大大鼓舞了广西人民，而且迫使国民党反动派把留在广西的正规军调往前线，为在广西发动武装起义创造了有利的条件。

为贯彻中共中央的指示，中共广西省工委原来准备在来宾大湾召开全省党的主要负责干部会议，总结过去的工作和讨论今后开展农村武装斗争的问题。参加会议的人员陆续到了大湾。随着形势的不断发展，出于安全考虑，1947年4月7日至14日，中共广西省工委决定改在横县陶圩乡六秀村召开各地党组织的主要负责干部会议，布置广西地区的武装斗争，史称"横县会议"。当时，横县西区的秘密革命武装已经发展到一定规模，可以保证会议的顺利进行。

参加"横县会议"的有中共广西省工委书记钱兴、融县县工委书记路璠、中共桂西南区特派员覃桂荣、横县县委书记杨烈、中共左江工委书记黄嘉、中共郁林五属区特派员张祖贵、中共桂东区特派员吴赞之等7人。

"横县会议"的中心议题是认真贯彻中共中央香港分局的重要指示，把党的工作重点转到武装斗争上来，在全省发动武装起义。会上，钱兴传达了中共中央香港分局的指示，作了题为《一切为着准备武装起义而斗争》的政治报告。会议分析了全国和广西的斗争形势，深刻地指出，"今后时局发展的规律：一切决定于战场，武装斗争已成为主要斗争方式"。会议提出了"积极准备武装起义，广泛发动游击战争，创造游击根据地，摧毁反动政权，建立新解放区"的总任务和总方针。根据这个总任务和总方针，会议提出应在有重要战略意义的地区积极准备武装起义，全省以左右江为武装斗争的中心地区，其他地区均应积极活动，相互配合。这个决定是十分适时和正确的，它符合中共中央和香港分局指示的精神，符合全国和广西革命斗争形势发展的要求，符合广西广大党员和各族人民决心以武装斗争推翻国民党广西反动政权的强烈愿望。

会议还对如何发动、开展武装斗争以及武装起义的区域划分、武装斗争和其他方面斗争的配合、斗争的策略等作出了具体部署。会议强调要广泛深入地发动农民，开展抗征、抗粮、抗税的"反三征"斗争；要组织脱产的基干队和不脱产、半脱产的民兵和地方自卫军，开展兵运工作。在斗争策略上，强调要密切联系民主党派和民主人士，争取国民党民主派和地方开明士绅，结成最广泛的反美、反蒋爱国民主统一战线；要发展城市民主运动，以配合农村的游击战争。为了适应武装斗争的需要，会议决定把广西各地党组织重新划分为十个地区，建立统一的领导机构，把原来的特派员制改为党委制。

会议期间，到会同志还通过学习和检查总结工作，认真开展批评和自我批评，诚恳地交换了意见，进一步增进了团结。

"横县会议"是在人民解放军在战略防御阶段取得一系列重大胜利，即将转入战略进攻的重要时刻召开的。这次会议是广西地下党组织的一次具有重大历史意义的会议，是广西革命斗争进入新的发展时期的一次关键性的会议。（见图2-1）

图2-1　横县会议旧址

会议结束后，到会同志立即分赴各地，向下属党组织传达会议精神，积极进行武装起义的各项准备工作，实现由隐蔽斗争转变为公开的武装斗争的既定策略。这些部署和行动使广西革命斗争同全国解放战争发展的步伐相一致，紧密地配合了全国解放战争的开展。

为了加强对即将到来的武装起义的领导，经中共中央批准，中共中央香港分局于1947年5月下旬决定成立粤桂边工委（书记周楠）、粤桂湘边工委（书记梁嘉）和桂林工委（沿称桂柳区工委，书记陈枫），同时撤销广西省工委。原广西省工委管辖的左右江及桂东南、桂中南地区党组织划归粤桂边工委，桂林、柳州地区党组织划归桂柳区工委，桂东地区党组织划归粤桂湘边工委领导，原中共广西省工委书记钱兴调任粤桂湘边工委副书记。

二、广西各地武装起义

1947年6月至10月，广西各地党组织先后在桂东的钟山、富川、怀集，桂北的灵川、全县、灌阳、龙胜，左江的龙州、明江、镇边，右江的万冈、凤山、果德、武鸣，桂中南的横县、上林、武宣，桂南的上思等县发动武装起义。连同原来不属中共广西省工委系统领导的防城起义和贵县中秋起义，共有24个县（不含钦县）8000多农民武装举行起义，一度占领了2座县城，3个区公所，80多个乡公所，歼敌1000多名，声势浩大，使国民党反动派受到沉重打击，广大群众受到很大鼓舞。一系列武装起义后，在全省成立了约有6000人枪的游击武装队伍，建立了一批游击据点，并使广大干部群众经受了锻炼和考验，为后来广西发展武装斗争，配合南下野战军解放广西奠定了基础。

（一）英家起义

参加"横县会议"的中共桂东特派员兼英家特支书记吴赞之于1947年5月初回到英家后，同特支副书记张赞周、党员骨干王家纪共同分析了桂东地区敌、友、我三方面的情况，决定在钟山的英家、富川的古城相继举行武装起义，计划用三个月的时间完成起义的准备工作。

1947年5月22日，原临阳联队骨干孙忆冬、姚大年受已调任粤桂湘边纵队（西江纵队）副政委钱兴的指派，到英家向吴赞之传达中共中央香港分局的指示，要求桂东党组织立即组织武装起义，以策应粤桂湘边游击纵队的武装斗争。

吴赞之接到指示后，把起义的准备时间缩短到1个月。5月底，因古城起义行动计划泄密，吴赞之决定在英家提前行动，把准备时间再缩短为10天。6月2日，王家纪通过内线，得知国民党英家粮仓的稻谷近日将被全部运走的消息。为了打下粮仓救济饥民，吴赞之果断做出3天内举行起义的决定。

6月5日晚，适逢英家街群众为祈求平安举行舞香火龙祈福仪式，吸引了很多男女老幼到场围观。晚9时许，来自英家街及周边村寨的60多名武装队员在泉公庙内集中，经吴赞之动员和宣誓后，在孙忆冬、姚大年的带领下，分别向英家乡公所和英家粮仓进发。在舞香火龙祈福仪式震耳欲聋的鞭炮声中，起义队员悄悄地包围了英家乡公所，在预先进入乡公所的王家纪的协助下，迅速占领了乡公所，解除了自卫队的武装，俘虏了乡长；攻击粮仓的队伍为避免惊动敌人，由2名队员架起竹竿越墙而入，制服了守仓人员，夺取了粮仓。起义队伍不费一枪一弹顺利地拿下了两个预定的攻击目标，共缴获长短枪12支、子弹260多发。随后开仓济贫，将3000多担粮食分发给饥饿的群众。

英家武装起义遭到了敌人的残酷镇压。党员罗玉坚、何仕南被捕牺牲；数百队员家属被敌人扣押，以追查起义队伍的去向和粮食下落。6月14日，张赞周等少数骨干留在英家继续坚持活动，吴赞之带领主力队员转移到花山山区开展艰苦的对敌斗争，并在白色恐怖中于17日夜成功袭击了公安乡公所，共缴获长短枪19支。由于敌人的疯狂围捕，在花山的队员与外界的联系中断，粮弹俱缺，与敌周旋20多天后，起义队伍被迫化整为零，吴赞之、张赞周等骨干队员分别转移到桂东各县和广东西江游击区。

英家武装起义打响了解放战争时期广西武装起义的第一枪，为后来广西各地开展的武装斗争提供了宝贵的经验，在广西革命史上谱写了光辉的篇章。

（二）古城起义

1947年6月25日，中共富川古城乡支部根据吴赞之的部署，为配合钟山英家起义，领导发动古城起义。起义部队60余人进攻古城乡公所，因敌戒备严密未果。26日，起义部队袭击下城头村的一个反动地主的炮楼，缴获长短枪5支。起义队伍在柳家下源洞作短暂休整后，于6月28日按原定计划赶往富川与钟山交界的大桶山，准备与英家起义队伍会合，开展游击武装斗争。英家、古城两地武装起义的枪声震惊了国民党反动当局，平乐专署调集富川、钟山、平乐、恭城等县自卫队和平乐专署保安队300多人，对起义队伍实行军事"围剿"，对撤进大桶山的游击队进行包围合击，围歼游击队。起义部队避实就虚，与敌人周旋，在瑶胞的协助下跳出敌人包围圈，顺利转移。

7月3日清晨，起义队伍到达扼了下村，隐蔽在茶母洞时只余下20多人。起义队伍当即召开紧急会议，决定去贺县公会（现八步区公会镇）找上级党组织汇报古城起义情况，并将起义队伍化整为零，疏散隐蔽，转入地下活动。7月5日，起义领导人孙忆冬、毛文彦和姚大年等前往贺县公会寻找党组织汇报情况时不幸被捕，被押到钟山监狱。敌人为了获取中共地下党员、上级领导人名单及其他队员名单、去向情报，采取皮鞭拷打、灌辣椒水、坐老虎凳等酷刑对他们进行拷打审讯，但他们忠贞不屈、视死如归，始终没有暴露自己的身份和上级党组织，表现了共产党员坚定的革命信念。不久，三人以及黄希文、周绍华、何民康、魏贞川、周文林等起义人员被国民党反动派秘密杀害。八位同志就义时年龄最大的30岁，最小的22岁。

古城起义是继英家起义之后，中国共产党广西地方组织在粤桂湘边区领导的又一次具有一定影响的武装起义，它沉重打击了国民党反动派的狂妄气焰，动摇了国民党反动派在富川的统治，坚定了富川各族人民的革命必胜信心。

（三）桂北起义

1947年7月，桂北地下党组织根据中共广西省工委"横县会议"的决议，在灵川、全县、灌阳三县发动武装起义，揭开了桂北敌后游击战争的序幕。

1947年6月中旬，中共桂北区特派员肖雷从桂东抵达桂林，与中共桂林市工委负责人阳雄飞商议在桂北举行武装起义。6月下旬，在灵川县南藩乡吴家村召开了有肖雷、阳雄飞、曾金全、全昭毅、邓崇济参加的紧急干部会议。肖雷在会上传达了中共中央香港分局和原中共广西省工委关于武装斗争的指示，介绍了桂东起义的情况，研究了桂北武装斗争的时机和条件。会议决定7月25日分别在灵川县的灵田、全县的石塘、灌阳县的新圩等10个地点同时举行起义。会议还决定由肖雷、阳雄飞、曾金全、全昭毅、邓崇济等5人组成起义领导小组，推举肖雷任组长，起义指挥部设在灵川县甘棠田南村。

会议结束后，领导小组成员按照计划紧张地进行起义前的各项准备工作。7月上旬，起义领导小组召开第二次会议，汇报各县的起义准备工作情况。由于负责起义的阳雄飞与中共桂柳区工委委员路璠未接上关系，同时地下党员云健鹏被捕，领导小组担心起义计划暴露，因此决定提前于 7 月 23 日举行起义。7 月 22 日，参加桂东起义的骨干黎禹璋和党员谢韧天撤退到灵川，传达桂东起义失败的消息。领导小组负责人肖雷等研究认为应暂停起义，但又无法通知各地的起义负责人，于是决定仍按预定时间举行起义。

灵田地处省、专区、县政府所在地的侧翼，是灵川起义部队按计划北上全、灌会师的必经之路。7 月 23 日凌晨，灵田起义队伍 13 人在全昭毅和张俊的率领下，携带 1 挺机枪和 10 余支步枪、手枪，通过内应张诚的接应，迅速冲进灵田乡公所，俘敌 40 多人，缴获枪支 20 多支，很快结束战斗。起义队伍当天在灵田圩镇上，向赶集的群众宣传了起义的目的和中国共产党的政策，号召群众团结起来"反三征"。黄昏，灵川和兴安两县的保安队 80 多人赶来夹击起义队伍。因不明敌情，起义队伍与敌接触后，迅速撤出战斗，转移到灵川县西部的潦江河山区。7 月 24 日晚，全县石塘起义队伍顺利占领乡公所，缴获步枪 18 支。24 日和 25 日，灌阳小江源和全州两河的起义也胜利出击。27 日，全灌各路起义队伍编为"全灌人民自救团"（29 日改为"全灌农民解放支队"）。

桂北起义的胜利标志着革命的星星之火在桂北大地上逐渐燃烧起来。经过两年艰苦曲折的斗争，起义部队粉碎了敌人的疯狂"围剿"，由小到大，从弱到强，到 1949 年 6 月已发展到 2000 多人。

（四）大青山、爱店、平孟起义

"横县会议"后，中共广西省工委书记钱兴听取了中共桂越边境临时工委书记林中的详细汇报。钱兴对桂越边境党的工作很满意，评价很高。他认为左江和桂越边境一带，无论历史条件，还是地理环境以及现在的工作基础，各方面都很好，是全省发展革命游击战争比较理想的重点地带。为了适应开展农村武装斗争的需要，中共广西省工委决定，撤销中共桂越边境临时工委，成立中共左江工委。左江工委由黄嘉、林中、邓心洋、梁游、陆华 5 个人组成，黄嘉任书记，林中任副书记兼宣传部部长，组织部部长邓心洋，民运部部长梁游，军事部部长陆华。

1947 年 5 月初，中共左江工委第一次会议在越南边境的高平省召开。会上传达了中共广西省工委主要负责干部会议的精神，研究了左江地区的斗争形势，确定了左江地区的工作方针和任务。

在此之前，左江地区党组织以"反三征"为口号，采取群众乐于接受的"兰友会""红白会""兄弟会""姐妹会"等形式，发动和串联群众，由点到线，再由线到面地组织秘密农会。其中，龙州、上金、雷平方面，有 57 个村庄组织了 5000 多名会员；靖西、镇边方面，在平孟、葛麻、南坡、惠仙、台洞、百南 6 个乡，有将近 1 万名会员；思乐、明江、宁明方面，15 个自然村有 200 多名会员。根据这些情况，左江工委第一次会议作出决定：坚决响应党中央关于在国民党统治区域开辟第二战场的号召，贯彻中共广西省工委关于组织武装起义的指示精神，积极抓紧工作，从思想上、政治上、组织上切实做好准备，选择适当时机，举行武装起义，广泛开展左江地区的农村武装斗争。

1947 年 7 月中旬，中共左江工委在越南高平省紧急召开第二次会议，全面检查各地武装起义的准备工作。会议认为，经过全体同志的紧张工作，一切准备工作基本就绪，特别是全国解放战争进入战略反攻阶段，武装起义的时机已经完全成熟。会议责成龙州、靖镇、思明三个地区，应当从各自的实际情况出发，在农历中元节前后确定起义的具体时间和地点，迅速举行武装起义。

根据左江工委的决定，龙州方面于 1947 年 8 月 19 日举行武装起义，打击目标是国民党大青山林场；思明方面于 8 月 25 日在爱店举行起义；靖镇方面于 9 月 7 日在平孟举行起义。先后成立左江人民解放军龙州大队、思明游击大队、靖镇大队、左江主力大队，多次粉碎敌人的"围剿"。

大青山、爱店、平孟三次起义的成功揭开了左江地区由秘密的地下斗争转变成公开的武装斗争的序幕。从此，中共左江工委领导左江地区各族人民，在千里边境线的 20 个县、3 万平方公里的大地上，以农村武装斗争为中心，广泛发展了以"打倒蒋介石，解放全中国"为目标的革命游击战争。

（五）桂西起义

1946 年冬天，区镇和黄耿向上级汇报，提出准备在右江地区发动武装斗争的意见，得到上级批准。从 1947 年开始，区镇、赵世同、黄耿等即在右江一些县进行武装斗争的准备工作，具体分工是：区镇负责东兰、万冈、凤山一带，赵世同负责天峨、乐业、凌云一带，黄耿负责都安、马山、河池一带。经过一段时间的工作，群众发动起来了，东兰、万冈、凤山等老苏区的劲头很大，出现了群众卖牛、卖粮买枪的情况。

1947年六七月间，为适应武装斗争的需要，中共广西省工委书记钱兴根据中共中央香港分局的指示，将左右江党组织划归中共粤桂边工委领导。粤桂边工委决定成立中共右江地委，由区镇任书记，余明炎任副书记兼组织部部长，赵世同任军事部部长，黄耿任宣传部部长，覃桂荣任右江特派员。不久，中共右江地委在万冈西山召开会议。会上，覃桂荣传达了边委"放手小搞、准备大搞"的方针。会议认为万冈可以不经过小搞阶段，直接大搞，占领县城。经过讨论，会议决定在万冈、凤山、平治、果德4个县同时举行起义。分工余明炎去果德，万冈由覃桂荣、区镇负责。打下万冈县城后，覃桂荣和在红七军当过营长的韦运祥带主力大队去打平治，黄耿去万冈、凤山、百色边界，和黄宝山带一个大队向百色方向发展，以牵制敌百色保安队。

1947年9月5日，万冈武装起义的枪声打响。起义队伍进攻万冈县城时，国民党的县警多数投诚，敌县长带一部分人连夜逃跑。起义部队进城后，成立了县人民政府，由黄克任县长。接着，覃桂荣带领队伍去攻打平治，途中被俘，大队被敌人打散。区镇等率一部分队伍前往燕洞圩，由于燕洞桥已被敌人的机枪火力封锁，部队便泅水过河，正值涨大水，支队长徐学贤等20多人被洪水冲走，壮烈牺牲，区镇也差点被淹死，大队大部散失。黄耿和黄宝山率领的大队搞掉了敌人的几个小据点。

万冈起义在一两天之内拿下了县城和16个乡公所中的14个。但只坚持了半个月左右，反动派组织力量反扑，县城和大部分乡村公所又丢掉了，队伍大部陆续被打垮。后来，区镇、黄耿和黄宝山在盘阳开会，总结经验教训，决定再武装夺取一座县城，由黄耿、李玉成率大队去打田东，扩大起义。这个大队战斗力较强，在七里打了场胜仗，士气很高。但由于沿途没有群众基础，田东县城也没有内线，情报不明，直到离县城不远处时才发现敌人的一个200多人的特编队尾随而来，在七里山区的一个村子和敌特编队遭遇，激战一个多小时，将敌人击退。大队的子弹基本耗光，决定不打田东，分别返回田东、万冈。

9月15日，凤山起义爆发。敌人弃城逃跑，起义队伍一枪没放便占领了县城。9月22日，起义领导者、中共凤山工委代理书记、凤山县临时民主政府主席韦芳等5人突然被敌人包围，遇难，队伍也随之解体。

由余明炎领导的果德和武鸣四坡起义，原计划两地同一天发动。果德起义因情况变化，推迟了两天，四坡起义按原定日期行动，武装攻打设在四坡的三县联防办事处。由于敌人的火力强，并占据有利地形，部队打了两天没打下便撤退了。等到果德起义时，敌人已有准备，也没能打下县城。起义失利，最后队伍也散了。

桂西起义一举占领万冈、凤山两座县城和20个乡，虽然声势浩大，战果不小，但损失也很大。起义部队一部分人留在西山，一部分人转到平治、田东七里等地活动。

（六）横县起义

1947年9月1日，国民党横县当局调集县警和民团数百人包围六秀村，勒令横县地下党领导的上西区求生武装队伍交出武器。中共贵县中心县委书记杨烈和陈清源等当机立断，于4日晚起陆续举行武装起义。在上西区，以六秀、福龙、龙村为主的武装队伍会同各村队伍300多人枪，由陈清源指挥，先后攻占陶圩、龙头、镇西乡公所。在下西区，以龙平、永安和苏光等村队伍为主的300人枪由杨烈指挥，攻下莲塘、龙平、永安乡公所。在上南区，刘一桢等率200多名武装人员举行暴动，先后攻克飞龙、独灵、同宣、龙门四个乡公所。在上北区，梁德指挥那罗、草衣、六味、张村等200多武装人员兵分四路攻打青铜乡公所。

横县起义建立了一批游击据点，攻占了敌人的2个区公所、13个乡公所，缴获一批枪支弹药，震动了国民党广西省政府。起义部队英勇抗击国民党莫蛟保安团的围攻长达4个月之久，以后主力部队300人撤出战斗，先后转移到广东南路和十万山地区，配合兄弟部队活动。1949年春，这支部队又返回横县继续战斗。这次起义锻炼了群众，培养了干部，为使横县发展成桂中南地区领导机关和粤桂边纵队第八支队的主要活动基地作出了重大贡献。

（七）上林古（蓬）思（吉）起义

1945年5月，在外地接受革命教育的进步人士韦盛经回到古蓬家乡组织开展革命活动。1945年5月至1947年4月间，韦盛经、樊茂春、韦广培、韦汉强、樊仁辉、黄日昌、王兆隆等人利用合法身份在古思（古蓬、思吉两个乡）地区，先后通过组织"十弟会""读书会"等形式宣传进步思想，培养革命骨干，组建武装队伍。他们的活动引起中共上忻工委、中共贵县中心县委的高度重视，先后委派中共党员到古思地区指导工作。

根据"横县会议"精神，1947年6月，贵县中心县委书记杨烈委派张声震到上林负责武装起义。张声震到上林北区后，传达了省工委和贵县中心县委会议精神，把"十弟会"改为"人民解放同志会"，组建武装基干队，准备武装起义，并于1947年8月29日成立中共上林县支部。与此同时，国民党上林当局也加紧对武装队伍的镇压。1947年8月24日，南宁区第一保安大队队长覃培桂率领两个中队200多人到达上林，协助梅仲威搞"清乡"。于是，中共上林县支部决定在"人民解放同志会"的基础上，加紧扩大基干队，随时做好武装起义准备。9月10日，梅仲威率领省保安队和县警察队200多人进入古蓬、思吉进行"清乡"行动。9月15日晚，中共上林支部在凌头村韦家琪的油榨房里决定伏击梅仲威，举行武装起义。1947年9月16日上午11点，中共上林支部率领的武装基干队伍在周安和北栏之间伏击梅仲威率领的"清乡队"，击毙保安中队长覃恢廷、副官黄锦葵、分队长罗平及士兵5名，俘虏15名，缴获步枪6支、手枪2支、军用品数十件，打死马1匹。这次起义拉开了上林革命武装斗争的序幕。

（八）中秋起义

"横县会议"以后，桂中南党组织负责人杨烈来到贵县与廖联原联系，提出在横县一带搞武装起义。8月至9月下旬，廖联原先后在贵县、桂平、武宣和来宾四县交界地区召开会议，讨论形势，统一思想，决定实行武装起义。经过反复酝酿，决定成立中国人民解放军达开纵队，由廖联原任司令员兼政治委员，韦志龙任副司令员。纵队下辖12个支队，稍后增加独立支队，共13个支队。

武装起义地点定在贵县达开乡，起义日期为 1947 年 9 月 29 日，时值中秋节，故定名中秋起义。

起义前夕，敌贵县民团副司令梁遇率部数百人进抵龙山，妄图镇压起义。9 月 29 日上午，廖联原等趁敌立足未稳，率领各支队按原计划向达开乡公所发起进攻。由于敌人不断增援，未能攻克，但控制了六合、六泥、六江等据点，对敌人形成了半包围的态势。当夜，纵队司令部决定，由韦志龙副司令率 3 个支队绕到敌后，袭击中里乡公所。30 日，韦志龙所部在内线人员配合下，未经大的战斗便解放了中里。10 月 1 日下午，韦敬礼率 60 余名武装人员从通挽到中里参加战斗。

10 月 2 日下午，起义部队在中里中心小学召开誓师大会，阐明了起义的意义，部队的性质、任务和作战方针，并重新宣布纵队的领导人和所辖 13 个支队的建制及其负责人。当晚，纵队司令部派 5 个支队向龙山和棉村两乡进军。3 日凌晨，一举攻克龙山乡公所，守敌梁遇部 30 余人狼狈逃回县城。起义部队乘胜追击，解放了棉村乡的大部分村庄，缴获稻谷 30 余万斤。3 日上午 9 时许，驻达开乡的梁遇部 100 余人勾结恶霸地主刘敏初、刘辅政的民团 300 余人，突然袭击纵队指挥所驻地中里。廖联原指挥直属队 50 余人奋起抗击来敌。不久，第四、第五、第十支队奉命从龙山赶回增援，内外夹击敌人，激战三个多小时，打死、打伤敌 50 余人，余敌溃退回县城。在这次战斗中，第一支队副队长、廖联原的弟弟廖联本和一个战士光荣牺牲。

中秋起义震惊了国民党广西当局。10 月 5 日，他们即派省保安第三团伙同第九区（郁林）保安副司令彭伯鸿所率民团 1000 多人进犯龙山、中里、达开三乡。10 月中旬，新上任的敌省保安副司令莫树杰亲率省保安第四团两个营和直属队前来增援，并统一指挥上述部队对我游击队重点"围剿"。此后，起义部队便转入艰苦的反"围剿"斗争。在三个多月的反"围剿"斗争中，达开纵队大小作战二三十次，其中最激烈的是河都战斗和车田战斗。

河都村是达开纵队的主要据点。10 月 6 日，敌保三团两个营开始进犯该村。经过 40 余天的战斗，河都村始终屹立不动，一方面大量杀伤了敌人的有生力量，另一方面牵制了敌人的主力，掩护其他据点的群众疏散、转移，减少了群众生命、财产的损失。车田村是担负牵制敌人、掩护群众撤退任务的最后一个据点，防守部队是第一支队的一个中队，纵队司令部则在外围指挥其他支队配合作战。

经过四个月的战斗，达开纵队打破了敌人的重兵"围剿"，解放、控制了贵县、桂平、武宣和来宾四县交界的 20 个乡（镇）约 30 万人口的地区。这些地区后来成为桂中游击区巩固的根据地之一。

（九）三（波）、光（坡）、企（沙）起义

在原中共广西省工委系统组织、发动武装起义期间，属中共粤桂边工委领导的钦廉四属和博白、陆川等县的游击队积极出击，发展新区。5 月 14 日，中共钦防特派员谢王岗及刘镇夏、苏就芳等组织防城县三（波）、光（坡）、企（沙）武装起义，占领上述三个乡镇。其后两个月，钦防游击队接连摧毁国民党的 10 个乡、镇政权，攻入龙门港和中越边境重镇东兴。9 月，防城、钦县游击队分别编为粤桂边区人民解放军第二十、二十一团。5 月下旬，合浦县游击队整编为粤桂边区人民解放军第二十四团。6 月至 9 月，该团转战于合浦的西、中、南部及廉江东部地区，拔除了一批反动据点，随即成立以白石水为中心的六万山区第一个县级革命政权——合南区军政府，积极加强合灵南区游击根据地的建设。7 月间，灵山游击队整编为粤桂边区人民解放军第十八团。8 月下旬，该团进军横县南部地区，策应桂中南武装起义。其后，十八团和横南独立营接连与敌作战近 4 个月，摧毁 4 个乡公所，歼敌约 700 名，缴枪 220 多支，扩展了横南游击区。10 月 24 日，粤桂边区第二十一团帮助上思县地下党在那齐村组织武装起义，起义部队编入第二十一团。其后，第二十一团接连摧毁上思县的 9 个乡公所，开辟了十万山北麓游击根据地。10 月，博白、陆川两县游击队分别整编为粤桂边区人民解放军新十二、新十四团。两团在粤桂边区多次作战，取得一定战果。

三、广西武装起义的深远意义

从 1947 年 6 月至 11 月，广西各地党组织先后在桂东、桂北、左江、右江、桂中南、桂中、桂南等 7 个地区 21 个县，组织 6500

余人举行武装起义，一度攻占了两座县城、3 个区公所、80 多个乡公所，歼敌 1000 多名，给敌人以沉重打击。桂系头目白崇禧等"忧心如焚，寝食不安"，为保住后院，被迫将其从内战前线回桂整补的正规军第一七四旅留在广西参加"剿匪"。这场大规模的武装起义不但牵制了第一七四旅，而且摧毁了敌人的大批乡村政权，打击了农村的反动势力，切断了许多地方的水陆交通，不少地方"一切税收任务均陷入停顿状态，人心亦复极度不安"，使桂系的兵源、粮源、财源日益枯竭，难以完成其内战前线的兵员、军需补给计划，从而间接地支援了人民解放军正面战场的作战。起义中铲除了一批"地头蛇"，并大搞破仓分粮，使当地人民在政治上、经济上获得利益，大大地激发了各族群众以武装反抗国民党反动统治的斗志。通过武装起义，党组织和广大群众经受了锻炼，积累了经验，为后来广西游击战争的发展奠定了基础。

这场席卷全省的武装起义风暴是中共广西地方组织工作的一个重大转折。广西武装起义的时间晚于广东，但是比相邻的云南、贵州、湖南早半年左右，它的意义是不同寻常的。第一，在军事上，沉重地打击了国民党反动派。起义之师一经出现，初战就打掉了反动派 3 个区公所、80 多个乡公所，其中右江起义部队还一度攻占了万冈、凤山两座县城，各地总计歼灭敌人 1000 多名。这在一定程度上削弱了广西反动派地方保安团的实力，还迫使广西反动当局将第一七四旅这个刚从内战前线调回广西来进行整训补充的正规部队暂时留在广西，这样就在一定意义上间接地支援了人民解放军正面战场的作战。第二，在政治上，广西的武装起义灭了反动派的威风，长了革命者的志气，极大地鼓舞了人民群众的斗志，摧毁了蒋桂反动集团的一批基层政权，动摇了他们在农村的统治基础。第三，在经济上，由于广西举行武装起义，革命武装异军突起，迅猛发展，使得广西反动派手忙脚乱，他们在许多地方的经济活动陷于瘫痪，征粮、征税困难，财源、粮源枯竭，日子越来越不好过。第四，广西地方党组织和广大干部通过武装起义和发展游击战争，经受住了严酷斗争的考验，思想上和工作上都得到了迅速的提高，为迎接全国革命新高潮，配合南下大军解放广西全境准备了重要的条件。

这次广西武装起义的方针、策略总的来说是正确的，是符合中共中央和中共中央香港分局的指示精神的。但有的地区的党组织由于没能正确地分析敌我双方的形势，存在轻敌速胜的思想，对人民武装从小到大、从弱到强的规律认识不足，过早地打出纵队、支队、县民主政府等旗号，攻打县、区政府等大目标，以致过早地暴露了力量，招致敌人的大规模报复。有的地区在敌人进行反扑时，没有及时采取分散发展的方针，片面强调保护群众利益，组织"山头、村落保卫战"，以致造成较大的损失。在起义过程中，东（兰）万（冈）支队支队长徐学贤、中共凤山县工委代书记韦芳、原临阳联队队长黎禹璋、达开纵队第一支队副支队长廖联本等一批领导骨干和百余名指战员壮烈牺牲，大部分起义部队受挫解体。

1947年10月，中共中央香港分局决定，粤桂边工委改称桂滇边工委，改向桂滇边方向发展，以创建桂滇黔边区根据地。11月上旬，桂滇边工委率主力第一团（"老一团"）自中越边境进入广西靖（西）镇（边）地区，该团在左江靖镇大队的配合下，在3个月中作战数十次，歼敌517人，俘靖西县民团副司令张焯然等军官多名，共歼敌约600人，缴获轻机枪8挺、长短枪约300支，靖镇游击区扩大到10多个乡，并成立了左江地区第一个县级革命政权——靖镇区民主政府筹办处。靖镇区斗争的胜利对广西特别是左右江游击队是一个有力的鼓舞。

第三章　广泛开展游击战争

1947年广西武装起义之后，面对敌人的大规模"围剿"，中共广西地方组织领导广西人民坚持开展游击战争。1948年秋冬，中国的革命形势发生了重要转折。中共中央提出争取在一年时间内彻底打败国民党反动派，解放全中国。为了配合人民解放军的战略决战，中共中央香港分局制定了广泛开展武装斗争、加速华南地区敌后各大游击战略区的发展、占领广大农村、迎接大军南下的方针。中共广西地方组织在极其艰苦的环境中坚持游击战争，先后开辟了十一个游击区，为广西解放奠定了坚实的基础。

一、在反"围剿"中坚持游击战争

1947年广西武装起义之后，国民党广西当局为了扑灭革命烈火，采取了一系列反动措施。广西各地的人民武装均遭受到敌人的疯狂"围剿"，广西人民的革命事业陷入十分困难的境地。

为了给中共广西地方党组织以正确的指导，1947年10月，中共中央香港分局发出《为迎接大反攻加强农村斗争的指示信》，明确提出："战术的运用，仍以分散活动，开始群众斗争，肃清地方反动势力为主"；"应调出精干短小队员配合地方干部、政治干部，组成若干地方性游击队或武工队，去钻入敌人各个空隙地方，发展群众斗争，组织民兵游击队，建立地方党与群众组织"；"不可过早突出暴露，以致遭受封锁、围困、扫荡，增加发展的困难。"1948年2月，中共中央香港分局发出《中共中央香港分局关于粉碎蒋宋进攻计划，迎接南征大军的指示信》（简称"二月指示"），明确指示："目前在总方面来说，仍应以普遍发展，大胆放手派出多数武工队，摧毁地方反动势力，领导群众斗争，到处建立广大民兵为主，从普遍发展到处生根的基础上……依当时情况及对敌斗争需要，建立主力。"为帮助各大游击区贯彻落实这一指示，中共中央香港分局先后派杨德华、杨应彬、李超等到十万山区、六万山、桂滇边、桂北等游击区工作。1948年4月，中共中央香港分局派分局委员梁广到粤桂边区组建粤桂边区党委和临时军委，由梁广任党委书记兼军委主席。

各地党组织认真传达、贯彻中共中央香港分局的指示，开展"三查三整"，自觉检查并切实克服盲目大搞、起义受挫后悲观消极等"左"和右的错误倾向。在军事斗争上，按照"普遍发展，到处生根"的方针，大部分地区实行"化整为零"，以武工队、游击小组的形式，分散转入省边、县边特别是少数民族山区活动，发动农民，成立农会、抗征会、革命同盟会、妇女会、民兵团、儿童团等群众组织，广泛开展"反三征"斗争。同时，派出精干武装，收缴对游击队抱敌视态度的地主、富农的武器，捕杀民愤极大的反动骨干、特务、恶霸，伏击、截击分散活动的小股敌人及下乡征粮、征税的税警人员，袭击敌人的哨所、粮仓、乡公所，以打击敌人的反动气焰，瓦解、摧毁敌之基层政权。当敌军前来"围剿"时，游击队采取诱敌深入、避强击弱、声东击西、忽南忽北的战术。同时，充分发动民兵和人民群众，收集情报和打掉敌人的耳目，派出小分队四处袭扰，以迷惑、牵制、疲惫敌人，充分发挥人民战争的威力，粉碎敌人的"围剿"。

为打破敌人的"围剿"，扭转我方的被动局面，根据中共中央香港分局"二月指示"的精神，粤桂边、桂滇边、粤桂湘边及桂柳区各游击队采取了几次战略性的行动。2月，中共粤桂边地委组建边区第三支队，率新编第一团（由广东遂溪及廉江、吴川、化县部队组成）、第十九团（横县部队）自廉江西进十万山区，配合第二十、二十一团巩固发展十万山游击根据地。粤桂边区第十八、二十四团的部分部队转入永淳、贵县、兴业、博白边境山区开辟新区。3月，敌正规军第一七四旅，广西省保安第三、第六、第九团及地方民团各一部对靖镇区实行"重点清剿"。中共桂滇边工委决定实行"大股插出，小股坚持"的方针，边工委领导机关率主力第一支队转至滇越边境河江休整，伺机进入滇东南活动，第二支队留在靖镇区坚持斗争。左江游击队从中越边境逐步向雷平、向都、天保、养利等县发展。右江游击队将武装斗争的重点地区自万冈转到平治，发展红水河中游都安、那马、隆山各县的游击战争。4月，中共粤桂湘边工委组建桂东独立团，自广东广宁向桂东挺进，以发展桂东游击战争（后遭粤西、桂东之强敌截击，该团被迫撤回广宁，边工委改派干部潜回桂东开展斗争）。9月，桂北游击队主力自灵川转至湘桂边境的全县、灌阳、兴安，跳出了敌人的包围圈，开辟了大片新区。

这一阶段，各游击区根据中共中央香港分局的指示，大力加强群众工作，建立巩固的活动据点和小块的游击根据地。桂中南地工委提出"挖塘养鱼"的方针，派出多支小型武工队，深入发动群众，恢复老区，开辟新区，创建以镇龙山为中心的游击根据地。桂中游击区于1948年5月成立贵（县）桂（平）武（宣）来（宾）边区人民解放工作委员会（翌年5月改称桂中区人民解放工作委员会）。该会通过广泛组织人民群众，为游击队输送兵员，筹集粮草，提供情报，维持地方治安和办理部分政权职能工作，使桂中游击区得以稳步发展。鉴于敌人的力量强大，统治较为严密，桂东南游击队采取较秘密的方式开展活动，并利用抗日战争时期的统战工作基础，建立"白皮红心"的两面政权，建立、健全地下交通站、兵工厂、税站，为大发展创造条件。桂东、都（安）宜（山）忻（城）、柳北地下党在经过较长时间的准备，建立一批工作据点的基础上，于1948年秋冬开始组建武工队，发动组织群众开展"反三征"和打击地方反动势力等斗争。

1948年广西游击战争的基本形式是反"围剿"。由于敌强我弱，各游击区大都被敌人分割，难以互相支援、配合，与上级党组织的联系经常中断，部队的武器、弹药、给养、药物来源十分困难，广大指战员经常宿于山洞、破窑、茅棚、树林、蔗林，以杂粮、野菜度日，忍受着饥饿与疾病的折磨。鉴于大部分干部缺乏武装斗争的经验，各级党组织以各种方式加强对干部的培训工作。中共中央香港分局于1948年夏秋举办武装斗争干部训练班，分期分批轮训各游击区的领导干部。中共桂柳区工委于1948年2月和8月先后在柳江县成团乡水灵村和融县溪滨寨举办学习班，组织各地区党组织和游击队的负责人学习毛泽东、朱德的军事著作和中共中央香港分局的有关指示，认真总结本区武装斗争的经验教训，较好地解决了开展游击战争的方针、策略、组织形式、活动方式等问题。

在党的正确领导和各族人民的积极支援下，各游击队在艰苦曲折的斗争中锻炼成长，战斗力逐渐提高，不少游击队已能在一次战斗中歼灭整排整连的敌人。1948 年 6 月 20 日，桂滇边第一支队的一个连袭击筑有钢筋水泥工事的龙州水口汛署，全歼守敌一个连，缴获轻机枪 4 挺、步手枪 30 多支、电台 2 部。十万山游击队在一年的反"围剿"斗争中作战 130 多次，歼敌 540 多名，缴获轻机枪 9 挺、长短枪 350 多支，不但恢复、巩固了老区，还在邕宁、崇善、绥渌等县开辟了大片新区。

经过一年艰苦卓绝的斗争，各游击区基本粉碎了敌人的"围剿"，部队逐步发展，活动区域逐步扩大，并建立了一批乡村政权和大批"两面政权"。到 1948 年底，全省游击队已发展到约 1 万人，游击区域扩大到 50 多个县。仅右江游击区就扩展到 18 个县，建立了 7 个大队武装，脱产武装共约 2200 人，并成立了西山县临时民主政府和东兰、凤山县革命委员会两个过渡性的县级革命政权。

在艰苦卓绝的游击战争中，中共粤桂湘边工委副书记钱兴、粤桂边区第十四团团长袁达雄、桂西英勇大队长黄文龙、左江思明工委副书记黄明、桂北人民抗征队副队长谢韧天等一批领导骨干英勇牺牲。

二、中共广西省农委的成立

根据全国革命形势的变化，中共中央于 1948 年 12 月 27 日批准成立中国人民解放军粤赣湘边、闽粤赣边、桂滇黔边三个纵队（桂滇黔边纵队于 1949 年 8 月改称滇桂黔边纵队），并指出："1949 年应是南方游击战争和游击根据地军事发展的一年。"要求各部队依据敌情分散或集中作战，深入地发展群众工作、建立民主政权，使根据地日趋巩固与扩大。中共中央香港分局在 1949 年初接连发出指示，指出要"采取全面发展、重点巩固的方针来完成我们大块根据地的建立，来迎接南下大军准备胜利解放华南"。在军事上要"建立主力整训主力……由游击战为主逐步提高到配合以运动战。同时又广泛整理地方主力及发展普遍的民兵"，"有计划使用每个地委的主力"，"积极出击，以歼敌一中队一大队为目标"，

"逐步的由现有农村基础及小市镇推到占领较大市镇以及二三等的山地县城"，展开有战略意义的地区的工作并连成一片，并具体提出"粤桂边则以打通十万山及六万山联系及建立周围各县工作为目的"，"桂滇边则应努力搞开桂西、滇东南工作"，"桂北、桂中则以普遍的武工队打下基础，以待适当时机从边界用蚕食式的进军"。同时，强调大力发展党团员，积极培训干部，建立和健全农会、妇女会等群众组织，加强政治工作、统战工作和城市工作，以便里应外合，解放城市。

为加强对广西游击战争和城市工作的领导，把粤桂边区、滇桂黔边区辖区以外的广西各地区建成一个相当于战略区的游击根据地，中共中央香港分局于1948年冬决定撤销中共桂柳区工委，成立中共广西省农村工作委员会（以下简称省农委）和中共广西省城市工作委员会，指定李殷丹为省农委书记，路璠、黄传林为委员，原桂柳区工委书记陈枫改任省城工委书记。省农委负责领导桂北、桂中、桂东、柳北、都宜忻五地区和柳（江）来（宾）象（县）边的农村武装斗争，省城工委负责领导桂林、柳州、南宁、梧州四市的城市工作。

广西省农委辖区的战略地位相当重要，它南抵红水河、黔江、浔江一线，西与贵州接壤，东、北部与粤西、湘南毗邻，五岭山脉的越城、都庞、萌渚三岭蜿蜒其间。这个地区的敌后游击战广泛开展起来，即可控制或威胁湘桂、黔桂铁路和红水河、黔江、浔江、柳江等航道和广西省会桂林、交通枢纽柳州、主要商埠梧州等城市。

1949年1月初，中共广西省农委书记李殷丹从香港回到柳州，接收了桂柳区工委所管辖的农村地区党组织的领导关系后，即与路璠商量，决定召开桂柳地区负责人会议，传达上级精神。会议原定1月下旬在融县溪滨寨召开，后因被敌人干扰破坏，2月转移到柳江县成团乡水灵村熊柳生家召开。参加会议的主要是桂北、柳北地区党组织的部分负责人，人数比原来计划的少了一些。但是，会议开得很好，达到了预定的目的。会议期间，与会同志听取了各地的工作情况汇报，传达了中共中央香港分局关于开展农村武装斗争、建立游击根据地的指示，还结合介绍了广东一些地区开展武装斗争的经验。针对当时省农委辖区开展武装斗争的具体情况，制定了开展武装斗争的基本方针，即在普遍发展党的组织与广泛发动群众的基础上，放手小搞，到处活动，到处生根，打下大搞的基础。会议强调发展党的组织与广泛发动群众是搞好武装斗争的前提，必须到处生根开花；武工队为初期武装斗争的主要组织形式，要分散点火，形成星罗棋布的游击据点，跳跃式地发展，波浪式地推进；武工队不要忙于打大仗，不要过分张扬，急于建立公开的政权，要待站稳脚跟，有了游击根据地以后，再逐步搞半公开或公开的政权。所有这些都是根据中共中央香港分局的指示精神，结合各地的实际情况和经验教训拟定的。

会议结束后，中共广西省农委在此基础上作了进一步的研究，并于 3 月发出了《关于武斗的几个问题》《关于开辟与发展新区的问题》《在各种不同地区中的党与群众组织问题》等 3 个文件，指导各地区的农村武装斗争。此后，农村武装斗争得到了蓬勃发展，省农委管辖区陆续成立了桂北、桂中、桂东、柳北和都宜忻 5 个地区的人民解放总队及独立的柳来象边大队。

三、人民武装力量的扩大

1949 年 4 月下旬，人民解放军发起渡江战役，迅猛向长江以南进军。中共中央华南分局（原中共中央香港分局）于 5 月 11 日作出《对大军渡江后华南工作的布置》，强调指出："南下大军是攻打城市，因此在大军未到以前，我们必须将农村完全解放，控制在我手内"，要求各边区"完成打成一片的战略部署"，"成立各边区临时行政委员会，建立县、区、乡政权"，"准备组织进城市部队，……加强干部配备及城市政策教育"，"根据约法八章，广泛展开搭线工作，在目前求得冻结残敌于大据点，以便利我农村之发展，在必要时发动其起义，以粉碎残敌可能的进攻及把根据地连成一片，在将来，便利于大军的和平接收"。

广西各地党组织根据中共中央华南分局、粤桂边区党委、桂滇边工委（1949 年 7 月该边工委与云南省工委合并为滇桂黔边区党委）、广西省农委的指示，切实加强游击根据地的党政军建设，以便在野战军向广西进军时发挥更大的配合作用。

在党的建设方面，先后成立了粤桂南地委、六万山地委及桂中、桂东、柳北、都宜忻地工委，连同1948年以前已建立的左江、右江、桂中南、十万山、桂北等地委（地工委）共有11个地级党组织，下辖70多个县委（县工委、特支）。在政权建设方面，先后成立了粤桂南人民行政督导处、武鸣人民行政专员公署、左江人民行政专员公署3个专区级政权，42个县级政权以及大批区乡基层政权。各级革命政权积极做好发动群众参军参战、筹粮支前，组织生产、救灾、维持社会治安等工作，部分地区开展了减租减息，发行支前公债，发展贸易，建立医院、兵工厂等工作。在军队建设方面，逐步整编部队，组建主力武装，全省共建立了中国人民解放军粤桂边纵队第一支队（司令员兼政委黄明德）、第三支队（司令员谢王岗、政委陈明江）、第四支队（司令员符志行、政委陈华）、第七支队（司令员黎汉威、政委卢文）、第八支队（司令员兼政委杨烈），中国人民解放军滇桂黔边纵队左江支队（司令员莫一凡、政委黄嘉）、桂西区指挥部（即右江支队，指挥员赵世同、政委区镇）、桂北人民解放总队（司令员兼政委吴腾芳）、桂中人民解放总队（后改支队，司令员兼政委廖联原）、桂东人民解放总队（司令员兼政委黄传林）、柳北人民解放总队（司令员兼政委莫矜）、都宜忻人民解放总队（司令员兼政委路璠）共12支地师级武装。到1949年11月人民野战军南下进入广西前夕，党领导的游击队已发展成拥有12个相当于师级的支队（总队）共4万余人的强大人民武装，游击区扩展到全省的97个县（含原属广东的钦廉四属），以及湖南的江华、道县，广东的连山，贵州的望谟等县的部分地区，并建立了3个专署级、42个县级人民政权，有力地配合了野战军完成解放广西全境的伟大历史使命。到解放前夕，全省共有党员7000多名（含地方工作人员，不含省城工委系统的党员）。

这一阶段是广西游击战争大发展的阶段，也是敌我双方展开激烈较量的阶段，广西游击队取得了空前的胜利，但也付出了不小的代价。桂中南地工委组织部部长陈符隆、桂西北人民解放军第五团政委莫江白、郁林县特支书记黄辛波、隆山县总支书记黄怀仁、柳北总队第二大队长侯信、桂北总队越城部队长杨庆祝、湘漓部队长郑高、第五大队长金宝藏、粤桂边第二十团副团长刘镇夏、龙津县副县长虞克韩等一批领导干部在斗争中英勇牺牲。

四、十一个游击区的建立

从 1947 年广西武装起义到 1949 年 11 月广西战役开始之前，在广西各级党组织的领导下，广西各地的武装斗争风起云涌，逐步形成了十一个游击区。这十一个游击区包括中共广西省农委辖区的桂北游击区、桂中游击区、桂东游击区、柳北游击区、都宜忻游击区，桂滇黔边纵队辖区的左江游击区、右江（桂西）游击区，粤桂边纵队辖区的十万山游击区、六万山游击区、桂中南游击区、桂东南游击区。

桂北游击区

1948 年 2 月底，桂北游击队主力——桂北人民抗征队改名为桂北人民翻身队，队长全昭毅，政委阳雄飞。翻身队自成立以来转战于灵川、全县、灌阳。11 月，中共桂北地工委成立，阳雄飞任书记。地工委整编了由一支主力部队和五支地方性部队组成的武装队伍，在全县、灌阳、灵川、兴安、资源五县边境地区开展游击战争。同年冬，又开辟路东走廊，使湘桂铁路路东、路西两游击区连成一片。

1949 年 5 月，中共广西省农委书记李殷丹到桂北检查指导工作，并于 6 月指导召开桂北地工委会议，决定采取"背靠山地，面向平原，放手向平原推进"的方针，广泛开展湘桂铁路两侧的武装斗争，形成包围桂林的态势，并积极破坏湘桂铁路，阻滞白崇禧集团南撤广西。中共广西省农委决定由吴腾芳任桂北地工委书记，阳雄飞为副书记，桂北人民翻身队改建为桂北人民解放总队，吴腾芳任总队长兼政委。原属省农委领导的龙胜、义宁、临桂、阳朔、永福等县的党组织、游击队划归桂北地工委、总队领导。活跃于省会桂林附近的桂北游击队迅速发展，犹如一把利剑直插敌人的心脏。

到桂北解放前夕，桂北人民解放总队拥有第一、二、三、五、六、七、九、十、十一、十二、十三、十五等 12 个大队，共 4000 余人枪，游击区已扩展到灵川、临桂、义宁、全县、灌阳、兴安、永福、龙胜、资源、阳朔（东北部）等 10 个县。

桂中游击区

1948 年 2 月，达开纵队整编为武工队和民兵两部分，纵队设立三个执行机动任务的直属武工队，其余武工队和民兵返回各自所在的乡村坚持斗争。5月，成立贵（县）桂（平）武（宣）来（宾）地区解放工作委员会，由廖联原任主任。以贵县、武宣、桂平三县交界地区为中心的桂中游击区开始形成。

1949年1月，中共广西省农委书记李殷丹决定，将象县、修仁两个县划入桂中游击区，并派韦纯束到桂中协助廖联原工作，以加强对桂中游击区的领导。5月11日，中共广西省农委决定任命廖联原为桂中地工委书记，韦纯束任副书记；桂中地工委成立后，根据中共中央华南分局和中共广西省农委的指示精神，将达开纵队改为桂中区人民解放总队，廖联原任桂中区人民解放总队司令员兼政委。在党的领导下，桂中人民武装得到较快发展。贵县山北区解放委员会发动所辖的7个乡78个自然村的壮、汉各族群众，掀起献枪、献粮、参军热潮，共献出轻重机枪6挺、步手枪389支、粮食8万余斤，参军的青年共770多人。

1949年8月15日，中共广西省农委委员黄传林到武宣县召开桂中地工委扩大会议，传达中共广西省农委对桂中工作的指示，要求掌握时机，壮大力量，猛烈发展武装，扩大游击区，建立主力部队，开创新局面，发动群众，做好迎接大军解放广西的准备工作。根据中共广西省农委的指示精神，桂中地工委从1949年10月开始，将桂中区人民解放总队整编为中国人民解放军桂中支队，司令员兼政委廖联原、副司令员韦志龙、副政治委员韦纯束。

经过一年多的游击战争，到解放前夕，桂中游击区已扩展到贵县、桂平、武宣、来宾、平南、象县、修仁等桂中7县大部分地区。桂中支队拥有第一、第八、第十五、第二十九等4个团，第三、第十、第十六大队及来宾南河大队、桂平北区独立营等5个大队级武装，另有挺进队和挺进蒙山中队，共4000余人枪。桂中区解放委员会下辖平南、象县两个县委员会、27区（乡）分会，村屯解放小组的会员共约3万人。此外，在桂中区活动的还有由省农委直辖的柳（江）来（宾）象（县）边特支（书记肖雷）领导的柳来象边独立大队，大队长肖汉祖、政委肖雷。

桂东游击区

1948年2月，桂东特派员吴赞之等到贺县的沙田、公会和里松三个点开展工作。张赞周在荔浦与修仁、蒙山、平乐、阳朔地下党取得联系，该地区有组织的群众五六百人，武装百余人。王家纪在昭平开展学生工作，姚增钲在蒙山南部地区发动青年筹备武装。

1949年6月，在中共广西省农委指导下，中共桂东地工委和桂东人民解放总队成立，由黄传林任地工委书记、总队司令员兼政委，吴赞之任地工委副书记、总队副司令员兼副政委。地工委决定组建荔（浦）蒙（山）修（仁）阳（朔）工委、平（乐）恭（城）工委、蒙（山）昭（平）工委及贺县的四个区工委。同年9月，富川县工委组建。地工委要求各地普遍建立武工队、武工小组，条件好的建立游击中队、大队，开展公开的武装斗争。根据中共中央华南分局的指示，粤桂湘边工委、广西省城工委、桂中地工委、桂北地工委还抽调一批干部支援桂东，增强桂东武装斗争的领导力量。自此，桂东游击区终于形成，游击区域主要为贺县、富川、钟山、蒙山、昭平、荔浦、平乐、阳朔等地。

到解放前夕，桂东人民解放总队拥有贺（县）信（都）怀（集）边、贺信梧（苍梧）边游击大队，贺钟（山）昭（平）边第三、第七游击大队，贺东第五、第六、第七游击大队，贺西、贺连（山）、抚河、湄江人民游击大队，相当于大队的富川人民解放总队，钟山第一、第二游击大队，平（乐）恭（城）钟（山）边、平恭阳（朔）边游击大队，平（乐）南游击大队，荔浦第八游击大队，阳朔第三、第五游击大队，江华第一、第三、第五人民解放大队，望高白沙独立大队，怀集游击大队，发展到4000余人枪的规模。

柳北游击区

1948年8月，融县工委新组建，莫矜为书记，决定到融县南区筹组武工队，建立游击区。不久，柳北多支武工队成立，游击区域扩展到柳城融江河东的太平、龙头，罗城的龙岸、寺门等乡。5月，武工队整编为桂黔边人民保卫团。一个横跨融（县）、罗（城）、柳（城）三县及三江县一部地区的柳北游击区开始形成。

1949年9月上旬，根据广西省农委指示，融县工委扩建为柳北地工委，下辖河西、河东工委和三江临时工委，桂黔边人民保卫团扩建为柳北人民解放总队，由莫矜任地工委书记、总队司令员兼政委。总队成立后接连对敌发动进攻，攻占了罗城县的龙岸、黄金、寺门，柳城县的龙头等乡。

到柳北地区解放前夕，游击区已发展到融县（现融水、融安两县）、罗城、柳城、三江、中渡（现属鹿寨县）等县。柳北人民解放总队拥有 6 个大队和 1 个文工队、4 个妇工队，脱产武装约 2000 人枪，民兵 2500 多人，其中 29 个乡已获解放。

都宜忻游击区

1947 年 8 月，中共上林忻城工作委员会（简称上忻工委）成立。经过一年多的努力，开辟了加马、夷江等游击区。

1949 年 3 月 6 日，中共都安县夷江支部领导群众举行暴动，成立桂西北人民求生三六支队，并于 5 月改名为桂西北人民解放军第五团，团长兼政委覃宝龙。4 月 25 日，中共广西省农委委员路瑶到加马游击区检查、指导工作，要求都宜忻区大胆放手发动群众，扩大武装，巩固老区，发展新区。此后，以第五团为主的都宜忻地区游击武装在柳宜公路沿线积极活动，形成了以加马、夷江、九渡游击区为主的都宜忻游击区。9 月 1 日，第五团一部在从夷江向加马转移，途经宜山县北山时与强敌遭遇，20 余名指战员牺牲。10 月，上忻工委扩建为都宜忻地工委，桂西北人民解放军第五团扩建，11 月改建为都宜忻人民解放总队，由路瑶任地工委书记、总队司令员兼政委。

到解放前夕，都宜忻人民解放总队拥有第一、第二、第三、第四 4 个联队，下辖 18 个大队，共 2000 多人枪，游击区范围为都安、宜山、忻城、柳江、罗城、天河、河池、柳城 8 县，共 53 个乡，并建立了凤红区政务委员会，下辖都安、宜山、忻城三县边界的 5 个乡级人民政权。

左江游击区

1948 年 3 月初，左江游击队在粉碎敌人重兵"围剿"后，在中共左江工委书记黄嘉等率领下，向上金、雷平县进军，先后建立了上金县游击大队、雷平县游击大队，左江游击区沿桂越边境发展起来。经过近一年艰苦顽强的反"围剿"斗争，1949 年 2 月，左江游击队全面出击，先后攻占雷平县的宝圩、芦山，凭祥县的下石等乡公所。7 月 11 日，左江地工委副书记、左江部队政治部主任梁游指挥部队围歼驻于养利县八万桥之敌，歼敌 80 余人，俘敌 140 人。经过几个月的广泛出击，左江游击根据地迅速扩大，并与相邻的右江、十万山游击根据地连成一片。

到1949年10月，左江支队拥有第三、第七十四、第七十五3个主力团，龙州、凭祥、上金、雷平、养利、万承、龙茗、左县、同正、镇边等10个独立营，龙湖、向都、镇结、靖西、敬德及隆安第一、第二，天保南路、北路等9个独立大队，发展到5000余人枪，游击区已发展到靖西、镇边、敬德、天保、龙茗、向都、镇结、上金、龙津、雷平、养利、万承、左县、凭祥、宁明、明江、思乐、隆安、同正等19个县的大部分乡村，各县均成立县人民政府，大部分乡也成立了人民政府。

右江（桂西）游击区

1948年3月，中共右江地委派出多支武工队到红水河上中游地区开展游击战争，建立游击区。先后成立西山县临时民主政府和凤山、东兰等县革命委员会，以西山游击区为中心的右江游击区开始形成。10月，右江地委书记区镇主持召开地委扩大会议，确定了继续执行放手小搞，到处点火，打下基础，准备大搞的方针。同年冬至翌年春，凤山、天峨、东兰等县的游击队粉碎了敌人的重点"围剿"，开辟了乐业等一批新区，并建立了革命政权。

1949年3月中旬，区镇率平治县游击队在两个月内解放了该县14个乡中的12个乡。右江地委军事部长赵世同在红水河上游地区组建了第二十、第二十二、第二十五、第二十八4个大队，解放了乐业、天峨、东兰、凤山4个县的9个乡。隆山、河池、那马、武鸣、向都等游击大队落点了20个乡公所。到同年8月，右江地区已在17个县内普遍开展了游击战争，解放了66个整乡（其中包括全部连接在一起的44个整乡），并在这66个乡内建立起了相当稳固的政权（其中包括一个县政权）。

1949年7月，黄嘉受桂滇黔工委的委托，到右江检查工作。8月中旬到下旬，右江地委召开扩大会议，决定成立中国人民解放军滇桂黔边纵队桂西指挥部。到右江地区解放前夕，桂西指挥部活动的游击区进一步扩展到万冈、凤山、果德、平治、田东、那马、隆山、武鸣、天峨、东兰、乐业、凌云、向都、河池、都安等15县和隆安、田阳、百色三县的部分地区，拥有第八十三、第八十五、第八十八3个主力团，平治、都安、武鸣3个县独立团，第三（隆山）、第十（河池）2个支队（相当于团），万冈、西山、东兰、凤山、天峨、凌云、乐业、田东、果德、那马 10 个县独立大队，以及西山办事处直属营、民运工作团和第一、第二、第三 3 个武工队等，有 5800 余人枪。建立了武鸣人民专员公署和万冈、西山、天峨、凌云、平治、果德、那马、都安、河池、隆山、武鸣 11 个县临时人民政府，凤山、东兰、乐业 3 个县革命委员会共 14 个县级政权，下辖 111 个乡级政权。

十万山游击区

1947 年 2 月下旬，陈华率合浦、灵山两县游击队主力西进十万山，与钦防农民翻身总队并肩作战，开始创建十万山游击区。同年 5 月至 10 月，相继发动了"三光企"、爱店和上思起义，为十万山游击区的创建奠定了坚实的基础。

1948 年 1 月，中共粤桂边地委派粤桂边区新一团西进十万山区，同时决定由陈明江、陈华、谢王岗组成钦廉四属工委，成立中国人民解放军粤桂边纵队第三支队。经过一年艰苦卓绝的斗争，第三支队作战 130 余次，部队发展到 3500 余人枪，开辟了思乐、崇善、邕宁等游击区，十万山游击区开始形成。

1949 年 3 月，十万山地委成立，陈明江任书记，谢王岗、李超任副书记。为加强党的领导，地委先后成立了防城、钦县、上思、思乐、宁明、明江、崇善、扶南 8 个县工委及南宁市工委、马头山工委、绥渌特支。

到解放前夕，十万山游击区已扩展到包括解放前属广东省的防城、钦县和灵山县西部地区，属广西省的上思、思乐、明江、宁明、崇善、绥渌、扶南、同正、邕宁和南宁市等 13 个县（市）。第三支队拥有第二十、第二十一、第二十二、第二十三等 4 个团和扶绥独立大队、邕江挺进大队、钦防沿海大队等 3 个大队，并建立了电台、后方医院、兵工厂、艺术宣传队，脱产武装达 3000 余人（不含编入第七支队 2 个团的 1300 人），另有半脱产武装及民兵 4100 多人，建立了防城、钦县、上思、思乐、明江、宁明、崇善等 7 个县人民政府。

六万山游击区

1947 年 6 月上中旬，中共钦廉四属特派员陈华西进十万山区，进一步发展合浦、灵山边的六万山斗争。6 月，合浦县和灵山县的部分游击队整编为中国人民解放军粤桂边区纵队第四支队第二十四团。该团东进廉江，协同粤桂边区人民解放军粉碎敌广东省保安第九团的进攻，巩固、发展了合灵南游击区。9月，中共合浦县工委在合灵南区建立，并成立军政府，管辖合浦县中部、南部和灵山县南部的10多个乡，人口约30万，初步形成了以合灵南区为中心的六万山游击区。1948年，六万山游击区人民武装经过一年艰苦的斗争，粉碎了敌人的"扫荡"，游击区得到进一步扩大。

1949年4月，六万山区党政军干部会议在合浦县六湖洞山塘口村召开。会议传达粤桂边区党委3月15日的指示，决定成立六万山地委和粤桂边区人民解放军第四支队，由陈华任地委书记、支队政委，沈汉英任地委副书记，符志行任支队司令员，莫平凡任副司令员。六万山区地委成立后，一方面对所属党组织进行了调整，保留灵山县委，撤销合浦县委，成立合东南、合中北、合（浦）钦（县）灵（山）边（后改称合钦边）3个县级工委，后又成立贵（县）兴（业）工委、灵（山）横（县）永（淳）边工委，共有6个县级党组织；另一方面成立六万山财政经济委员会，统一领导和管理全区的征粮、征税工作，保证游击队的给养。

到解放前夕，六万山游击区已扩展到合浦、灵山、兴业3县和钦县东部，永淳、横县、贵县南部及郁林、博白西部地区。第四支队拥有第十、第十一、第十二3个团、直属独立营和贵（县）兴（业）大队，横（县）南、横（县）东2个独立营，主力武装共2000余人（不含编入边纵第七支队的独立营），成立了合浦、灵山2个县人民政府。

桂中南游击区

1948年2月，中共贵县中心县委书记杨烈决定将横县突击队编为2个武工队，一个留在横县坚持斗争，一个随杨烈挺进镇龙山地区活动，创建以镇龙山为中心的桂中南游击区。7月，桂中南地区党组织进行了调整，撤销贵县中心县委，成立桂中南地工委，杨烈任书记。

1949年4月16日，桂中南地工委召开第五次会议，确定了"放手小搞，猛烈发展，加紧巩固地方基础，逐步提高军事斗争，争取大搞胜利"的方针。4月至7月，横县游击队、宾（阳）贵（县）永（淳）边游击队、上林游击队等各游击队四面出击，连战连捷，将桂中南各游击区基本连成一片。7月下旬，撤销桂中南地工委，成立桂中南地委，杨烈任书记，下辖横县、上林2个县委、永淳、宾阳、贵县、武宣4个县工委，来宾县特支、迁江县总支共8个县级党组织。

至桂中南解放前夕，第八支队的活动范围扩大到横县、上林、永淳、贵县、武宣、来宾、宾阳7县的大部地区，拥有第二十二团、第二十三团、第二十四团、独立第一团、新编第二十二团、第二十三团、第二十四团等7个团和来宾独立大队、横县赤卫大队、支队直属营，有地方主力约4500人枪，成立了横县、上林2个县人民政府。

桂东南游击区

1948年春，中共粤桂边地委决定抽调第十二团的2个排参加东征部队，挺进粤中地区活动。同年7月，中共粤桂边地委郁林五属分委成立，由黄明德任书记，领导郁林、博白、陆川、北流、兴业、容县6县的革命斗争。自此，桂东南游击区开始形成。

1949年3月，中共粤桂边区党委决定成立粤桂南地委，书记黄明德，撤销6县党组织，改由粤桂南地委领导。5月成立中国人民解放军粤桂边区第一支队，由黄明德任司令员兼政委。中共博白县委将原来的3个区队组成独立第三营，之后又重建3个区队、21个武工队。陆川县委组建了大陆队，后改称独立第四营。8月，第三独立营、第四独立营分别扩建为粤桂边纵队第一支队第三团、第二团。10月，北流县党总支组建大洪队（后改称北流县独立大队）。11月，容县党总支组建容县独立大队。

1949年秋，中国人民解放军粤桂边纵队第一支队在桂东南游击区已扩展到陆川、博白、北流、容县、郁林（现玉林市）5县等地区，拥有第二团、第三团，北流、容县2个独立大队和郁林县武工队，主力近2000人枪，建立了过渡性的县级人民政权博白县军政委员会和一批区、乡人民政权。

第四章　人民解放军发起广西战役

　　1949年10月1日，人民企盼已久的新中国成立了，但人民解放战争还没有完全结束，国民党还有100多万军队在西南、华南和沿海岛屿负隅顽抗。在新中国开国大典的礼炮声中，人民解放军继续向华南、西南进军，以雷霆万钧之势扫荡残敌。11月7日，中国人民解放军第四野战军第十二、第十三、第十五兵团和第二野战军第四兵团等部发起广西战役，歼灭盘踞广西的国民党军白崇禧集团，解放了广西全省，进一步推进了全国解放的历史进程。

一、人民解放战争的伟大胜利

　　经过辽沈、淮海、平津三大战役，中国人民解放军歼敌154万余人，使国民党赖以维持其反动统治的主要军事力量基本上被摧毁，解放战争在全国的胜利指日可待。

　　三大战役后，国民党政权在长江以北的力量全线崩溃。蒋介石为扶大厦之将倾，寄希望于美国增加援助或美、苏出面"调解"，但没有结果。在重重压力下，蒋介石被迫于1949年元旦发表意图"求和"的《新年文告》，并于1月21日宣告"下野"，退居幕后。国民党代总统李宗仁口头上表示愿以中共所提的八项条件为基础进行和平谈判，实际上却是想争取喘息时间，部署长江防线，阻止人民解放军南下，实行"划江而治"。

　　1948年12月30日，毛泽东在新年献词中发出"将革命进行到底"的伟大号召，强调要坚决、彻底、干净、全部地消灭一切反动势力，在全国范围内推翻国民党的反动统治，在全国范围内建立无产阶级领导的以工农联盟为主体的人民民主专政的共和国。为了早日结束战争，减少人民的痛苦，中国共产党仍愿意同南京政府或地方政府、军事集团进行和平谈判。毛泽东提出以惩办战争罪犯、废除伪宪法和伪法统、改编一切反动军队、废除卖国条约等八项条件作为谈判基础。1949年4月13日，国共代表开始在北平举行正式谈判。4 月 15 日，周恩来将《国内和平协定》最后修正案送交以张治中为首的国民党政府代表团，并限国民党政府在 20 日前表明态度。4 月 20 日，国民党政府拒绝在和平协定上签字，和谈破裂。

4 月 21 日，毛泽东主席、朱德总司令发布向全国进军的命令，人民解放军迅即向尚未解放的广大地区展开规模空前的全面大进军。由刘伯承、邓小平等领导的第二野战军和陈毅、粟裕、谭震林等领导的第三野战军，在第四野战军先遣兵团、中原军区部队配合下，得到江北人民的支援和江南游击队的策应，于 4 月 20 日夜至 21 日，在西起湖口、东至江阴的千里战线上，发起渡江战役，百万雄师分三路强渡长江，彻底摧毁国民党苦心经营了 3 个月的长江防线。4 月 23 日，南京解放，延续 22 年的国民党反动统治宣告覆灭。渡江战役历时 42 天，人民解放军以伤亡 6 万余人的代价，歼灭国民党军 43 万余人，解放了南京、上海、武汉等大城市，以及江苏、安徽两省全境，浙江省大部及江西、湖北、福建等省各一部，为解放华东全境和向华南、西南地区进军创造了重要条件。

渡江战役后，解放军各路大军以秋风扫落叶之势，继续向中南、东南、西北、西南各省胜利进军，分别以战斗方式或和平方式干净、利落地解决残余敌人。9 月 13 日至 10 月 16 日，人民解放军发起衡（阳）宝（庆）战役。这次战役是中国人民解放军进军中南地区以来的首次重大战役，是向中南地区进军的决定性战役。这次战役，人民解放军共歼灭国民党白崇禧集团第七军、第四十八军的 4 个师，连同其他部队共计 4.75 万人，俘敌 3.8 万人，重创白崇禧部主力。随后，人民解放军向广东、广西进军。10 月 2 日，人民解放军第二野战军、第四野战军和两广纵队等部队共约 22 万人发起广东战役，国民党政府被迫由广州再迁重庆，国民党军残存的胡宗南集团分别逃向西南各省，国民党军另一个残存的军事集团——白崇禧集团则独自撤向广西，企图退守一隅，"苦撑待变"。11 月 4 日，广东战役胜利结束，歼灭国民党军 6.2 万余人，解放了除沿海岛屿及雷州半岛以外的广东陆地，完成了对白崇禧集团东南面的战略包围，为进军广西歼灭白崇禧集团、解放广西创造了有利条件。

二、毛泽东、中央军委部署广西战役

1949年10月，在衡宝战役中被人民解放军重创的白崇禧集团退踞广西，下辖华中军政长官公署辖第一、三、十、十一、十七共5个兵团12个军15万余人，加上驻守粤桂边区的余汉谋残部4万余人。白崇禧指挥20余万人负隅顽抗，并随时准备向云南或越南、海南岛逃窜。广西省当局还疯狂扩充民团力量，以阻挡人民解放军解放广西，"以恢复过去本省民团之辉煌成就"。桂系集团妄图以20多万兵力，加上民团，死守广西，形成"割据"之势。

早在1949年4月28日，毛泽东主席就致电人民解放军第四野战军司令员林彪、政委罗荣桓等，指出："和谈破裂，桂系亦从来没有在具体行动上表示和我们妥协过，现在我们亦无和桂系妥协之必要。因此，我们的基本方针是消灭桂系及其他任何反动派。"

在解放战争转入战略追击阶段后，人民解放军势如破竹，以摧枯拉朽之势节节胜利，敌人兵败如山倒。在大好形势面前，毛泽东提出了歼灭敌人的新策略，即运用大迂回、大包抄的作战方针，达到大量歼敌的最终目的。7月16日，毛泽东致电第四野战军，指出："白匪本钱小，极机灵，非万不得已决不会和我作战。""判断白崇禧准备和我作战之地点不外湘南、广西、云南三地，而以广西的可能性为最大。"和白部作战，"均不要采取近距离包围迂回方法，而应采取远距离包围迂回方法，方能掌握主动，即完全不理白部的临时部署，而远远地超过他，占领他的后方，迫其最后不得不和我作战。"9月12日，毛泽东又指出："对白崇禧及西南各敌均取大迂回动作，插至敌后，先完成包围，然后再回打之方针。"10月下旬，毛泽东再一次将远距离、大迂回、大围歼的战略方针运用于广西战役中，提出"先迂回包围，再予歼灭"的作战部署。毛泽东、中央军委的这一作战方针是针对白崇禧在战略退却阶段采取的新的作战方针而制定的，其目标在于全歼白崇禧集团于广西境内。

11月4日，第四野战军根据毛泽东及中央军委制定的战略方针，作出围歼白崇禧集团的作战部署，决定以第四野战军第十三兵团所辖的第三十八军、第十四兵团所辖的第三十九军10万余人为西路军，沿湘黔边境迂回桂西，切断敌逃往云贵的道路；以第二野战军第四兵团所辖的第十三、十四、十五军 18 万余人为南路军，从粤西秘密进入粤桂边的廉江、茂名、信宜地区，防敌向海南岛逃窜；以第十二兵团所辖的四十、四十五军，第十四兵团所辖的四十一军 14 万余人为中路军，集结于湘桂边境，抑留白崇禧集团于桂北，待西、南两路大军断敌后路，形成钳形合击态势时，即自北向南发起攻击，围歼敌人。

三、人民解放军向广西进军

1949 年 11 月 7 日，西路大军第三十八、三十九军相继从湖南武冈、洞口出发，奔袭据守湘西南通道靖县之敌第十七兵团，奏响了广西战役的序曲。敌沿黔桂边境西逃，西路军乘胜追击，于 15 日尾追敌第十七兵团揳入广西。

鉴于第二野战军第五兵团于 11 月 15 日解放贵阳，敌人西逃云贵的可能性已很小，却有企图突破南路的迹象，西路大军即奉命改变行动。第三十八军进入广西后，分两路向黔桂公路线上的河池猛进。右路第一五一师于 20 日解放宜北，24 日解放思恩，26 日占领河池，随即经万冈，出田州，于 12 月 5 日解放桂西重镇百色。该师进军桂西途中，在滇桂黔边纵队桂西区指挥部所属部队的积极配合下，歼国民党第十七兵团第一〇〇、一〇三军及地方保安部队共 5000 余人，解放了桂西的 10 多个县，封锁了敌人逃往云南、贵州的通道。左路则向果德方向挺进，直插南宁以西地区。第三十九军兵分两路折向柳州、宾阳，直插广西心腹地区。在柳北人民解放总队和都宜忻人民解放总队的积极配合下，左路第一一五师于 18 日夜攻占古宜，22 日进占融县，25 日攻占广西水陆交通枢纽柳州，在柳州市内和近郊歼敌第四十八军一部 2000 余人。右路第一一六师于 11 月 23 日占领罗城后，沿三岔直插柳州以南。

第三十九军解放柳州后，即向南宁进军，途中在粤桂边纵队第八支队、柳来象独立大队的积极配合下，于宾阳、迁江一带歼灭国民党第十四、九十七军及地方保安部队各一部，缴获汽车 400多辆，解放了邕柳公路沿线各县。12 月 4 日晚，第三十九军第一一六师进入南宁。

11 月 18 日，以第四野战军第十二兵团为中路大军，第四十一军沿湘桂铁路向白崇禧部开始发动正面进攻，其先头部队第一二三师经全县、兴安、灵川直取桂林。该师在桂北人民解放总队的积极支援下，20 日占领兴安，22 日占领灵川，沿途击溃国民党第四十六军，歼灭第九十七军暂一师 1000 余人，随即于 22 日下午解放广西省会桂林市。

第四十五军先头部队第一三三师经东安、全县、灵川、桂林、阳朔，于 27 日进抵荔浦。

第四十军在桂东人民解放总队的积极配合下，长驱直入，自 11 月 16 日至 22 日，接连解放富川、钟山、贺县、信都（现属贺县）等县城。25 日，第四十军第一一九师解放桂东重镇梧州。

四、粤桂边大围歼

1949 年 11 月 10 日，南路大军第四兵团以第十三军先行，由广东罗定向廉江开进，兵团主力由广东阳江向信宜开进。25 日，南路军的 4 个军全部进抵廉江、化县、茂名、信宜一线。自此，西、南、中三路大军已形成对白崇禧集团三面包围的态势。

与此同时，第二野战军进军大西南的作战也已开始，主力突破川黔防线，一部逼近贵阳、遵义。在这种形势下，白崇禧已感到从桂西撤往云、贵的计划无法实现，而南退海南岛的道路正遭到人民解放军第十三军的严重威胁。为摆脱被动局面，白崇禧决定集中主力张淦第三兵团 3 个军和鲁道源第十一兵团 2 个军，在余汉谋残部的配合下，发动"南线攻势"，企图一举歼灭"孤军深入"的陈赓所部第十三军，进而控制雷州半岛，保持逃往海南岛之道路通畅。

11 月 25 日至 12 月 1 日，人民解放军进行粤桂边大围歼第一阶段作战。28 日解放容县、北流县城，29 日解放桂东重镇郁林，30 日解放陆川县城，12 月 1 日解放博白，俘敌华中长官公署副长官兼第三兵团司令张淦。

敌第三、十一兵团于桂东南地区大部被歼后，白崇禧急令其余各部南撤，企图经钦州逃往海南岛。为粉碎白崇禧集团从海上逃跑的企图，12 月 2 日至 8 日，南卜大军进行粤桂边大围歼战第二阶段作战。自 12 月 2 日起，南路、中路大军在粤桂边纵队第三、四、七支队的积极配合下，以每天 100 多至 200 里的速度从广东化州、廉江等向钦廉地区疾进。12 月 5 日，人民解放军先敌占领钦州周围有利地形，堵住了白崇禧集团企图从钦州逃往海上的最后一条道路，为全歼该部创造了条件。

当时，广西境内最大的一支游击武装——粤桂边纵队已发展成为一支拥有 8 个支队、31 个团、8 个大队、3 个独立营共 2.5 万人的游击武装，控制了 39 个县、市的 70% 以上的农村地区，成为解放广西的一支重要力量。在粤桂边战役中，粤桂边纵队集中第一、二、六、七支队，配合第十三军围歼粤系余汉谋残部及粤桂边挺进纵队。这次战役共歼灭和俘虏敌人 6000 余人，粤桂边"剿匪"总指挥部中将司令喻英奇、粤桂边挺进纵队司令曹英被活捉。第六支队第十八团在沿廉江至遂溪公路追歼逃敌过程中，俘虏了化装潜逃的敌第三二一师师长陈植正等 2000 余人。廉江战役打响后，第七支队奉命划归第十三军军部指挥，为部队当向导，向钦州挺进，截击自南宁地区南逃的白崇禧主力，处于十万大山中的第三支队也奉命在公路沿线两侧选择有利地形，做好阻击逃敌的准备。

在粤桂边纵队第七、第三支队的有力配合下，人民解放军首先在钦县聚歼华中军政长官公署及其直属部队，俘敌 1 万余人，缴获汽车 130 余辆、榴弹炮 42 门。接着又歼灭了逃至小董一带的国民党第十一兵团残部，第四十六军、敌国防部突击总队及交通警察总队各一部，共毙伤俘敌 1.3 万余人，缴获汽车 160 余辆。12 月 6 日，第十四军主力攻占钦县县城。12 月 7 日，粤桂边纵队第三支队与第二、第四野战军部队在钦县小董胜利会师。至 12 月 8 日，南路大军和中路大军共歼敌 4 万余人，解放了钦廉及桂中南地区的 10 多个县。

之后，南路第十三军、中路第四十三军、西路第三十九军各一部在粤桂边纵第三支队、滇桂黔边纵左江支队的积极配合下，日夜兼程追歼企图逃窜越南之敌，解放了桂西南的边境各县，其他各军则就地清剿残敌。9 日至 14 日，共歼灭国民党第一、三、十等兵团残部及地方保安部队 1.6 万余人，俘其第一兵团中将副司令兼七十一军军长熊新民等将级军官多名。

五、红旗插上镇南关

1949 年 12 月 11 日下午 6 时 30 分，人民解放军第三十九军一一五师三四三团将五星红旗插上中越边境要塞镇南关（今友谊关）上，标志着广西战役胜利结束和广西解放。整个广西战役，人民解放军共 9 个军 40 余万人参战，共歼灭白崇禧集团 17.3 万人。

在广西战役结束时，全省尚有 24 个县为国民党残军所盘踞。为追歼残敌，解放广西全境，保卫祖国南部边疆的安全，保卫新生的人民政权，在中共中央军委及中国人民解放军第四野战军前线指挥部的部署下，四野的 3 个师先后转为广西地方部队，广西军区成立。1950 年 1 月 12 日，中共广西省省委、广西军区发出《整建地方武装工作的指示》，由各军分区将所在地区的游击队整编为独立团（营）、县大队，成为人民解放军的地方武装，与留在广西的野战军一起向未获得解放的地区进军。在白崇禧集团基本就歼的有利形势下，我人民武装大力开展统战策反工作，用强大的政治、军事压力迫使国民党残部将领率部投诚起义，接受和平改编，全歼自越南窜入靖西、镇边地区的国民党军第十七兵团残部于平而关地区，俘其兵团中将司令官刘嘉树，陆续解放了桂北百寿县，桂东昭平县，桂中中渡县，桂西北的南丹县、天峨县、天河县，左江地区的靖西、镇边、敬德、天保等 15 县以及右江地区的西林县、田西县。3 月 1 日，右江地区的西隆县解放。至此，广西县城全部解放。

根据 1949 年 12 月 31 日第四野战军发表的解放广西战绩：我军在二野兄弟部队一部及广西人民游击队的积极配合、协同作战下，自十一月七日开始行动，至十二月十一日占领镇南关为止，业已将桂系匪军全部及其所指挥下的蒋匪军一部共十七万余，干净、彻底地歼灭于粤桂边境（除小部窜入越南、云南及海南岛者外），解放了广西全省及粤南沿海部分，胜利地结束了华中南大陆作战的最后一役。歼匪十七万二千九百九十名，其中歼匪正规军十六万三千四百六十一名，俘匪十五万两千九百四十四名，匪军投降者九百四十二名，起义者二千名；歼匪地方军九千五百四十三名，其中毙伤匪一百九十三名，俘匪四千零一十六名，匪军投诚者五千三百三十四名。解放城市八十座，计：贵州省之黎平、榕江、从江，湖南省之通道、靖县、道县、永明、江华、东安，广东省之灵山、钦县、防城、合浦、廉江、海康、徐闻；广西省省会桂林及南宁、柳州、梧州、三江、融县、罗城、宜山、思恩、宜北、河池、东兰、万冈、百色、田阳、都安、忻城、柳城、隆山、迁江、宾阳、来宾、武宣、象县、修仁、贵县、桂平、平南、藤县、蒙山、雒容、榴江、荔浦、阳朔、钟山、贺县、信都、昭平、富川、全县、兴安、灵川、龙胜、义宁、资源、百寿、容县、北流、博白、陆川、玉林、兴业、岑溪、横县、永淳、绥渌、思乐、上思、明江、宁明、凭祥、崇善、龙州。（按：广西全境均已获得解放，其余县城不在此次战役中解放者，未列入统计。）1950 年 1 月 20 日，第四野战军发表《关于广西战役经过及战果报告》，详细报告了广西战役的经过及取得的重大战果。

第五章　广西军民为解放广西而英勇作战

　　1949 年 10 月 1 日中华人民共和国宣告成立后，人民解放军继续向全国胜利进军。在毛泽东和中央军委的直接指挥下，人民解放军第四野战军主力和第二野战军第四兵团发起广西战役。中共广西地方组织领导广西军民积极行动起来，配合人民解放军南下作战，吹响了威武雄壮的人民战争凯歌，为广西解放作出了突出贡献。

一、配合人民解放军南下

　　在三大战役节节胜利的大好形势下，1948 年 12 月 27 日，中共中央给香港分局发出《南方游击区应注意的几个问题》的指示，指出"一九四九年应是南方游击战争和游击根据地广大发展的一年"。同时批准成立中国人民解放军桂滇黔边、粤赣湘、闽粤赣纵队，要求各个纵队依据敌情决定分散作战或集中作战，使根据地日趋巩固与扩大，以便在野战军向华南进军时，能发挥更大的战略与战役的配合作用。1949 年 1 月 1 日，中国人民解放军粤赣湘边司令员兼政治委员林平，闽粤赣边纵队司令员刘永生、政治委员魏金水，桂滇黔边纵队司令员庄田等发表宣言，宣布"本军作战目的，志在解放各该地区人民群众，推翻帝国主义封建势力官僚资本主义独裁统治，配合全国人民解放军为彻底解放全中国，建立新民主主义的新国家而奋斗"。1949 年 1 月 26 日，香港分局给各地发出指示，要求"迅速扩大主力部队，迅速组织民兵，依照各个战略展开有战略意义的地区的工作并联成一片"。

　　1949 年 4 月人民解放军占领南京后，中共中央华南分局（原香港分局）接连发出指示，要求各地党组织加紧城市接收准备工作，准备米粮、物资，迎接并配合大军南下作战。

　　根据上级指示精神，中共广西地方组织从 1949 年春开始，以策应大军南下、迎接广西解放为目标，大力巩固、扩展游击根据地，造成农村包围城市的态势，并积极开展城市的革命斗争，为里应外合解放城市准备条件。

党领导下的广西各个游击区迅速扩军，并把分散活动的武工队、小型游击队逐步集结，整编为支队（总队）、团、营（大队），开展整训提高战斗力，袭占重要的关隘、港口、圩镇，乃至县城，以便在解放广西的战役中发挥更大的配合作用。到广西战役前夕，广西游击队解放了平治、乐业 2 座县城，一度攻占了忻城、养利、凭祥、宁明等 4 座县城及镇南关、水口关、龙门港、小董镇等重要据点，消灭敌军 1 万余人，其中毙、俘少将军官各 1 名、团营级军官 20 余名，一定程度上削弱了白崇禧集团与我野战军抗衡的实力，一方面策应了全国解放战场，另一方面为迎接和配合人民解放军南下做好了充分的军事准备。

党领导下的广西各个游击队组织开展破坏敌之交通，切断敌之前线与后方以及省内各部队之间的联系，使敌难以相互协同、支援，便于南下大军将其各个歼灭。都宜忻人民解放总队接连袭击柳（州）邕（南宁）、柳（州）宜（山）公路的会合点大塘和黔桂铁路线的叶茂车站，使敌向黔、滇逃窜的通道受到威胁。桂中人民解放总队控制了黔江、浔江水道，几度袭击、俘获敌之军船，使柳州至广州的船只经常停航。与此同时，桂林、柳州两市地下党发动铁路工人开展罢工、怠工斗争，停开列车，拖延车辆、设备维修的时间，使铁路的运力大大降低。这一系列斗争使敌之水陆交通陷于梗塞，白崇禧集团的兵员、军需补给严重受阻，于其战局极为不利。

党领导下的广西各个游击队控制广大农村，大大缩小了敌之兵源、粮源、财源，从人、财、物上破坏白崇禧集团的"总体战"。广西战役发起前，广西游击队活动区域扩展到全省的 97 个县（含时属广东的钦廉四属），并建立了 3 个专区级、42 个县级革命政权。由于大部分农村已为游击队所解放或控制，许多县的国民党政权征不到兵、筹不到粮，还时不时遭受游击队袭击，处于瘫痪和半瘫痪的境地。

中共广西地方组织和游击队为策应解放大军进军广西所进行的各种斗争，为广西战役的顺利进行创造了极为有利的条件。中共中央华南分局1949年9月20日决议指出，华南各省领导人民的武装斗争和各项工作是有了很大成绩的，极大地配合了三年来全国解放战争的胜利，同时又给人民解放军主力进入华南最后完成解放华南的任务，提供了有利的条件。

二、解放广大城市和乡村

在广西战役中，广西各地的人民解放总队共歼敌近4万人，为解放广西作出了突出贡献。

（一）桂北人民解放总队配合南下大军解放桂北

党领导发动的灵川、全县、灌阳三县武装起义，经过两年艰苦曲折的斗争，部队由小到大，从弱到强，到1949年6月，已发展到2000多人。经中共广西省农委批准，成立桂北人民解放总队，由中共桂北地工委书记吴腾芳任总队长兼政委，阳雄飞任地工委副书记、总队副政委，全昭毅任副总队长，傅一屏任参谋长，陈亮任政治部主任。中共广西省农委书记李殷丹指示，要把游击战争推向桂北的11个县，解放广大农村，形成包围桂林的战略态势，牵制敌人的兵力，破坏其交通，以策应野战军南下，完成解放桂北、解放广西的历史使命。中共桂北地工委和桂北总队按照省农委的指示，组建了路东、路西两个支队，相对集中使用兵力，向湘桂铁路东西两侧大举出击，配合南下野战军光荣完成解放桂北的任务。

8月4日长沙和平解放后，白崇禧集团被迫撤退到以衡阳、宝庆（邵阳）为中心的湘南地区，和广东余汉谋集团联合组成湘粤桂防线，企图阻止我解放军南下，同时准备了三条退路：或西窜云、贵，或远逃越南，或经雷州半岛逃往海南岛。

中共桂北地工委和桂北总队分析了敌我双方的形势，决定充分利用自己所处的有利战略位置，广泛出击，缠住桂系白崇禧集团的手脚，破坏铁路、公路交通线，延缓白崇禧集团由湖南撤退广西的速度，从而为人民解放军围歼该集团创造有利的条件。

根据桂北人民解放总队的布置，各部队积极主动地互相配合，向敌人出击。八九月间，第一、五大队在兴安、灌阳边境地区白带底、水竹坪一带击溃了敌第三二九师一个团和几县保安队共2000余人的进攻。第十一大队袭击了全县、兴安交界处湘桂线上的重镇界首乡公所。第六大队一举歼灭了全县县政府镇东乡清水办事处。第二大队打下了灌阳狮龙乡公所。第十二大队一部分在临桂两江李宗仁老家组织武装起义，收缴了桂林师范学校的武器，攻打了茶洞乡公所。第十五大队从资源挺进到湖南省城步县蓬洞地区开展游击战争。9月9日，新任龙胜县县长、军统特务李治君在上任路上遭第十三大队伏击，狼狈逃走。10月1日，第十一大队攻克兴安县华江乡公所，俘虏其全部人员。10月3日，在吴腾芳亲自布置下，第一大队一部强攻最反动的灵川镇义乡公所，全歼守敌40多人。10月4日，第十三大队在龙胜金结伏击国民党桂北军政区司令官周祖晃，周狼狈逃跑。

10月10日，桂北人民解放总队对桂北国民党各级政府及其所属武装部队发出最后通牒，向我所属各部队发出总进攻命令。其后，各部队更加积极主动地向敌人发起进攻。经过桂北党组织的争取和团结教育，据不完全统计，国民党县、乡、村自卫队共2000余人向桂北人民解放总队投诚，交出机枪50多挺、步手枪2000余支。这对加速桂北解放、减少战争破坏起了重要作用。

为了迎接野战军，帮助野战军解决进军中的困难，桂北人民解放总队在1949年7月1日发布对内指示《大军入境前我们应注意的工作》，要求所属各部广泛地组织群众，尽最大努力支援野战军南下作战，把支前工作当成一项重要任务来完成。11月13日，桂北人民解放总队第一、三大队和人民解放军第四十一军第一二三师侦察连在全县县城东门外湘江河东岸的钵盂山会师。17日凌晨，第一二三师在桂北总队第一、三、六大队配合下解放了全县县城。9日，人民解放军第四十一军沿湘桂路开始向广西进军。野战军集中力量歼灭湘桂铁路沿线之敌，路西数县的敌人主要由桂北游击队负责解决。19日，桂北人民解放总队第十五大队进入资源县城。22日，第十二大队解放义宁县城。同一天，第十三大队解放龙胜县城，第二大队解放灌阳县城。23日，第七大队解放永福县城。桂北人民解放总队于20日配合第一二三师解放兴安，22日解放灵川和桂林市。由于桂北人民解放总队派出向导为野战军带路（见图5-1），抄小路，穿空隙，进军神速，往往出敌不意地出现在敌人面前，打得敌人措手不及，仅在兴安、灵川两县境内就先后歼敌 2000 多人。野战军第三六八团在挺进大溶江途中，由于有桂北游击队带路和当地群众的掩护，与敌暂一师师部沿铁路平行前进 10 多里，都没有被敌人发现。后来，该团抢在敌人前面突然向敌发起攻击，将敌指挥机关打乱，歼其大部，俘敌 800 余人枪。

11 月下旬，新成立的中共广西省委和桂林地委的领导同志先后来到桂北。桂北人民解放总队和桂林地委领导同志在省委副书记兼桂北区党委书记何伟的主持下，先后在全县和桂林开会，决定抽调桂北人民解放总队部分领导干部组建桂北各县党政军领导班子。同时决定抽调桂北总队各大队分别组建各县大队、区中队以及公安部队，总队的主力（3 个大队）改编成桂林军分区独立团。1950 年 2 月，桂北人民解放总队奉令结束。

图 5-1　桂北游击队为南下大军带路

（二）三江侗寨迎大军

三江县位于广西的北部山区，东与龙胜县相连，南及东南与融安、融水两县毗邻，西界贵州黎平、从江两县，北与湖南通道接壤。境内溪河纵横，到处崇山峻岭。三江境内有侗、苗、瑶、壮、汉等民族，解放前夕有人口约 16 万，其中侗族占 49% 以上，苗族占 18.4%，瑶族占 2.7%，壮族占 5.7%，其余为汉族。

1948 年，三江县除了苛捐杂税之外，另增派学谷捐 14 万担，占全年粮赋的 69%。这个沉重的负担压得人民喘不过气来，各族人民必须联合起来，同国民党反动当局进行坚决的斗争。

1949 年 4 月 25 日深夜，良口乡侗族革命知识青年莫虚光响应毛泽东 1947 年 10 月发布的《中国人民解放军宣言》的号召，举行反对国民党三江县反动当局的武装斗争。

莫虚光经过周密侦察和充分准备，先指派几名游击队员将通往县城的电线截断，然后亲自带领莫京忠等几名武装队员到良口街梁仁记家去叫门，声言想到他家打打麻将度夜（当时良口乡伪乡长梁光焕等人正在楼上打麻将）。门打开以后，莫虚光等立即拔出手枪，控制伪乡长和伪副乡长等人，同时正式宣告：我们奉毛泽东主席和中国人民解放军总司令部命令，今晚举行武装起义，所有国民党军政人员必须放下武器，投靠人民者，给予宽大待遇，对于妄图顽抗的国民党反动分子，将给予坚决的镇压。

三天之内，以侗族人民为主体的人民武装由 10 多人枪迅速发展到 200 多人枪。三江各族人民武装斗争的烈火在湘黔桂边区熊熊燃烧起来。莫虚光在良口乡收缴伪乡公所枪支以后，提出了反对国民党反动政府征兵、征粮、征税的响亮口号，得到侗、苗、瑶、壮、汉等族人民的纷纷响应，起义的星火在三江县烧成燎原之火。从 4 月 25 日到 5 月 4 日的 10 天中，莫虚光、荣成礼、欧文光三支起义队伍（下称莫部、荣部、欧部）迅速发展到近千人枪，横扫国民党在三江的乡村政权，控制了除县城以外的广大乡村。

为了彻底摧毁三江县的国民党伪政权，莫、荣、欧三部举行联合行动，于 5 月 5 日向县城发动总攻，解放了三江县城古宜镇，推翻了国民党在三江的反动政权，成立了湘黔桂边区人民自卫军总队司令部，负责统一指挥军事行动，推举荣成礼（汉族）为司令员，莫虚光（侗族）为第一副司令员，欧文光（侗族）为第二副司令员。总队下设 3 个支队，第一支队司令员莫虚光（兼），第二支队司令员欧文光（兼），第三支队司令员荣成礼（兼）。

为了适应新形势的需要，莫、荣、欧三部于 7 月初举行会议，将部队改编为湘黔桂边区人民解放军总队，以莫虚光为司令员，荣成礼为第一副司令员，欧文光为第二副司令员。党领导的人民武装英勇顽强地坚持斗争，先后粉碎了国民党伪保安团和地方自卫队 1 万多人的血腥"进剿"，队伍从几十人发展到 3100 多人，经历大小战斗近百次，摧毁了国民党伪县、乡、村政权，并一度解放三江县城。战斗中，人民武装的领导人之一、总队第一副司令员荣成礼和革命知识青年莫虚日等几十位烈士为了人民的解放事业英勇献出了宝贵的生命。

11 月 17 日，在三江县各族人民武装的配合下，英雄的中国人民解放军天津支队解放了三江县城。各族人民无不喜笑颜开，积极地给大军以各种支援。为了支援前线，三江的游击队立即发动和组织群众，献出木料，拆下门板，为大军搭架浮桥，保证大军迅速渡江，全歼境内残敌。游击队还派出精干的小分队给人民解放军第三十九军一一五师二三五团当向导，跟踪追击残敌，配合解放融县长安镇。

1949 年 12 月 15 日，三江县人民政府在丹洲宣告成立。

（三）桂中军民迎解放

1949 年 10 月下旬，根据中共广西省农委的指示，桂中地工委对形势作了全面分析，确定全区当前的中心任务是：集中优势兵力，歼灭一切能够歼灭之敌，摧毁一切能够摧毁的国民党政权；野战军进入广西时，积极配合大军，阻击歼灭残敌，解放桂中，搞好各项支前工作。面对新的形势，地工委组织学习了《向全国进军的命令》《中国人民解放军布告》以及接管城市的有关规定等，决定在解放大军进到桂中时，配合大军歼灭敌人，解放桂中各县，并积极搞好对解放大军的支前工作。同时加强对敌策反活动，搞好城市接管工作。

10 月 14 日，桂中地工委在象县大乐乡鸡德村召开地工委扩大会议，决定成立象县人民解放工作委员会，由韦纯束兼任主任委员，做好迎接解放的各项工作；并将桂中支队第八大队扩编为第八团，从第八大队抽调干部、战士组成桂中支队挺进队，北上迎接解放军。

会后，桂中支队所属部队积极行动起来。随支队司令部行动的第十五团率先出击。10月15日，该团直属排在武宣桐岭乡上伏马村母猪冲口埋伏，击毙武宣县南河区联防办事处自卫队长覃桂廷。25日至28日，第十五团在兄弟部队配合下，解放了武宣县南河区4个乡，缴获长短枪35支。接着，第三大队解放了北河区的东乡、妙王、黄茆、大琳、金鸡等5个乡。至此，武宣县除县城和个别乡外已获得解放。

10月，修（仁）、雒（容）、榴（江）3县武工队，在修仁县四排乡杉树坳伏击敌县特编中队，击毙敌中队长黄桂发，使敌军瓦解。10月30日，第十六大队夜袭桂平县社步乡公所，缴获步枪12支、子弹500发。11月中旬，第十六大队接连出击，解放了东区的社步、社坡、寻旺、马皮、石咀、木乐、油麻、联吉等8个乡。桂平解放前夕，桂平县自卫队迫击连连长昌景仁弃暗投明，率所部60多人投奔桂平北区独立中队。随后，桂平北区独立中队奉命扩编为桂平区独立营，并解放大宣、紫荆、连洞、和社、和平、南木等乡。

11月25日，桂中支队发布《中国人民解放军桂中支队司令部布告》，向桂中人民宣告：一是坚决执行中国共产党、中国人民解放军、中华人民共和国中央政府的各项政策；二是依照"首恶必办，胁从不问，立功受奖"的原则，一切反动分子、反动团体如执迷不悟，敢于继续顽抗，则彻底、干净、全部消灭之；三是国民党各级伪政权及机关社团的工作人员应立即停止执行反动政令，保管好档案、物资、听候接收。11月28日，大瑶山"瑶王"李荣保派李建国携轻重机枪1挺、步枪30支投诚。11月中下旬，来宾县大队在解放大军到来之前，就解放了南泗、对松、龙南、石塘、中山、寺脚和石牙等7个乡，占全县乡数的一半，并消灭了敌"反共救国军"。在凌锅滩伏击战中，动员民兵千余人，动用土炮2门、重机枪1挺、轻机枪2挺、长短炮四五百支，切断敌人柳州至广州的运输线40多天。11月29日，来宾县大队解放来宾县城。

根据支队司令部的部署，由第八团抽调骨干组成的挺进队于 11 月 27 日在修仁县一致乡的公路上与中国人民解放军四野第四十五军一三三师三九八团胜利会师，随即于当日下午进入修仁县城。挺进蒙山中队（由第一、第十五团部分骨干组成）于 12 月初到达蒙山县城与人民解放军会师。

在桂中支队的配合下，解放大军于 11 月 29 日解放象县，12 月 3 日解放平南县城。12 月 4 日，桂中支队第二十九团配合四野第一三三师对贵县之敌发起进攻，战斗不到 2 小时，毙伤敌 300 余人，俘王景宋及师长郭珀光等官兵 900 余人，解放贵县，桂中各县也相继得到解放。

（四）桂中支队风门坳截敌

风门坳位于象县和武宣县交界处，地势险要。1949 年 11 月 30 日，桂中支队主力 1400 余人在此阻击国民党残军，配合解放大军歼敌 1000 余人，随后，解放武宣全境。

1949 年 10 月间，中共桂中地工委和桂中支队司令部根据中共广西省农委指示精神，集结部队，阻击和歼灭敌人，以配合南下大军解放桂中地区。11 月 24 日，桂中支队司令员廖联原与粤桂边纵队第八支队司令员杨烈所率部队于武宣县桐岭圩会师，共商筹建中共武宣临时县委和县人民政府，还研究了迎接大军等问题。翌日，解放大军解放柳州，桂中地区即将解放。于是，廖联原、杨烈各自带领部队按上级指示的方向前进，率部北上，往象县、修仁方向挺进，迎接解放大军。

11 月 26 日，廖联原带领第一团、第十五团 1000 多人枪，横渡黔江进入武宣北河地区，队伍浩浩荡荡，红彤彤的"八一"军旗呼啦啦地飘，战士们威武雄壮；所过村庄，群众敲锣打鼓，舞狮鸣炮，男女老少列队欢迎，人人笑逐颜开。

11 月 30 日，支队两个主力团和第三大队一部集合在大琳乡七星村的禾场上，指战员佩上新发的印有"解放军"字样的臂章，军容整齐，精神抖擞，高唱着战歌，踏上征途。这时，解放大军到达象州，敌溃兵 200 余人退到妙王乡，正向二塘、武宣方向逃窜。廖联原根据情报，果断地命令部队："全速前进，奋力阻击，配合大军，务求全歼逃敌。"

敌人发现桂中支队切断了他们的去路，于是呈扇形展开，两挺机枪向我前沿阵地开火，掩护全军向前冲，一场激烈的战斗在风门坳打响了。桂中支队的武器远不如敌人，就凭高昂的士气威震敌胆。战士冲锋时，个个非常勇猛，第三大队战士武健学手握单响步枪，子弹不好，连打三发不响还是往前冲。敌人却人地两生，仓皇应战，抬头看到的是迎风招展的"八一"军旗，眼前又是勇猛的奇兵，吓得魂不附体，在前无去路、后有追兵的情况下，只好全连举枪跪地投降。敌人后面的大部队则被阻于六卓村、福隆村一线，欲进无路，欲退不能，乱作一团。廖联原审时度势，为了扩大战果，毅然下令："敌人没有多少战斗力了，第一团在左翼高地，集中火力封锁，第十五团从正面出击，力争解决战斗。"

韦志龙、李明、周福森等接到司令部命令后，身先士卒，带领第十五团的战士们高呼"缴枪不杀""解放军优待俘虏"的口号，以猛虎下山之势，冲杀过去。在解放军第一三三师三九八团的追击和桂中支队的配合下，风门坳战场上冲锋号响彻云霄，枪炮声响成一片，杀得敌军人仰马翻，除敌第五十六军头目及其随员漏网脱逃外，其余被解放大军和游击队前后夹击消灭。桂中游击队和解放军第三九八团在硝烟弥漫的战场上胜利会师了。战斗中，第十五团副团长周福森不幸中弹牺牲。整个风门坳阻击战历时5小时，桂中支队配合大军歼敌1000余人。

链接 >>

长眠于桂中绿水青山

在桂中三年游击战争中，许多共产党员、部队指战员和人民群众为革命献出了宝贵的生命，他们把鲜血洒在桂中的土地上，染红了奔腾咆哮的红水河、黔江、郁江和浔江，染红了飘扬在桂中大地上的千千万万面解放的旗帜，他们的英雄事迹和革命精神将与山河共存，与日月同辉，他们将世世代代活在桂中各族人民的心中！

1947年10月2日，在贵县中里圩战斗中，战士周岭山在激战中被敌人的子弹打中腹部，肠子外流。他咬紧牙关，忍着剧痛，顽强坚持战斗到流尽最后一滴血而光荣牺牲。

同年11月，在贵县车田村突围战斗中，一支队分队长廖福平身负重伤，倒在田埂下呻吟。已负轻伤的支队长廖松和忍着疼痛把廖福平扶起冲过敌人火力封锁线，但剧烈的疼痛使廖福平不得不躺倒在河岸旁，全身沾满着血块和泥污。当廖松和要扶他再往前走的时候，他毅然地说："杏叔（对廖松和的爱称），你莫管我了。队伍可以没有我，但不能没有你，你快冲出去，跟上队伍指挥作战吧！要报……报仇啊！"话没说完，就闭上了眼睛。

纵队司令部交通员、共产党员廖志雄奉派到航行于柳州至广州的"西发渡"客轮上，以护航长的身份作掩护，执行秘密交通任务。1948年9月，在一次航行中，"西发渡"在草头滩触礁裂洞，船身倾斜缓缓下沉。无情的江水滔滔涌进船舱，乘客们有的跳水游向岸边，有的抢爬船顶。作为护航长，在无法控制秩序的情况下，为让更多的乘客得救，廖志雄命令水手拿来棉胎一同去堵漏洞，然而水压太大，棉胎连人被冲开，江水很快涌满船舱。当人们大都离开船舱时，只见一农妇在桅杆边因惊恐而哭喊着，眼看船身继续往下沉，廖志雄不容分说拉着农妇跳下船泅向浅滩，正要登岸，又听有人在岸上大喊："福隆村廖承福老先生还在船上！"廖志雄听到喊声，在将农妇送上岸后，又毫不迟疑地向客轮游去，在即将靠近船舷的时候，客轮下沉了，一股强大的激浪把他卷入漩涡中，再也没有上来……

陆瑞年、陆世重是同族叔侄，他们俩一起参加了中秋起义，后被组织派回家乡武宣县禄新乡坚持地下斗争，1947年10月15日被敌人逮捕。敌人对他们威逼利诱，严刑拷打，但他们坚贞不屈，回敬敌人的只有一句话："要杀要剐随你们便，休想从我们口中得到你们所需要的丝毫东西！"敌人恼羞成怒，暴跳如雷，当天下午就将他们叔侄俩杀害了。在刑场上，他们昂首挺胸，双手紧握拳头，高呼口号："打倒国民党及其走狗们！""推翻旧社会，建立新中国！""中国共产党万岁！"牺牲时，陆瑞年仅26岁，陆世重只有23岁。

据不完全统计，截至1949年底，在桂中三年游击战争中牺牲的烈士有111名。共产党员、达开纵队一支队副支队长廖联本，1947年10月3日在贵县中里乡被敌人杀害；达开纵队五分队分队长廖炳陈，1947年12月在贵县奇石乡车田村作战中牺牲；达开纵队五支队分队长韦兆昌，1947年11月在贵县奇石乡六炉村作战中牺牲;达开纵队一支队分队长廖福平,1948年11月在贵县奇石乡车田村作战中牺牲;桂中支队干部许文英,1949年10月在贵县石龙被敌人杀害;共产党员、桂中支队干部廖怀雅,1949年9月在武宣县被敌人杀害;达开纵队二支队分队长廖福清,1949年3月在贵县奇石乡六窝村被敌人杀害;共产党员、桂中总队直属大队副大队长廖榜先,1949年5月在武宣县王羌村战斗中负伤后牺牲;共产党员、桂中支队第十五团副团长周福森,1949年11月30日在武宣县凤门坳战斗中牺牲;共产党员、达开纵队独立支队长韦华宪,1947年9月在武宣县通挽乡汶村战斗中牺牲;达开纵队第十二支队副支队长廖延年,1947年9月在贵县中里乡河鄱村战斗中牺牲;共产党员、象县武工队毛队副队长曾庆邦,1949年8月4日在象县近城乡战斗中负伤后牺牲……为革命牺牲的烈士永垂不朽。

(五)粤桂边纵队第八支队二十二团鏖战周安

1949年11月14日,粤桂边区人民解放军独立第五团根据中共桂中南地委和中国人民解放军粤桂边纵队第八支队关于"做好一切准备,配合南下解放大军解放全广西"的指示,全团1000多人,第一次在上林县石门集中。20日,全团在忻城县北更乡木等村召开万人军民大会,上林县老游击区的群众自发、自带伙食踊跃前来,这是解放战争中广西少有的一次大型群众聚会。中共桂中南地委委员张声震宣布成立中共上林县委会和上林县人民政府,宣布独立第五团改编为中国人民解放军粤桂边纵队第八支队第二十二团,团长韦广培,政委张声震;宣布成立上林北区、下北区两区人民政府和古蓬乡、思吉乡等15个乡人民政府,并任命区长、乡长;还宣布了中华人民共和国成立和解放大军分三路进军广西的喜讯。这次大会后,上林全县立即掀起迎接解放大军南下、解放全广西的热潮。

11月22日,第二十二团向上林北区重镇古蓬挺进。古蓬是国民党反动派驻扎、"围剿"我游击队的反动巢穴。驻守在这里的上林县民团司令李杨威闻讯丧魂落魄,连夜率部溃逃。第二十二团不费一弹解放古蓬。紧接着,第二十二团立即乘势兵分几路,横扫上林北区马蹄、东抚、思吉、兰甲等乡残敌,然后集中兵力向迁江方向挺进，执行粤桂边纵队部署的任务：切断邕桂公路，配合解放大军，堵敌南逃。

11月27日，第二十二团接到情报，国民党正规军约一个师正从忻城县向上林县溃逃，其前锋300多人已渡过红水河，驻扎在公路沿线的渡口、大甫、板客、上营、岑昆几个村子。第二十二团决定暂停东进迁江，利用有利地形，集中力量全歼敌人的尾部，伏击地点定在北栏至周安3至4公里的狭长地带。这里地势险要，两边石山重叠，上（林）忻（城）公路自北向南纵贯其中，公路东面紧靠着滔滔北流的"恶水"济江。全团纷纷表示要发扬不怕牺牲、不怕疲劳和连续作战的作风，坚决打好这一仗，迎接解放大军南下，解放全广西。济江两岸的群众也都行动起来。至11月28日中午，各营、连均赶达指定地点，战斗部署全部就绪，在三四公里长的袋形地带上，全团1000多指战员以逸待劳，等待敌人钻进"口袋"来。

下午2时许，敌军一个师整个地被装进"口袋"了，而不是原先预计的"尾部"。关键时刻，团部立即调整原来的作战方案：变伏击歼灭战为阻击战。面对装备精良、数倍于我的强敌，全团指战员都意识到这是一场严峻的考验。全团占据有利地形，把敌人猛揍了一个小时。敌军认为我方是"土共"，不在话下，用炮火向第二十二团各个阵地猛烈轰击，企图突围南逃。一场恶战开始了。

到天黑，南下解放军在与第二十二团四连取得联系后，半夜从上游渡过红水河。29日黎明时分，野战军和第二十二团四连向驻扎在渡口街上的敌人发起攻击。敌人知道我野战军已过了河，慌忙往南溃逃，野战军随即占领渡口坪。敌军过河后，把渡船全部破坏，四连战士找来木料，搭起浮桥，让野战军后续部队迅速过河，追歼逃敌。29日中午，第二十二团除四连外，都到凌头村的弄烈屯集结，补充弹药后，全团继续向南追击残敌。这一仗，第二十二团共击毙敌80多人，俘敌10多人，缴获各种武器100多件、子弹5万多发、炮弹56箱、军马10匹、军需品100多担。周安阻击战，第二十二团给敌正规军以重创，拖延了其南逃的时间，为我野战军追歼逃敌创造了有利条件。12月1日，全团配合解放军向上林县城大丰进发，下午4时许，不费一弹就解放了上林县城。

三年游击战争，上林地区共发展共产党员 173 人（不包括迁江、宾北地区），其中地方党员 93 人，建立中共上林委员会和中共上北区、中共下北区 2 个区委会；部队党员 80 人，建立 1 个团党委、3 个营党委和 9 个连队党支部。周可传、卢建文、潘扬周等148 名共产党员、部队指战员和革命群众为人民的解放事业光荣牺牲。

（六）粤桂边纵队第三支队参加钦县大围歼

1949 年 10 月下旬，中共粤桂边区委和中国人民解放军粤桂边纵队向全边区军民发出了从军事、政治、后勤全面支援和配合野战军作战的总动员令，并电令第三支队在邕（南宁）钦（县）公路沿线做好堵歼逃敌的准备，不惜任何代价，坚决配合野战军歼灭逃到这里的敌人。

中共十万山地委和第三支队接此指示后，地委书记、第三支队政委陈明江即和地委委员、支队几位领导以及司令部、政治部的负责干部研究，一致认为：这是一场大仗、恶仗，是杀敌立功的好机会，也是对部队的一次严峻的考验。11 月初，中共十万山地委和第三支队在钦县新屋坪召开各县委、工委和团队主要负责人参加的紧急军事会议，决定由陈明江和支队司令员谢王岗率领第二十、二十一团及第二十二、二十三团各一部，集中部署在台马至钦县地段，以第二十一团一个营推出钦县东部的平银渡，阻击敌人；其余部队及地方武装民兵在原驻地截击敌人，主动配合野战军消灭逃敌；为了迟滞敌人，还从钦县抽调 2000 人，防城县抽调 1500 人，组成两个民工团，将钦县以北 30 多公里的公路、桥梁全部破坏，把钦州江、平银江、黄屋屯江以及沿海地区的船只疏散隐藏。同时，决定建立从地到县、区各级支前机构，配备专职干部，负责组织群众，做好各项迎军支前工作，成立十万大山地区支前委员会，谢王岗兼主任。

12 月 3 日，从南宁沿邕钦公路向南逃跑的敌先头部队窜至小董以北的台马、板边、龙眼一带，进入第三支队的阻击阵地。第三支队立即投入战斗，打响了钦州战斗的第一枪，给那些惊魂未定的逃敌以迎头痛击。第三支队占领公路两侧的制高点，居高临下，用交叉火力网封锁通道，向敌群猛烈射击，打得敌人晕头转向，乱作一团。逃敌凭其众多的兵力和精良武器，以轻重机枪密集的火力进行顽抗，用重炮轰击我阵地，掩护步兵进行多次冲击，企图夺路逃跑。但在第三支队英勇阻击下，敌人挪动不了几步就被打了回去，其每次进攻都受到挫败。激烈的战斗从上午9时进行到黄昏，战地上硝烟弥漫，我方堑壕多处被炸塌。

12月2日，第二野战军第四兵团主力，从廉（江）博（白）西进追击逃敌。经过5个多小时的鏖战，于6日占领了钦县，歼敌华中军政长官公署及其直属部队步兵、炮兵、工兵、汽车兵共10个团1.2万余人，缴获汽车400余辆、火炮40多门及大批武器物资。仅第三支队第二十一团的一个分队，即俘敌100余人，缴获轻重机枪18挺、长短枪300余支和大批弹药。慑于人民解放军兵临城下，同日，国民党防城县政府官员和警察大队以及盘踞边境城镇东兴的海南特区警备总司令部第六、第九团共2000余人，弃城窜逃。

由于第三支队的英勇阻击以及公路桥梁被我民工团彻底破坏，南逃之敌机械化部队行动迟缓，邕钦公路上到处拥塞着敌人的大小汽车和被遗弃的军用物资，人马混乱。12月7日，第三支队和钦防二县地方人民武装及参战民兵配合野战军第十四、第四十、第四十三和第四十五军各一部，在小董、那蒙、大寺纵横20余公里的广阔地区，对敌进行了严密的包围、封锁，布下了埋葬逃敌的天罗地网，经过几个小时的激烈战斗，歼敌1万余人，俘虏将军级军官多人，缴获各种汽车、火炮和武器弹药一大批。7日中午，第三支队与第二、第四野战军参战部队在小董胜利会师。8日以后，在追歼溃敌中，第三支队又配合野战军在钦防沿海和上思、绥渌、宁明等地歼灭了大批逃敌。其中第二十二团在上思县俘敌500余人，缴获轻重机枪10挺、火炮20门。第四野战军三十九军在第三支队第二十三团的配合下，于12月10日解放宁明，19日进占崇善。五星红旗在十万大山上空迎风飘扬。

钦州战役是粤桂边大围歼战的一次重要战役。这次战役歼灭了白崇禧集团总部及两个兵团残部，共4万余人。钦州战役的胜利，是人民解放军正确执行党中央大迂回、大包围、大歼灭作战方针的伟大胜利，是第三支队全体指战员不怕流血牺牲、协同野战军英勇作战谱写的光辉篇章。

（七）合力解放桂东南

1949 年 1 月，粤桂南地委成立，黄明德任地委书记，林克武、李育为地委常委，李育任组织部部长，林克武任宣传部部长。3 月间，成立地区一级的粤桂南边人民行政督导处，任命林克武为督导处主任（仍兼宣传部部长）。督导范围：廉江、化州、吴川、梅鹿、博白、陆川、郁林、北流、容县，共 9 个县。林克武除了主持督导处工作外，还分管陆川、北流、郁林、容县 4 个县的全面工作，主要抓武装斗争工作。

1948 年初，陆川县委为了开辟和建立陆川、北流、化州北部两省三县的游击区，决定由陆川东区区委书记刘小松组织力量，进入北流南部。刘小松携带手枪，首先由陆川榕江（沙坡）只身进入北流六麻、石窝一带，发动群众，开辟地区，之后又陆续增派刘棠华、覃振海、黎济武到北流开展工作。1949 年 2 月，中共北流总支成立，书记谢奕。北流总支先由陆川县委领导，后改由粤桂南地委领导。地委指示北流要加快武装发展和扩大游击区，建立与容县的交通线，和陆川连成一片。由于北流南部工作发展很快，到 1949 年 8 月，成立了中国人民解放军粤桂边纵第一支队北流独立大队，由刘小松负责。该大队辖东江连等 4 个连，共 404人，长短枪 385 支。后在配合解放大军作战中有所缴获，又增加了轻机枪 6 挺、炮 2 门。北流县在党总支领导下，开展武装斗争，各乡建立武工队，有 20 多个交通站，武工队活动于全县 60% 的村庄。

1945 年桂东南抗日武装起义失败后，博白队伍转到启东南路与南路人民抗日解放军会合，设立独立营，归第三团建制，黄辛波任营长，梁进芳为副营长。日本投降后，黄辛波、梁进芳被派入郁林活动。1949 年 5 月，黄辛波只身进郁林县城，被捕牺牲。为防组织破坏，粤桂南地委通知郁林全体党员和党领导的进步知识青年，通过陆川交通线转来地委，共 10 余人（其中党员不到 10名）。6 月，地委决定，郁林县的工作由梁进芳领导。之后郁林武工队建立并逐渐发展，游击区逐渐扩大。郁林武工队主要活动地区在福绵香山、蒲塘龙平、高峰根竹坪、樟木罗冲、新桥花岭等山村。

容县是广西出军阀官僚最多的地方，出过国民党省主席两人（黄绍竑、黄旭初），少将以上将领数十人，校官数百人，县长、厅长以上官僚数十人，官僚地主势力很强，控制很严。1949 年 6 月，中共容县特支与林克武接上组织关系。当时，容县特支只有几个党员，没有开展武装斗争。后来特支书记杨益焀到陆川县考察武装斗争回来后，立即动员全部党员及联系的群众组织武工队，按照陆川的做法发动群众，开辟游击区，面向天堂山建立游击根据地，与北流、陆川、化北连成一体。到解放前夕，中共容县特支组织了一支小游击队，容县解放时，又编为独立大队。

1949 年 10 月 14 日，广州解放，解放大军迅速转向广东南路，即将发起围歼白崇禧南逃部队的大战役。粤桂南地委和粤桂南边行政督导处接连发出指示，要求各县党政军民紧急行动起来，配合南下大军，与国民党反动派做最后的决战，并做好各项支前工作，完成解放粤桂南全境的任务。

人民解放军对白崇禧部采取大包围的歼灭战略。敌军在人民解放军追击之下进入郁林地区，已成惊弓之鸟。桂系王牌第七军逃到北流，军长李本一就擒；张淦兵团逃到博白，被追击的人民解放军在博白县城图书馆抓获。这一路白军未到广东南路便被全歼，郁林地区宣布解放。

在解放大军进入郁林各县时，地方武装配合大军战斗，并开展支前工作。郁林各县解放时，当地党组织和武装队伍进入县城，维护治安，进行接管。

1950 年 1 月，中共郁林地委成立，郁林地区进入了一个历史的新时代。

（八）配合解放左江地区

在人民解放大军进军的隆隆炮声中，1949 年 10 月下旬，中共左江工委扩大会议在龙州县洞桂街附近召开。会议传达学习中共滇桂黔边区党委扩大会议精神，并根据边区党委指示，决定撤销中共左江工委，成立中共左江地委，书记黄嘉、副书记梁游；撤销中共右江上游区工作委员会，右江上游区各县重新划归左江地委领导。左江地委下辖 4 个县委、11 个县工委、4 个县特支委员会和 3 个主力团党委、84 个党支部，党员 900 多人。左江地委和左江支队司令部、政治部拥有 3 个主力团、19 个县大队、县独立营，共 6300 人枪，这还不包括思明地区 4 个县的 1000 人枪。

会议部署了迎军支前，截击逃敌，配合南下大军解放广西的各项工作。会议还布置了接管城市以及与解放大军会师的准备工作。会后，左江各县党政军民总动员，备足粮草，组织运输队伍，投入迎军支前、截击残敌的热潮之中。听到解放大军即将进入广西、到达左江的喜讯，左江广大军民无不欢欣鼓舞，兴奋异常。在游击队里，在干部、群众中，到处都是歌声嘹亮。当时大家唱得最多的是这样一首迎军之歌：

"两广子弟兵，冷天回家乡，你们回来了，家乡就光明；人民子弟兵，欢迎呀欢迎，你们回来了，人民得翻身。"

各县各乡都以高涨的热情，全力以赴地去做好迎军支前工作。其中右江上游区天保县北路半个县，一个月内就筹得粮食 15 万公斤，并且运送到了田东县平马镇，供应南下大军。经过一个月的紧张工作，思明地区 4 个县筹集粮食 60 多万公斤、稻草 2 万担、其他物资一大批，送给了正在追歼逃敌的解放大军。至于端茶水，送情报，备船只，当向导，以及消灭零散之敌等工作，更是应有尽有，做得尽心尽力。

1949 年 11 月下旬，中共左江地委发出了关于粉碎敌人"扫荡"的紧急通知，号召广大党员和全体干部、战士，必须认识敌人的残酷性与脆弱性，提高警惕，坚定信心，鼓起旺盛的精神，坚持斗争，放手进攻敌人，迎接全面胜利。

在解放大军压境、游击部队积极进攻的情势下，一些敌人盘踞的左江县城连续宣告和平解放。1949 年 12 月 10 日，敌明江县县长李圣卿和特编队司令冯福亮率领 300 人枪向我思明游击队投降，明江县城和平解放。12 月 13 日，敌隆安县县长滕肇文率少数随从潜逃，主持县政的参议长林翘荫以及军事科长李盛泽率领所部向我游击队缴械投诚，隆安县城和平解放。12 月 23 日，敌镇结县县长黄松率领驻城军警 100 多人向我左江支队第三团缴械投诚，镇结县城和平解放。12 月 26 日，敌雷平县县长钟秀毅潜逃，县参议长黎庚尧率领军警 200 多人向我雷平县独立营缴械投降，雷平县城和平解放。12 月下旬，天保、镇边、敬德三个县的敌县长离开各自的县城，汇集靖西，留守各县县城的敌军政人员主动与我游击队联系，要求我游击队进城接管，我各县游击队以收缴敌军警全部武器为条件，分别进城接管，和平解放了这三座县城。

解放大军进击广西，迫近左江，游击队又兵临城下，围攻甚急，于是又有一批县份的反动头目如丧家之犬，作鸟兽散。游击队遂乘虚而入，进城接管。敌同正县县长魏迅鹏逃跑，途中被我游击队击毙。12月13日游击队入城接管，解放了同正县城。敌龙茗县县长覃大明、养利县县长许可绥、万承县县长许可石，以及向都县县长都先后弃城逃跑，游击队分别进城接管，于是，12月15日、18日、23日和1950年1月3日龙茗、养利、万承、向都这四座县城先后解放。

白崇禧集团的一部分残军溃散以后，经过左江地区向境外逃窜。左江支队和各县游击武装奉令扫清左江地方反动武装，并积极配合我南下解放大军，阻击企图外逃的敌军。12月9日，思明游击队配合四野第三十九军一一六师解放了思乐县城，俘敌100多人。12月14日，配合三十九军一一五师在镇南关以东、爱店以北的公母山，歼灭黄杰兵团部及九十七军残部，俘敌九十七军副军长郭焕文以下4000多人。12月19日，崇善县江南游击大队配合四野一一七师一个营，一举歼灭了盘踞在崇善县城的敌军，解放了崇善县城，缴获轻机枪9挺、迫击炮6门、长短枪239支。12月23日，万承县独立营和民兵包围万承县城，敌万承县县长许可石口头上答应投降，实际上却带了几名亲信半夜潜逃。独立营开进城中，立即收缴敌人武器，并与从隆安兼程赶来的解放大军在万承会师，万承县城宣告解放。1950年1月14日，左县独立营配合南下解放大军第三十九军一五二师四五六团，消灭盘踞在左县县城的敌崇善县县长张鹏翔部，收缴了张鹏翔部200多条枪，解放了左县县城。

1949年12月14日，左江支队第三团在龙茗县独立营配合下，在天等通往龙茗的皮桥公路上，截击向越南逃窜的白崇禧残部散军，毙俘敌三三〇师后勤部队50多人，缴获长短枪30多支、军用物资50多担。左江支队第七十四团一个营，在万承县武工队和民兵的配合下，迅速赶到龙会附近在马路两旁的山坡上设伏，毙伤俘敌310多名。这一仗是左江支队在阻击南逃敌军的战斗中，打得干净彻底，战果又最辉煌的一仗。

1949 年 11 月中旬，凭祥县独立营根据左江支队司令部的命令，派出部队把守边关，封锁边境，提防和阻止敌军外逃。在这种守城不易、出逃无望的情况下，国民党凭祥县县长黄汉章被迫率领部属于 11 月 26 日抛弃县城，逃往夏石乡。12 月 11 日，南下解放大军四野三四三团解放夏石，歼灭了黄汉章及其所部。接着，三四三团马不停蹄进军凭祥，与凭祥县独立营在县城会师，并于下午 6 时 30 分，胜利地将五星红旗插上了我们伟大祖国的南大门——镇南关的关顶上。这标志着广西战役的基本结束，宣告了广西全境的胜利解放。

自左江武装起义到胜利结束，左江游击战争经历了两年半的时间。在两年半的游击战争中，左江支队进行过大小战斗 260 多次，毙敌 510 多人，伤敌 550 多人，俘敌 721 人，争取敌军投诚和起义 54 起 2100 多人，这还不包括国民党靖西专员赖慧鹏部起义，总计缴获炮 5 门、轻重机枪 78 挺、步枪 3068 支、手枪 266 支、弹药和军用物资一大批。1949 年夏季，左江支队攻克 3 座县城。解放大军进入广西以后，左江支队解放 11 座县城，配合南下大军解放 5 座县城。在两年半的游击战争中，左江支队牺牲干部、战士 120 多名。左江地区广大农会会员、民兵以及城乡各族人民，配合全国解放战争的总形势，为夺取左江地区游击战争的胜利作出了重大的贡献，付出了巨大的牺牲。

三、广西人民的支前工作

广西人民是具有光荣革命传统的人民，推翻桂系集团在广西的反动统治，解放广西是包括广西各族人民在内的全国人民的愿望。人民解放军南下大军进军广西的时候，得到了广西各族人民的大力支援。

广西战役发起前，中共粤桂边区党委、粤桂边纵司令部于 10 月下旬向全边区军民发出全力支援和配合野战军作战的动员令，要求各地成立支前司令部、民工队，积极筹集粮秣，并做好各项支前和接管城市的准备工作。在军事部署上，边纵司令员兼政委梁广率主力第六、第七支队及第一、第二、第五支队集结于廉江、博白、茂名、信宜地区，配合第四兵团切断白崇禧集团经雷州半岛逃往海南岛的道路；第三、四支队推进到邕（南宁）钦（县）、合（浦）钦（县）公路两侧，阻击溃逃之敌；第八支队的主力二十三团（原十九团）向柳州方向推进，配合沿湘桂铁路南下的野战军作战，并准备配合野战军解放南宁。其他游击区的党政军组织也向本区军民发出迎军支前的动员令，积极做好各项支前工作。在军事上他们虽未接到上级党委关于战役配合的具体指示，亦未得悉野战军进军的计划，但都自行集中兵力向具有战略意义的地区推进，以便在战役中发挥更大的配合作用。左江支队的三个主力团向百色、南宁方向推进，桂越边境各县部队以主要力量封锁边关，防敌外逃越南。右江支队着重向南宁、百色和黔桂铁路沿线地区推进，以防敌逃往云贵，并且配合野战军解放南宁。中共广西省农委所属各部队着重向湘桂、黔桂铁路以及红水河、黔江、得江沿线地区推进，以切断敌之水陆交通，防敌逃跑并配合野战军解放桂林、柳州、梧州等城市。桂北人民解放总队在10月中旬即和四野第四十一军取得联系，根据该军首长的意见，配合该军解放省会桂林并负责解放湘桂铁路线以西各县。

广西战役发起后，新成立的中共广西省委于1949年11月15日发表《告广西人民书》，号召各地游击队和各族人民紧急行动起来，积极配合、支援野战军作战，彻底消灭残敌，肃清匪特，安定社会秩序，恢复和发展生产。11月21日，四野首长林彪、谭政、萧克致电华南分局、广西省省委，要求中共广西地方党组织和人民武装在西江、红水河、左江、右江、郁江北岸隐藏一批船只，以备野战军南渡之用；积极开展军事活动，阻塞敌之交通，扰乱敌人后方；做好群众工作，破坏敌之坚壁清野；野战军到达时，帮助筹粮、保护交通线和消灭散敌。11月下旬，滇桂黔边纵队司令员庄田、政委林李明根据四野总部的部署，率第一（主力）、第三（罗盘）支队各两个团分别自滇东南、黔西南向百色推进，配合四野三十八军阻敌自百色向云南溃逃。

在党的号召下，广西人民出现了支援、配合南下大军解放广西的热潮。

（一）筹集粮草，运送弹药、伤员，充当向导，提供情报等，以各种方式支援大军作战

为了保证广西战役的顺利进行，战役发起前，广西各地的党组织和游击队就相继发出迎接大军南下、做好支前工作的紧急通知、指示，要求全体共产党员、游击队指战员、人民政府工作人员、地下工作者和各族各界人民动员起来，"一切为迎接大军支持前线而奋斗"。从城市到农村，各地纷纷成立了支前委员会、后援会、运输团、民工团等支前机构，积极为南下大军筹粮筹款、运送物资、当向导、抬担架、救治伤员、修路架桥，提供了巨大的人力、物力、财力支援。如最早与南下大军接上联系的桂北人民解放总队，在全县黄沙河至永福、阳朔400里沿线分段派出向导给大军带路，设立10个供应站向部队提供粮食和各种物资。粤桂边大围歼战的主战场之一的陆川县，参加支前的民工有2000余人。

野战军到达各游击区后，当地党组织即组织部队和群众为野战军征运粮草、运送伤员、看管俘虏、打扫战场、充当向导、修路架桥、征集船只，使野战军得以顺利追歼残敌。中路军沿湘桂铁路南下追击敌军，抵达永福县大溪河畔时，桥梁已被敌人破坏，无法渡河，苏桥车辆制造厂的60多名员工冒着严寒下水抢修，只用三个多小时便把桥修好，使解放大军得以顺利南进。

参加广西战役的野战军共10个军，近50万人，军需给养繁重。由于广西远离解放区，加上平汉、湘桂铁路还没有完全修复，人民解放军的粮秣主要靠就地补给，运送粮弹、伤员，抢修道路、桥梁等战勤工作也主要靠当地老百姓承担。白崇禧集团溃败之前，不仅大肆掠夺、破坏人民的财产，而且实行空室清野的政策，妄图断绝解放军的给养，阻止解放军进击。广西人民与其针锋相对，积极筹备军粮，帮助解决几十万大军吃饭问题。仅就八个大的游击根据地的不完全统计，共筹粮3800余万斤、食盐2万余斤、生猪880头、鸡鸭7400余只、鲜鱼5600余斤、蛋类850多斤、豆类4700余斤。仅全县、兴安、资源3县就筹粮近540万斤、柴草25.5万斤。桂东南地区专门建立两条兵站线，1个月中筹集大米1200万斤、柴草5000余万斤。大军到达各游击区后，各级支前组织发动广大群众把粮食、蔬菜、肉食、柴草等源源不断地送到部队宿营地，满足过境大军的需要。

（二）协助野战军接管城镇，维护治安，建立起人民政权

由于要继续完成对敌重兵集团的追击任务，后方的安全只能靠留下极少量的正规部队和当地的人民武装共同保障。在广西战役中，当人民解放军野战军主力进入桂南追歼白崇禧集团时，国民党的小股正规部队按照白崇禧的密令，窜入桂北、桂西及左右江少数民族地区，与地方反动武装联合，进行"分散游击""建立反共基地"，以图东山再起。为此，滇桂黔纵队左江支队、右江支队及桂北、柳北、桂中、都宜忻人民解放总队等部不待野战军回师，在当地人民大力支援下，主动向敌发动进攻，接连解放了28座县城，其中有14座县城属于少数民族聚居区，从而把"反共救国军"第十五、十六、十三等三个军压缩在百寿、南丹、凌云、西隆、靖西数县的狭小地域内。同时发动各族人民空室清野，围困敌人。在人民解放军强大的军政压力之下，国民党黔桂边军政区中将司令兼新编第六军军长张光玮、桂北军政区中将司令兼第十三军军长周祖晃、桂西军政区中将司令兼第十五军军长莫树杰率部共1.6万余人，于1950年1月22日在广西河池金城江镇接受人民解放军和平整编。游击队的积极配合有力地保证了解放军全力围歼白崇禧主力。

（三）协同解放大军追堵围歼白崇禧主力部队

广西战役中，广西的游击队尤其是粤桂边纵队，直接担负了配合解放军第四兵团追堵围歼白崇禧主力部队的任务。他们或破坏铁路、公路，隐藏船只，袭扰阻击，迟滞消耗敌人，或者和解放军并肩追歼敌人。在粤桂边战役中，粤桂边纵队集中第一、二、六、七支队配合第十三军，围歼粤系余汉谋残部及粤桂边挺进纵队。这次战役共歼灭和俘虏敌人6000余人，粤桂边"剿匪"总指挥部中将司令喻英奇、粤桂边挺进纵队司令曹英被活捉。第六支队第十八团在沿廉江至遂溪公路追歼逃敌中，俘虏了化装潜逃的敌第三二一师师长陈植正等2000余人。廉江战役打响后，第七支队奉命划归第十三军军部指挥，为部队当向导，向钦州挺进，截击自南宁地区南逃的白崇禧主力，处于十万大山中的第三支队也

奉命在钦州公路沿线两侧，选择有利地形做好阻击逃敌的准备。这次战役，在边纵第七、第三支队的有力配合下，解放军首先在钦州城周围地区聚歼华中军政长官公署及其直属部队 1.2 万余人，缴获汽车 130 余辆、榴弹炮 42 门。接着又歼灭了逃至小董一带的国民党第十一兵团残部，第四十六军及敌国防部突击总队、交通警察总队各一部，共毙伤俘敌 1.3 万余人，缴获汽车 160 余辆，取得了广西战役中又一决定性的胜利。

广西各地游击队和各族人民为广西战役的胜利作出了重大贡献（见图 5-2）。为此，第二野战军第四兵团司令员陈赓代表南下的解放军向广西人民表示了最诚挚的谢意。他在致粤桂边纵队司令员梁广的感谢电中称："此次围歼白匪战役中，粤中、粤桂边军民在人民政府领导下，全力支援前线，自动捐粮献草，抢修桥梁，许多地方县长亲自率领部队到前线抢运伤员，沿途广大人民及党政部队同志皆以忘我精神日夜在伤员转换站服务，使伤病员及时得

图 5-2 容县南渡口的船工们渡中国人民解放军过江

到治疗与热情照顾，隆情厚意，深为感动。粤桂边纵更主动配合战斗，充满手足情谊，大大减少了我们作战的困难，有力地保证了前线的胜利，特代表全军向你们及全区人民致以谢意。"

第六章　广西地下党领导的艰苦卓绝的城市斗争

1948 年 9 月至 1949 年 1 月，中国人民解放军接连发起辽沈、平津、淮海三大战役，国民党军的主力基本被消灭，全国已处于革命胜利的前夜，党的工作重心即将从农村转到城市。党中央要求各待解放城市的地下党组织全力组织工人、市民保护工厂、学校和一切市政设施，协助入城部队做好接管工作。按照中央的统一部署，中共广西地方组织领导开展了艰苦卓绝的城市斗争。广西地下党领导的艰苦卓绝的城市斗争，是解放广西伟大史诗中悲壮的一页。

一、中共广西城工委的成立

1947 年 7 月，中共中央香港分局决定成立桂柳区工委，任命陈枫为书记。不久，桂柳区工委决定成立桂林市临时工委，以加强对桂林的城市工作，书记为陈枫。桂柳区工委机关初设在桂林，10 月迁至柳州，负责领导桂林、柳州、南宁、梧州四市的城市工作和桂北、柳北、桂西北及桂中的象县、修仁等地区的农村武装斗争。为支持和配合党领导的广西各地武装斗争，中共桂柳区工委作出《新形势与新任务》(后称为"十月决议")的决议，在城市工作方面，强调"坚持原有阵地，开辟新阵地，深入下层，点滴发展群众组织工作，在原则上不发动政治性斗争，在斗争中注意作风及政策的掌握，与群众共进退，防止暴露，以积蓄力量，迎接新高潮到来"。

此时，国民党桂系当局在城市加强特务统治，严令禁止集会、结社、游行、罢工、罢课，责令中共地下党员"登记自新"。在城市白色恐怖日趋严重的情况下，1947 年 12 月 18 日，中共桂柳区工委发出《关于秘密工作条例的通知》，要求每个从事地下工作的党员都要注意隐蔽，如不幸被捕，除力图脱逃外，做必死准备，绝不能出卖党组织。工委还制定了开展工作的方针："力求生存、发展力量、巩固阵地、团结自卫、相机前进。"

1948年2月14日至3月5日，陈枫、路璠在柳江县成团乡水灵村主持召开桂柳区工作会议。桂林、柳州、南宁三市以及柳北、都宜忻、象县等地党组织的11位负责人出席会议。会议作出了《加紧努力，迎接新形势》的决议，形成了关于城市工作的专门文件，比较系统地阐述了城市工作的地位、城市工作与农村工作的关系、如何搞好城市党组织建设等。会议还动员党员省衣缩食，甚至变卖家产，为党组织提供活动经费。为了加强对工作的领导，开创城市斗争新局面，中共桂柳区工委调韦纯束到桂林市临时工委工作，派陈光到梧州检查、指导工作。

1948年12月，按照中共中央香港分局的批示，撤销中共桂柳区工委，成立以李殷丹为书记的中共广西省农村工作委员会和以陈枫为书记的中共广西省城市工作委员会，其中中共广西省城工委负责领导桂林、柳州、南宁、梧州四市的工作。此时，桂、柳、邕、梧四市的工作据点增加了16个，党员增加了一倍，总数共208名。"横县会议"后，桂、柳、邕、梧四市的党组织在积极开展城市工作的同时，把支援农村武装斗争作为一项重大政治任务。据统计，从1947年夏至1949年秋，四市党组织共输送340多名共产党员、共青团员、爱青会员、地下学联会员和革命青年到农村参加武装斗争。

二、城市地下党组织迎接解放的斗争

1949年1月，中共广西省城市工作委员会（简称省城工委）书记陈枫在桂林市郊东江村主持召开桂、柳、邕三市城市工作干部会议。会议分析了全国革命战争的形势和桂系当局的动向，总结了一年来城市工作的经验教训，提出今后半年的中心任务是大胆放手打开各阶层关系，有计划、有步骤地建立各阶层的群众组织及党的组织，集中火力组织城市群众主力军，深入进行调查研究，赶快做好迎接解放军入城的里应外合工作。会议还制定了《城市调查大纲》。这次会议是广西党组织城市工作的一个新起点。会后，省城工委领导四市党组织积极做好迎接解放的准备工作，并对四市党组织进行了较大的调整。同月，省城工委决定成立桂林市城工委；7 月，柳州、南宁两市城工委相继成立。

1949 年 4 月，中共广西城工委派陈光到梧州指导工作，梧州党组织进一步发展壮大。5 月，陈光将在柳州的党员李庚成、郭秀清等转移至梧州；6 月，陈光委派梁成业为特派员到梧州，负责统一领导梧州党组织的活动。8 月 13 日，决定成立中共梧州城市工作委员会，由 3 人组成，罗杰林为书记兼组织委员，梁成业为宣传委员，陈坚（陈德祥）为委员。梧州城工委成立后，下面没有建立党委或党的支部，仅有党的一批活动联络点，也没有建立团的组织机构，城工委的 3 名委员各负责一条线，分别联系一批党、团员或梧州爱国民主联谊会成员。至 1949 年 11 月 25 日梧州解放时，共联系发展党员 38 人、青年团员 61 人。

同时，各市党组织部分人员按照省城工委制定的调查研究大纲，开始城市调查工作。经过半年多的努力，四市党组织共调查整理了约 200 个单位的人事、财产档案资料。这些资料对解放军入城后开展接管工作起到了很大的作用。

1949 年 9 月 25 日至 30 日，省城工委在柳州市鹧鸪江召开有桂、柳、邕三市领导干部共 7 人参加的城市工作会议。会议分析了全国和广西的形势，提出了"大胆组织群众与发展党的组织，加强地方上层民主人士与开明绅士的联系，积极布置我军入城的一切准备工作"的工作方针。同时对四市解放时可能出现的战争方式、"真空状态"、和平解放等三种方式作了详尽分析，并分别制定了应变措施。会议要求各市党组织要从最坏的情况着想，发动群众，建立武装小组，积极做好护厂、护校、护路工作，防止敌人的破坏和抢劫。

1949 年 10 月中旬，人民解放军第四野战军取得衡宝战役的胜利，白崇禧率余部仓皇逃回广西。但白崇禧不甘心失败，10 月 16 日召集省内在职和退职的高级军政人员到桂林开会，部署实施他的所谓"总体战"，妄图顽抗到底。

为配合人民解放军解放广西，顺利接管各大城市，10 月、11 月，四市城工委紧急行动起来，做好迎接解放军入城的准备工作。第一，加强宣传，扩大影响。四市城工委在两个月时间里，多次组织党、团员和进步群众，散发各种传单、信件，宣传解放战争的形势;号召各阶层人士团结起来,保护城市,等待解放军的到来;号召国民党军政人员起义投诚,保管好资料档案,等待人民政府接管。仅南宁市就散发各种传单 1 万多份。第二,开展统战策反工作。如桂林市城工委团结争取原国民党广西咨议张显龙等一批进步人士,成立民主人士解放联合会。柳州市城工委通过对军统小头目冯晋章和军统广西组人事科长范裕齐进行策反,使他们交出 80 多个特务名单和 15 支长短枪(范裕齐后来继续搞特务活动,被人民政府镇压);还团结争取柳州铁路局的一批中、高级工程技术人员,粉碎了敌人煽动铁路职工逃跑的阴谋。南宁市城工委和属十万大山地委领导的南宁市工委争取市警察局、护商大队、华中军政长官公署工兵第十六团和三二九师山炮连等部共 2000 多人投向人民,并由他们负责维持治安,挫败了敌人破坏电信局、水电厂及其他重要设施的阴谋。梧州市城工委争取洪帮武装"义勇警察队""粤桂航业公司护航队""梧州警察局大中分局""梧州商业大队"等部共 300 余人投向人民。第三,开展护城斗争。据分析,国民党反动派在撤退之前,可能要炸毁水厂、电厂、车站、兵工厂和电信机构等重要设施。为了使各城市完好地回到人民手中,四市城工委发动群众,建立强大的护厂、护路、护校队伍,同敌人开展殊死搏斗。如桂林、柳州的铁路工人,冒着生命危险,拆卸敌人安装在火车上的爆炸装置,抢救了 500 多节满载弹药、物资的车皮和 49 辆机车。桂林市自来水厂成立工农解放联合会,组织工人轮流值班,看护厂房。广西大学在学生解放联合会组织下,成立了护校委员会和应变委员会,建立防护团,并在学校周围拉上电网,筑成一道坚固的防线,保护学校。柳州市城工委在全市 33 个工厂、企业、学校建立武装和非武装的自卫队伍,在护城斗争中发挥了重要作用。南宁市水电厂工人在临近解放的时候,关上厂门,以铁棍为武器,日夜守护,还派出外线工人师傅到街上抢修线路,保证解放前后水电的正常供应。梧州市城工委组织职工保护银行金库,经过城工委工作,原在梧州的广西银行襄理秦光汉在梧州还没解放时就向城工委交出银行金库钥匙,后又完整地交出了银行有关账簿和金库尚存的款项。

三、战斗在黎明前的各地城工委

（一）中共桂林城工委书记陈光英勇牺牲

1949年1月，在原中共桂林市临时工作委员会的基础上，中共桂林市城市工作委员会成立，陈光任书记，黄绍亮任副书记，郭其中任组织干事。桂林城工委成立后，举办干部培训班、抓紧党团组织发展、组织发动群众等，卓有成效地开展工作。到解放前夕，全市党员130人，团员35人，成立了工人、学生、铁路职工、民主人士、工商界、艺术工作者、妇女、技术人员、公务人员等各种形式的解放联合会，还建立了二塘、六塘、柘木农民解放联合会。桂林市城工委充分发动全市人民进行护厂、护路、护校斗争，并积极开展统战工作，有效地保护了城市和郊区、农村家园，为解放军入城接管打下了坚实的基础，为桂林的解放作出了重要贡献。

陈光原名陈益昌，1918年2月8日生于广东省梅县南口圩下村。1938年春，受为革命牺牲的姐姐陈安（共产党员）的影响，陈光在家乡加入中国共产党，同年冬即任区委书记。陈光的活动逐步受到国民党反共势力的监视。1943年，在党组织的安排下，陈光转移到广西工作。1947年春夏间，桂林爆发了中共地下组织领导的"反饥饿、反内战、反迫害"群众运动。国民党桂系当局逮捕大批中共党员、爱国师生和进步人士，制造了"七月事件"。大多数已暴露的党员转入农村开展武装斗争，桂林市内党的工作面临极大的困难。8月，陈光临危受命，被中共桂柳区工委任命为桂林特派员。9月，陈光任中共桂林临时工作委员会书记。

陈光制定了"审查干部党员，巩固扩大党与群众组织，深入下层，大胆放手发动群众斗争"的工作方针。他不分昼夜地抓紧审查党员，尽快恢复和巩固党组织和群众组织，指导开展对敌斗争。至1948年底，中共桂林临工委发展党员66人，还建立和巩固了党的外围组织爱国民主青年会，许多青年在党的教育下迅速成长。

1949年，全国解放战争进入战略反攻阶段。为迎接解放，陈光舍身忘我地工作，承办全省城市党组织领导干部会议并起草决议草案，举办全市党员干部训练班，重新确定党员和爱青会员联络暗号、地点（他自己也化名为陈泳平），部署领导全市大中学校开展反饥饿、争生存的斗争，开展罢课、罢教、罢工斗争。3月30日，广西大学800多名师生游行请愿并包围桂林中央银行，索取欠款。愤怒的学生用油漆将"中央银行"改为"种殃银行"，并在大门的两侧写上"朱门酒肉臭，路有冻死骨"的对联及"打倒豪门资本""反剥削""争生存"等标语，取得斗争胜利。桂林市城工委还与在农村坚持武装斗争的桂北游击队相互配合，为其提供后勤和情报支援；向国民党反动统治集团发起宣传攻势，拟定《告桂林各界人民书》，并同时散发《中国人民解放军布告》（《约法八章》）、《告桂林各界人民书》、《警告特务书》等传单；开展城市调查工作，为人民政府接管政权打好基础。

桂林市城工委在陈光主持下开展的革命斗争极大地鼓舞了桂林人民的革命斗志，给国民党桂系当局以沉重打击。敌人垂死挣扎，陈光的处境已经很危险，但陈光跟大家说："要斗争就有危险。快解放了，要抓紧工作。我怎么能在桂林即将解放之日离开同志们呢？我要和同志们一起坚持斗争。解放后，我还要和同志们一道建设新桂林呢！"因为革命工作，陈光的身体已经很虚弱，常常患病。也是党员的妻子罗涤玉担心他的身体，他说："这点病算得了什么，就要解放了，党的工作要紧。"远在广东的母亲捎来信，诉说家中已困难到讨饭的地步。陈光内疚地回信劝慰母亲："儿子的工作正是为了千百万个妈妈不再受冻挨饿，相信妈妈是能够想得通的，也会原谅我的。"

10月3日，陈光在柳州参加完广西省城工委会议迅即赶回桂林，4日召集市城工委领导成员会议，传达上级关于开展护城斗争、迎接解放军进城的部署。会后约定第二天上午9点开会布置桂林市的具体工作。当晚，他还要出去工作，大家都极力劝阻。可是，为了抓紧时间做好迎接解放的各项准备工作，陈光不能停下来。临行前，他对负责机关掩护工作的高天梅说："我会注意的，不能因为危险而缩手缩脚，无论如何工作第一。"

第二天一早，由于叛徒告密，陈光在象鼻山附近不幸被捕。敌人动用各种酷刑，陈光被折磨得十指迸血，两腿血肉模糊，胸前、颈部和手臂布满烟头炙灼的焦痂。陈光坚贞不屈，斥责敌人说："我们的人民解放大军已经向广西挺进，你们的末日就要来到了，你们唯一的出路是向人民投降。"敌人始终一无所获。在狱中，陈光给难友讲革命形势，背诵《将革命进行到底》的主要段落，鼓励他们坚持斗争。

11月11日下午约6时，夕阳透过窗棂照进牢里。特务们突然给全监狱的人实施捆绑，大家都感觉到会出什么事。特务点名陈光时，说要带他出去问话，他被扣颈反绑着推上汽车。汽车向北行驶到桂林火车北站前的一片空旷荒野地带时，一群持枪者将满身伤痕、手脚绑缚的陈光推下车。陈光已经意识到这是敌人最后的毒手。他艰难却坚强地站起来，昂首凛然地望向东方。晚霞在陈光的背后渐渐消失，"共产党万岁"的洪亮口号声中，急乱的枪声突然响起，陈光倒在了血泊中。

这一天，距离广西省会桂林市解放仅仅相差11天。

11月22日下午2时，在桂北游击队的配合下，中国人民解放军第四野战军第四十一军前锋部队第一二三师进入桂林城，市民和学生夹道欢迎解放军。但解放军首长和南下地方领导始终联络不到代号为"独秀峰"的中共桂林市城工委书记陈光，经向原地下党的同志和出狱人了解，判断陈光很可能被敌人秘密杀害了。

1950年11月28日，经过多方查寻终于找到陈光烈士的遗骸。1951年1月14日，中共桂林市委隆重举行陈光烈士追悼大会。会后将陈光烈士灵柩安葬于七星岩前普陀山西麓，树碑立传（见图6-1）。

（二）中共梧州城工委的103天

为了加强对梧州工作的领导，开创城市斗争的新局面，陈枫于1948年10月和1949年4月先后两次派陈光到梧州检查、指导工作，梧州党组织进一步发展壮大。

1949年5月，党组织将在柳州的党员李庚成、郭秀清等转移至梧州；6月，委派梁成业为特派员到梧州，负责统一领导梧州党组织的活动。8月13日，决定成立中共梧州城市工作委员会，任罗杰林为书记。是日，罗杰林、唐美真夫妇和梁成业、李品茜等从柳州码头搭渡船，于8月15日到达梧州，梧州城工委正式成立。

图 6-1　陈光烈士墓

城工委由 3 人组成，罗杰林为书记兼组织委员，梁成业为宣传委员，陈坚（陈德祥）为委员。城工委的代号为"长江"（后改为"罗康"）。其主要任务：一是加强调查研究，摸清情况，为接管城市尽可能做好一切资料准备；二是保护城市，保护民族工商业，保护人民生命、财产安全；三是大力开展宣传、统战、策反工作，扩大民主势力，争取一切可以争取的力量；四是在斗争中培养、锻炼、发展党、团员。

罗杰林化名"莫福祥"，以"水客"（小本短途贩运或中间经纪的商人）职业作掩护，在北山街 8 号租了个套间居住，此处便成了中共梧州城工委领导机关的所在地。

梧州城工委成立后，下面没有成立支部，仅有党的一批活动联络点，也没有建立团的组织机构，城工委的 3 名委员分工，各负责一条线，分别联系一批党、团员或梧州爱国民主人士联谊会成员。他们每人均有与上下单线联系的代号如"英雄—豪杰""坚强—忠诚"等。至 1949 年 11 月 25 日梧州解放时，罗杰林线联系党员 16 人，青年团员 13 人，梧州爱国民主人士联谊会成员七八人；梁成业线联系党员 14 人，青年团员 32 人；陈坚线联系党员 8

人，青年团员 16 人（均不含已撤离梧州的党团员）。

1949 年 10 月，在人民解放军即将进入广西境内，敌人内部十分混乱、动摇的有利形势下，梧州城工委通过各种社会关系大胆机智地开展统战、策反工作。梧州警察局大中分局局长罗杰投向人民是策反成功的例子之一。11 月初，城工委书记罗杰林将争取罗杰起义的特殊任务交给陈峰（陈刚山）。接受任务后，陈峰化名陈柏年，头戴毡帽，脚穿响底皮鞋，身着西装，外加一件晴雨两用衣，单枪匹马直闯大中分局（今城中派出所处）。门警见陈峰如此打扮，即刻传达，罗杰闻讯亲临门口迎接。密谈中罗杰表示愿意跟共产党走，坚决服从城工委的命令。陈峰即时以总队长的身份委任罗杰为苍梧县人民自卫总队第一大队第三中队长，并命令他：“第一，国民党梧州警察局命令你做破坏活动或撤走，要口头上应付，行动上拒绝执行；第二，情况紧急时，要及时通知警员一律集中分局，待命行动；第三，今天的谈话内容及布置的工作要绝对保密，否则后果自负。”罗杰答应一一照办。

11 月 24 日，梧州警察局局长卢英龙指令罗杰带领分局的警员往大漓口撤离，准备上山“打游击”。25 日，陈峰到了大中分局，兴奋地告诉罗杰，解放军已达十二步梯，并叫他立即宣布起义。罗杰将数十名警员集中起来，宣布他已接受共产党的领导，大中分局的警员投向人民。当时，大中分局警员人人服从，各自马上将原来的帽徽和胸章摘下，换上由陈峰带来的起义标志物“五角星”。投向人民的警员分成几个小队，立即去迎接人民解放军进城和执行治安巡逻任务。

11 月中旬，梧州城工委拟增加 1 至 2 名城工委委员，但省城工委尚未批复而梧州已解放，城工委地下工作时期结束。梧州城工委从成立至梧州解放总共存在 103 天。在这紧张和艰险的 100 多天中，梧州城工委顺利地完成各项任务。梧州的每个党员、团员和外围组织的同志都怀着决战、决胜的高昂斗志，不怕困难，不怕牺牲，英勇机智地同敌人斗争，他们的历史功绩将永远载入史册。

（三）中共柳州城工委保护城市的斗争

1949 年 9 月 25 日，中共广西省城工委在柳州市郊鹧鸪江雁头岭举行秘密会议。省城工委书记陈枫传达中共中央华南分局关于配合大军解放广西，"大胆进行组织群众与发展党的组织的活动，加强统战工作，积极布置迎接我军入城的一切准备工作"的指示。会议就组织、宣传、统战、策反、调查研究、护城、接管、紧急状态应变等工作作了周密部署。

10月10日，衡宝战役结束，国民党桂系白崇禧集团龟缩广西，负隅顽抗。人口仅10余万人，城区面积才3平方公里的柳州市区成了国民党残兵败将的避难所。师、团级以上的100多个指挥机构塞满市区，挤占学校，甚至把柳侯公园当成了兵营。国民党广西省党部发出《切实加强反共宣传》的命令，散布"共匪吃人肉喝人血，共产共妻"等无耻谎言，派出武装向我党领导的桂中、柳北、都宜忻游击区进行"清乡""围剿"。在腥风血雨的日子里，不少革命志士被杀害。每到晚上11时，全城戒严，凄厉的警笛声划破龙城上空。

正面战场鏖战急，地下斗争的烈火也愈烧愈烈。地下工作者不畏艰险，纷纷打入国民党的军政机关、事业团体和工厂、企业的要害部门，调查敌情，猎取情报，为解放后接管准备资料。铁路局的地下党员江滔和宁宗莩利用职务之掩护，将铁路人事和技术方面的机密档案弄到手。打入警察局的地下工作者胡恩朗编制了《柳州市区机关团体调查表》。

铁路、电厂、水厂、兵工厂、江汉广播电台、电报局、柳江浮桥等部门是城市的重点保护对象，城工委派了许多地下党员和外围组织成员到这些单位发展组织，发动群众成立护路、护厂组织。党在郊区鹧鸪江、柳城县的山田、西鹅乡的都湖等村庄建立了有武装的战斗据点，还在社湾村建立了城工委备用指挥所。党的统战、策反工作也取得了很大进展。铁路局的一些高级工程技术人员和交警头目被争取过来。党在敌"华中军政长官公署"和"柳州警备司令部"安下了"钉子"，发展了民主人士联合会的成员。土地革命战争时期入党的老党员丘行打入军统组织，在一个多月的时间里争取了军统头目，他先后交出了80多个特务的名单和长短枪15支。

10月中旬，城工委发动了一场猛烈的政治攻势，散发了数千张《中国人民解放军布告约法八章》《粤桂边纵队司令员梁广致各机关主管先生书》等传单，震慑了敌人，鼓舞了群众。

11月11日，南下人民解放军先头部队分两路直捣广西。西路第一一六师经黔境插入柳州北部，切断黔桂交通线，扫清柳州外围；东路第一一五师及第一一七师并肩分头沿融江和柳长公路向柳州挺进。18日，第一一五师夺取古宜。22日，融水解放。

23日，解放军第一一五师和第一五二师前卫团围攻柳城县太平圩时，与柳北人民解放总队二大队胜利会师。二大队配合大军作战，消灭了国民党桂中军政区的第十五专署和保安团。

24日，第一一五师解放了柳城县沙埔，打开了柳州的北大门。城里敌人风声鹤唳、草木皆兵，敌军政机关和部属涌向柳江南岸夺路而逃。小南路的车渡码头挤满了待渡的军车，柳江浮桥几乎被成千上万的逃亡者踩沉。晚上8时，白崇禧接到三门江和沙塘"发现共军"的情报后，急忙乘上飞机逃往南宁。桂中军政区司令官王景宋与柳州警察局局长王景宜相率逃命。接着，柳州警备司令秦镇也溜之大吉。留在柳州的敌人只是一批来不及逃走或被迫留下来掩护撤退的部队以及工兵破坏队。城内家家户户大门紧闭，商会自卫队荷枪巡逻警戒，防备溃敌纵火劫掠。党的地下工作人员坚守战斗岗位，通宵达旦地进行护城斗争。

白崇禧逃跑前，命令工兵破坏队用40吨TNT烈性炸药毁灭柳州城。当夜，担负破坏任务的敌人分头钻进电力公司、江汉广播电台、电报局，登上柳江浮桥，早已严阵以待的地下工作者和进步群众用金钱收买与武力威慑相结合的办法，迫使敌人搞假爆炸后逃走，从而保存了电力公司、电台和电报局。

11月25日清晨6时许，我军第一一五师第三四四团奉命改为前卫部队，二营为前卫营，从沙塘向柳州市区挺进。二营在市郊欧阳岭俘敌谍报组长，得知白崇禧已下令撤退向南逃走。团长洪有道立即命令二营以最快的速度向柳州前进，占领火车站，切断敌人的交通命脉。政委韩明曾派骑兵传达命令：一营直插柳江浮桥，三营肃清市区残敌，团指挥所带着警卫连紧跟在二营后面。

在鹅山铁路地区和龙泉山下的鸡喇街，党领导的护路、护厂武装力量在晨曦中和敌人的破坏队进行英勇的斗争。铁路局的地下党员和百余名铁路职工冲进铁路警务处，夺取数十支枪武装自己，他们分头行动，保卫铁路局机关大楼、水电厂、机务段、车站等重要设施。地下党员动员 10 多辆汽车的司机带着车钥匙分散隐蔽，致使敌铁路局特警逃跑时无车可乘，被迫丢弃 50 多支步枪和大批弹药，狼狈逃跑。护路队发现一长列弹药车在敌军押送下由鹅山道口等火车头拉走，护路队立刻将列车包围起来，喝令敌人缴枪投降。走投无路的敌中央军械库少校主任带领一排敌兵向护路队投降，交出 11 个车皮的弹药和 4000 银圆。距离市区几公里的鸡喇是国民党国防部兵工署三十兵工厂和桂系官僚资产广西农械公司所在地。地下党在鸡喇小学建立了战斗据点，在兵工厂发展了组织，成立了护厂队。25 日 9 时左右，敌工兵四团破坏队乘着两辆装满炸药的汽车冲进厂里，企图炸平该厂。在紧急关头，30 多名职工挺身而出，一部分人堵住汽车，一部分人打开兵器库。霎时，用轻重武器武装起来的 300 多人的护厂队枪上膛、手榴弹揭开盖子对准破坏队，敌工兵见势不妙，急忙掉转车头逃之夭夭。

从清晨战斗打响，不到半天时间，我军第一一五师在市区内外共歼灭敌第四十四军、十八军残部 2000 多人，缴获各种炮 135 门、各种枪支 1776 支、冲锋枪半车皮、火车头 37 台、车皮 143 节、汽车 250 辆、飞机 2 架、各种舰艇船只 15 艘、兵工厂 2 座以及大批弹药和卫生、通信、汽车器材。

市民和学生纷纷涌向街头，围观俘虏和战利品。豫章中学的校门虽已封锁，但锁不住学生们的欢快之心，他们纷纷爬出围墙欢迎子弟兵。柳江县一中的工友们熬了一大锅粥，慰劳过境追击敌人的战士。枪声刚停，地下党城工委四个负责人按照计划，分头到各据点布置迎军庆祝解放的活动。解放军后续部队第一五二师、一一七师相继入城，经过街道时，人民群众夹道欢迎，整个城市沸腾了起来。

（四）中共南宁城工委的策反工作

1949 年 11 月，南下人民解放军从各方面向广西神速进军，国民党军队节节败退。

在国民党桂系方寸大乱的时候，南宁地下党迎接解放大军的准备工作正悄然进行。1949 年秋，中共在南宁的两个地方组织——南宁市工委和南宁城工委，分别在邕宁稔水村和南宁市葛家园召开工作会议，明确近期党的工作方针：配合解放大军，全力做好城市调查、宣传和策反工作，迎接解放。市工委成立南宁人民解放促进会，吸收自愿为解放南宁出力的进步人士。促进会成为策动国民党军政要员投诚起义的一条重要通道。

当时南宁市内的驻军有国民党第四十六军三三〇师 3 个团约3000 人，师长秦国祥；广西绥靖公署警卫团、南宁市警察局共1000 余人；以青、洪帮为骨干的南宁护商大队 200 人，队长杨震伟；"华中军政长官公署"直辖的工兵团残部约 500 人，团长何绍祖。地下党经过分析，认为策反工作从争取地方武装——护商大队和警察局入手比较容易。于是，一场对国民党军政人员的"攻心战"打响了。

11 月下旬的一天深夜，人称"南宁杜月笙"的青、洪帮首领杨震伟的公馆大门紧闭，在青石板路上投下长长的阴影。突然，几个行色匆匆的人从江边拾级而上，叩开了杨公馆大门，直奔三楼而去。躺在榻上抽大烟的杨震伟连忙起身相迎，他看见为首一人头戴礼帽，身着一件"干湿褛"（英国呢子大衣），来人正是南宁市工委书记阮洪川。阮洪川待杨震伟斥退左右，便从容地在烟榻旁的太师椅上落座，诚恳地说："现在解放军兵临城下，南宁解放指日可待。你是土生土长的南宁人，跟国民党顽固派不一样。只有起义，不与人民为敌，才是唯一的出路啊。"杨震伟神色既紧张又复杂，他一言不发，低头吧嗒吧嗒地抽着烟。经过阮洪川的反复劝说，最后，杨震伟答应率领护商大队起义，配合做好解放大军入城前的护城工作，承诺不随意逮捕人。杨震伟还同意阮洪川住进他家里并保证其安全。由此，地下党在杨家建起护城指挥所，指挥全城迎接解放大军的工作。

同时，负责统战策反的市工委委员苏仁山、陈权、罗平等人也冒着生命危险，机智勇敢地战斗在策反工作的第一线。陈权努力动员已加入南宁人民解放促进会的原国民党少将师长马宗骧和原中校参谋濮圣阶一起策反南宁警察局长唐超寰。

11 月 28 日开始，地下党组织经过对敌工作，先后有南宁伪县府警队、护商大队起义，国民党政府警察局长唐超寰率领全局起义，国民党第二二九师山炮连起义，国民党华中司令长官部工兵团的团长何绍祖率领全团起义，国民党的专员、县长、军统特务头子等 30 多名将校级党政军特的人员起义。12 月 4 日，国民党军第三三〇师撤出南宁南逃之后，在南宁市的国民党军全部投诚和起义了。

中共南宁市工委和中共南宁市城工委在全市设了两个指挥所，领导地下党全体人员并指挥起义的国民党护商大队、国民党警察局全体官兵，维护南宁市的治安，保护南宁市的仓库、水厂、电厂、电信局等重要设施。通知全市居民在入黑以后以拉警笛为号，各家各户一律关门闭户，不要外出，以免发生意外，并组织地下党同志带领起义的警察局、护商大队人员在大街小巷巡逻，维护治安，以防特务、散兵游勇抢劫破坏。12 月 4 日晚上 9 时左右，四野三十九军第一一六师顺利进入南宁，与地下党工作队伍胜利会师。一一六师政治部主任王世琳随即到警察局与中共南宁市地下组织负责人接头，由王世琳带领中共南宁市地下组织负责人到部队驻地向一一六师司令员、政治委员汇报并研究南宁解放后的工作。南宁解放了，全市灯火通明。第二天全市商店照常营业，解放军的宣传队伍和广大市民在各主要街道上载歌载舞，全市军民沉浸在欢庆南宁解放的欢乐之中。

第七章　建立人民的新广西

1949 年初，三大战役胜利结束后，长江以北大部解放，长江以南解放指日可待。党中央对解放广西做了充分的准备，包括对解放广西后所要配备的干部进行了部署。根据中共中央指示，1949年春，人民解放军第四野战军在北平、天津两市招收近万名知识青年，组建第四野战军南下工作团。1949 年 9 月 22 日，中共广西省委在武汉成立。1949 年 12 月 11 日，广西解放。1950 年 2 月 8日，广西省人民政府宣告成立。人民的新广西的建立，标志着解放广西的历史性彻底完成。

一、中共广西省委的成立

1949 年 2 月 3 日，中共中央发出《关于调度准备随军渡江南进干部的指示》，要求："东北局除一部分城市工作干部外，华北局除八千干部外，中原局除皖西及豫皖苏分局的一部分干部外，其余所担任抽调之全部干部，均应准备随林彪、罗荣桓南下，使用于湘、鄂、赣三省及两广方面。东北局、华北局担任的干部，须于三月底集中，并训练完毕。中原局所担任的干部须于四月底集中，训练完毕。"

1949 年 9 月 22 日，经中共中央批准，中共广西省委在武汉成立，张云逸为书记，陈漫远为第一副书记、莫文骅为第二副书记、何伟为第三副书记、李楚离为第四副书记。省委成立后，立即开展接管广西的准备工作，决定由省委副书记何伟、省委组织部副部长陈岸和史乃展等同志在武汉组建广西工作队。1949 年 11 月 15日，中共广西省委发表《告广西人民书》，庄严宣告："我们翻身的日子到来了，几千年的封建压迫，百年的帝国主义侵略，二十多年的官僚资本的压榨剥削，从此要在中国一去不复返了，让我们紧密地团结起来，为建设新民主主义的广西而努力吧！"同时指出，"为着迅速解放自己，大家紧急动员起来，支援自己的军队和解放战争，彻底肃清残匪特务，协助接管城市乡村，建立革命秩序，恢复和发展生产，这是广西人民当前的光荣任务"。

1949年11月13日，中共广西省委决定广西工作队以孙德枢为总队长，金泽霖为政委，陈岸为总队党委会书记。总队下分四个大队，包括省委机关干部以及文教接管部、物资接管部、军政接管部、交通接管部的干部和接管桂、柳、邕、平乐等地的干部。其中：第一大队由冀东地区南下的老干部100多人（包括一部分冀东青年学生队和建国学院学员）和从第二大队第二中队调出的60名同志组成，负责接管南宁专区各县。第二大队由第四野战军南下工作团一分团分配到广西工作队的400人组成，准备与从河南、河北等地调来的一批老干部一道接管柳州专区和柳州市。第三大队共200多人，准备到平乐专区工作。第四大队大多数是华北大学南下的同志，后来多数分配在省直机关和桂林、南宁等地（市）、县工作。工作队随军进广西前，在武汉先后听取了中南局第三书记兼中南军区第二政委邓子恢作《到广西去的工作与任务》的报告。报告指出："把旧的、封建的广西，变成新的、人民的广西，这是广西工作的总方向。"工作队还听取了陈岸作的《关于广西情况介绍》、中共广西省省委副书记莫文骅作的《广西情况介绍》、华中局秘书长杜润生作的《关于新区接管工作》、中共湖北省委副书记刘建勋作的《关于新区征粮等工作问题》、华中局组织部部长李雪峰作的《关于群众工作方法和群众路线问题》等报告。

在组建广西工作队的同时，中共华中局还指示华南分局准备一部分干部到广西的梧州、郁林地区工作，因为这两地流行的是广东白话，干部宜由广东配备。据此，华南分局于10月14日进驻广州市后，即成立广西工作团。广西工作团由四部分人员组成：一部分是从老解放区南下的广西籍老干部，一部分是自华东南下参加解放广东的两广纵队中的广西籍干部，一部分是粤赣湘边纵队中的广西籍同志，还有一部分是从内地转移到香港的地下党工作人员和爱国民主人士中的广西籍同志。工作团由雷经天负责，罗培元、陈枫协助。工作团在广州听取了华南分局负责同志的报告，学习了中共中央的有关文件以及接管城市和乡村的政策。为了扩大到广西工作的队伍，广西工作团还通过广州市有关组织及已参加广西工作团的人员，动员一批原籍广西的、志愿到广西工作的大、中学生以及其他社会人士组成广西工作团学生队。后来有约300人参加了学生队，分为两队进入广西参与接管工作。广西工作队和广西工作团的顺利组建为广西解放后接管工作准备了干部队伍。

二、广西工作队南下广西

1949年3月，陈岸带着100多名干部到中原局听候分配。组织决定这些干部绝大部分随陈岸前去建设新广西。

4月21日，毛泽东主席和朱德总司令发布向全国进军的命令。解放军迅即渡过长江，攻克南京、上海后，犹如秋风扫落叶，席卷浙、闽、赣大片地区，蒋军残余部队兵败如山倒。

5月中旬，陈岸率领的南下干部队从巩县南下，到郑州时总领队负责同志交给干部队三四辆装满钞票的载重汽车，要干部队押运到汉口。

在汉口，陈岸被分配到中原政府秘书处任副处长。7月中旬，中共华中局组织部部长钱瑛接见陈岸，要他任广西省委组织部副部长，集中干部准备南下，凡是广西籍的干部都介绍到他那里去，由他安排食宿。此外，还有一大批学生跟随南下，陈岸负责向他们介绍广西的情况，帮助他们安下心来。

那些从北方南下的青年听说广西气候炎热，烙饼贴在墙上都能烙得熟，蚊子像麻雀一般大，还有毒蛇、麻风病……都被吓得很紧张。他们听了介绍之后，知道这些都是谣传，又知道桂林、柳州、宜山、平乐等地都是讲官话，同普通话基本相同，不论到哪里，包括壮、苗、瑶等少数民族地区，都有人做翻译。不久，陈岸还邀请中共中央华中局第三书记邓子恢等去作报告。广西军区副政委莫文骅到汉口时，也去作了报告。讲明这些情况以后，队员的思想都安定下来了。

同年9月22日，中共中央正式批准成立中共广西省省委，任命张云逸为书记，陈漫远、莫文骅、何伟、李楚离为副书记。在武汉，张云逸、莫文骅就如何开展广西省组织工作先后告诉陈岸，首先要搭好各地（市）委的架子，一进广西，就能马上接管，若干部不足，到当地再适当补充，组成先遣队派回广西，同地方游击队联系。

11月初，陈岸任南下工作队书记，孙德枢任队长，率队接踵南下。南下工作团、华北大学和来自其他单位的青年同志近2000人，组成浩浩荡荡的队伍，随解放大军从武汉出发，汽车走了三天，终于到了广西边境。到全县时，沿马路两旁站列了无数群众，他们欢呼："欢迎南下工作团来领导我们翻身！""毛主席万岁！""共产党万岁！"

从全县到桂林只有100公里左右，但公路上用石灰画上许多圈圈，可能是敌人逃跑时埋有地雷，是解放军画上的记号。因此，汽车只能慢慢地前进。到大溶江时，桥梁已遭破坏，尚未修复。但冬天河水浅，汽车可以过，可是河底的石头大，阻力大，汽车开不过去，于是大家下车，涉水而过。但汽车被河底的石头顶住，搞了半个钟头，还是过不去。陈岸等带头下水去推，车子终于开过去了。

进入桂林城，到处披红挂彩，锣鼓喧天，载歌载舞，一派庆祝解放的欢腾景象。

此时，南下解放大军按照毛泽东和中央军委的战略部署，以雷霆万钧之力、风卷残云之势，歼灭了桂系主力，在接连解放了柳州、梧州、南宁等城市后，解放了广西全境。至此，国民党反动派在广西的统治土崩瓦解，千千万万共产党员和仁人志士历尽千辛万苦、流血牺牲为之奋斗的目标实现了。

这批近2000名远离家乡又生龙活虎的南下干部来到广西后，抱着全心全意为人民服务的信念，克服语言不通和生活习惯不同等种种困难，在接管城镇、建立各级人民政权方面作出了重要贡献。在激烈的斗争中，不少人献出了宝贵的生命。

链接 >>

新的《广西日报》出版

1945年9月起，刘毅生就开始了办党报的生活。后来接连在中共中央东北局机关报《东北日报》（哈尔滨、沈阳），中南局机关报《长江日报》（武汉）担任编辑工作。1948年10月15日，解放锦州的消息正式传到报社时,生长于南国广西的刘毅生产生了回家乡工作的愿望,并向报社提出了申请,于1949年1月得到同意。

随着东北解放,党中央命令第四野战军挥师南下,和兄弟部队一起解放全中国。东北日报社也奉命抽调新闻工作干部随军南下,准备帮助新解放区创办党报。1949年6月,刘毅生告别了沈阳,奔向第一个目标——武汉。刘毅生参加了中共中央中南局在武汉创办机关报《长江日报》的工作,任《长江日报》农村部副部长,1949年11月又参加新《广西日报》的筹办工作。那时,解放湖南的战斗胜利结束,解放广西指日可待。

为了迎接广西解放,1949年9月,以张云逸为书记的中共广西省省委在武汉成立。省委把一批准备随军进入广西工作的干部陆续集中到武汉,其中包括有广西日报社的若干骨干,内定社长史乃展、总编辑刘毅生等约十人。行军到衡阳时,又有廖经天带领长沙新闻干部训练班学员十余人充实进来。这样,广西日报社的架子就搭起来了。

1949年11月初《广西日报》筹备人员在武汉集中时,住在有名的璇宫大饭店,几个人挤在一间房里,没有桌子,就在床上写东西,往返办事都靠两条腿。在武汉,能做的准备工作都做好了,诸如铸造《广西日报》的报头,草拟发刊词,准备适用于新解放区宣传的稿件,抄收新华社电讯的电台以及铅块、纸张等。只要到桂林,把旧广西日报社的工人、职员和印刷设备接收过来,就可以水到渠成,出版人民的、新的《广西日报》了。

11月中旬,广西日报社工作人员离开武汉时是坐火车,但路不好,走走停停,走了几天才到衡阳,再往南路又不通了。他们奉命在衡阳郊区的老百姓家住了一周左右,才改乘汽车继续前进。车是缴获的美造道奇大卡车。每部车坐了30多人,连人带行李挤得紧紧的,道路很坏,颠得厉害,但谁也不叫苦,大家仍然谈笑风生,因为这是胜利的行军啊!有些路段坑洼太大,还得改走便道;便道松软、泥泞,常常陷车,大家就下车,捡石头,铲泥巴,抱稻草来垫路。走到灵川的大溶江时,渡船没有了,就选浅水的地方冒险过河。汽车刚到河中熄火了,他们就下车蹚着冰冷的河水去推车,终于把车推到江边,重新发动前进。

11 月 30 日下午四五点钟，终于到达桂林市区。停车的路旁刚好有一家狗肉米粉店，大家也饿了，于是就各买碗有广西风味的狗肉米粉，吃了大家都叫好。新闻干部队被分配到榕湖原白崇禧的公馆住，接着立即开始工作：拿着桂林军管会的命令去接收旧广西日报社和中央日报社。中央日报社已没有什么东西留下，大部分人早已散去，旧广西日报社的设备则保留完好。通过大小会议和个别谈话，反复向老职工讲明全国和广西解放的形势，中国共产党的性质、任务；表明对原有工人和普通职员一律留用（不包括领导、编辑、记者）的政策，鼓励工人发挥工人阶级本色，和广西人民站在一起，在中共广西省省委领导下，为办好人民的《广西日报》而努力工作。被接收的职工也以热诚的拥护为回报，显示了工人阶级的革命精神。经与地下党在桂林临解放时办《解放快报》的人联系，接纳十几个人员到《广西日报》来会合，队伍越来越壮大，编排创刊号的稿件和其他各项工作陆续开始。那几天，报社工作人员睡得很少，但精神振奋，工作进展顺利。

12 月 3 日早上，第一张新的《广西日报》和广西人民见面了。那天是桂林解放后的第 11 天，南下新闻干部进城的第 4 天。省委的领导同志和大家都很高兴。接着，12 月 4 日南宁解放，11 日镇南关解放，标志着广西全境的解放。中央决定以南宁为广西省会，中共广西省省委即迁到南宁，广西日报社也随迁。省委根据当时的形势，将广西日报社的队伍一分为二，一部分迁南宁，一部分留在桂林办桂北区党委机关报《桂北日报》。1950 年 1 月 22 日，《广西日报》在南宁发行。

链接 》》

桂平江口迎接解放后第一个元旦

1949 年的秋冬，对于广西各族人民来说，可真是捷报频传，喜讯飞扬，它预示着一个阳光灿烂的春天即将到来。9 月 22 日，中共中央批准成立中共广西省省委，由张云逸任书记，陈漫远、莫文骅、何伟、李楚离任副书记；广西省会桂林市及柳州、梧州、南宁等相继解放；12 月 2 日，中央人民政府委员会第四次会议通过：任命张云逸为广西省人民政府主席，陈漫远、李任仁、雷经天为副主席；12月底，参加广西战役的人民解放军各主力部队与广西各地游击队举行正式会师……

这接二连三的喜讯极大地鼓舞了战斗中的桂中各族人民，人们欢呼：桂中的春天到来了，广西的春天到来了，祖国的春天到来了！

12月9日，根据张云逸的指示，廖联原率桂中支队第一团和第十五团到桂平江口后，只身赶到梧州，在那里见到了刚刚从广州到达梧州的张云逸主席和雷经天副主席。因都是熟人，见面后自然十分亲热、高兴。在梧州，张云逸、雷经天、廖联原住在一块儿。廖联原每天向他们汇报两三个小时，主要讲奉命从山东回到广西及在广西搞武装斗争的情况。张云逸对坚持桂中三年游击战争取得的成绩和经验表示满意。他说："你廖联原不但没有被敌人打死，还搞起几千人的游击队伍，在党领导下，在群众的支持下，坚持三年游击战争，真不简单，不错嘛！"

汇报完毕，已是12月下旬，1950年的元旦就要来到了。张云逸、雷经天要廖联原陪他们到南宁参加广西省省委常委扩大会议。经过桂平江口时，他们上岸与集中在那里的桂中游击队全体指战员会见，并与连以上干部座谈。张云逸、雷经天看见游击队员生活艰苦，当即批准游击队到军分区领取军装，并发给慰问金。

1950年元旦是解放后的第一个元旦，是洒满阳光、充满希望的一个元旦，桂中游击队在江口召开了庆祝解放年元旦和欢迎张、雷两位领导的大会。江口镇的街道路口此时扎起了彩门，"人民解放胜利万岁""中国共产党万岁""毛主席万岁"等大幅标语贴满街道两旁。全镇军民欢欣鼓舞，沉浸在解放、胜利的无比幸福、喜悦之中。迎着东方升起的太阳，桂中支队以连为单位，列队高歌"解放区的天，是明朗的天，解放区的人民好喜欢"，踏着整齐的步伐来到设在江口镇中学的会场，依次排坐在操场上。会场上空飘扬着五星红旗，主席台中央悬挂着毛主席和朱总司令的大幅画像，前面挂着"庆祝广西解放胜利，欢迎张主席、雷副主席"的横幅。

张云逸在讲话中对桂中游击队给予了很高的评价，指出：桂中游击队三年来在廖司令领导之下正确执行毛主席和共产党的路线，把游击部队建立起来，由几百人扩大到几千人。这是共产党、毛主席领导的正确，这是广西人民拥护共产党得来的成绩。雷经天副主席在会上也作了讲话，着重强调了当前的主要任务。

庆祝大会结束后，张云逸和雷经天又请支队连以上干部共进晚餐，欢度元旦佳节，亲切地同大家一一握手、交谈。张云逸语重心长地对大家说："三年游击战争的胜利，只是万里长征刚起步，希望大家戒骄戒躁，乘胜前进，将革命进行到底！"第一团第一营教导员廖重先听了首长的谆谆教导，联想起游击战争的艰苦岁月，想起那些牺牲的战友和为革命献出了年轻生命的哥哥，不禁激动万分，竟情不自禁地扑进张云逸的怀中，和张云逸紧紧地拥抱起来，脸上挂满幸福的泪花。面对此情此景，在场的同志无不深深感动，全场顿时响起了"人民解放胜利万岁""感谢党和人民的关怀"的欢呼声和口号声。

不久，中共广西省省委和广西军区党委正式决定，把中国人民解放军桂中支队第一、第十五、第二十九团整编为中国人民解放军独立第八团，属梧州军分区领导，桂中支队司令廖联原任梧州地委副书记、梧州军分区副司令员。桂中支队其余的团、营、连、排干部均转到地方任相当职务。至此，中国人民解放军桂中支队完成了它光荣的历史使命。

三、各市军管会的成立

1949 年 11 月 7 日，第四野战军以 40 多万人的优势兵力分三路向广西进军，在游击队的有力配合下，11 月 22 日解放广西省省城桂林市，11 月 25 日解放柳州、梧州两市，12 月 4 日解放南宁市，12 月 11 日将五星红旗插上镇南关（今友谊关），广西战役胜利结束，标志着广西解放。广西工作队和广西工作团随解放军进入广西，到达各接管城市，参加接管工作。

军事管制是中国共产党接收和管理城市所采取的一项重要措施。关于军管会的具体任务，中共中央在 1948 年 11 月 15 日发出的《关于军事管制问题的指示》中做了明确的规定：肃清反革命的一切残余势力；接收一切公共机关、产业和物资；恢复并维护社会秩序；收缴一切隐藏在民间的反动分子的武装及其他违禁物品；解散一切反动党团组织；逮捕战犯及罪大恶极的反动分子，没收那些应该没收的官僚资本；建立系统的革命政权机关，建立临时的各界代表会；建立可靠的群众组织；整理、建立党的组织。广西各市解放后，立即成立军管会，有计划有步骤地开展接管工作，接管范围包括国民党市政府及其所属各部门、军事部门、国民党官僚资本企业、文教部门等。各市在接管过程中严格按照党中央制定的城市接管政策进行，使接管工作有条不紊，顺利完成。

11 月 30 日，桂林市军事管制委员会正式成立，主任陈漫远，副主任何伟、钟伟。军管会下设四部三处，即物资接管部、军政接管部、文教接管部、交通接管部和秘书处、房产管理处、交际处。12 月 1 日，梧州市军事管制委员会成立，主任谢扶民（因事未到职，由张华代），副主任曹传赞（月底任命）、陈枫。军管会下设行政、军事、文教、交通、财经、邮电六个接管委员会。12 月 12 日，柳州市军事管制委员会成立，主任刘随春，副主任栗在山、魏伯。军管会下设五部二处，即物资接管部、军政接管部、文教接管部、交通接管部、后勤接管部和交际处、行政处。12 月 22 日，南宁市军事管制委员会成立，主任莫文骅，副主任吴法宪。军管会下设四部二处一组，即军政接管部、物资接管部、交通接管部、文教接管部和秘书处、交际处以及航空接管组。

各市军管会成立的时候，一般都发布成立布告，如梧州市军管会发出的成立布告的内容为："奉中国人民解放军第四野战军总部命令：梧州市国民党蒋李白匪军业已肃清，为保障人民的生命财产，维护社会治安，确立革命秩序，特令在梧州市内实行军事管制，成立梧州市军事管制委员会，为该市军事管制时期最高权力机关，统一军事、政治、经济、文化等管制事宜，并任命谢扶民为主任，陈枫为副主任。扶民等遵于即日到职视事，仰我军民一体知照。"军管会成立后，接管工作即紧张有序地开展。

中共中央在 1949 年 1 月 15 日发布的《关于接收官僚资本企业的指示》中指出："对于国民党反动统治的政治机构，如国民党的军队、警察、法庭、监狱及其各级政府机构，是应该彻底加以破坏的，而不能加以利用。我们必须重新建立新的政治机构来进行统治，在旧的政治机关服务的人员亦只能在经过改造后分别地加以任用，而不能不经改造地全套地加以任用。否则，就要犯原则的错误。"

临解放时，广西各市的国民党政府官员基本逃走，并带走所能带走的东西。1949 年 12 月 13 日，桂林市军管会政权组先后接收了国民党广西省政府、绥靖公署、省党部等单位。柳州市军政接管部接管了国民党广西省第二区专署、柳江县政府、柳江县参议会。梧州市行政接管委员会行政组接管了国民党广西省第三区专署、苍梧县政府等。南宁市军政接管部接管了国民党广西省第四区专署、邕宁县政府、县党部、绥署机关等。这些部门的人员已全部逃走，档案大多被烧毁，房屋也遭到破坏。另外，还接管了由桂林转移到南宁的国民党广西省政府的档案资料。

桂林市的警察机构接管工作由市公安工作队负责，主要是接管国民党广西省警察局。市公安工作队分内勤、外勤两组于 1949 年 12 月 1 日开始接管，内勤组负责省局局内接收，外勤组负责对桂林市各分局和警察所的接收。到 12 月 8 日，接管工作基本完成，共接管了四个分局、一个直属所。同日，桂林市公安局正式成立。梧州市警察机构的接收工作由行政接管委员会公安接管小组负责，先后接收了市警察局、消防队、清洁队等单位。柳州市警察机构也由军政接管部来接管。国民党南宁市警察局早在 1949 年 11 月即被南宁市地下党策反，南宁解放前夕，局长唐超寰即率全局警员起义。同年 12 月底，南宁市军管会军政接管部接收了市警察局和五个警察分局，所有职员都留了下来，档案也保存完好。

当中国人民解放军以优势兵力进军广西时，已溃不成军的国民党军队闻风而逃。解放军解放各城市时，市内已没有国民党驻军，只有一批军事单位，主要是后勤机关没有撤走，所以军事部门的接管工作比较顺利。

桂林市军管会接管了六个军事机关。柳州市军管会分别由后勤部接管了国民党军队的后勤单位，如医院、卫生队、电台、军械库、汽车修理厂、测量局、兵工厂、气象站等 91 个单位，由军政接管部接管了教养院、招待所、军需等 24 个单位。同时，还接管了 1948 年末 1949 年初从武汉、南京、南昌等市迁来柳州的国民党国防部测量局下属的测量第四队、第二图站、地形测量第九队、制图厂、器材修造保管所、图库等 6 个单位，接管人员 131 人，以及物资一批。梧州市军管会接管了国民党军事机关共 16 个单位。南宁市军管会接管了中航公司、飞机厂、气象台三个单位，职员 200 多人，接收汽油 1000 多桶。

四、各级人民政权的建立

早在 1949 年 9 月 22 日，中共中央批准决定成立中共广西省委，任命张云逸为中共广西省委书记。11 月，中共广西省委机关随军到达桂林后，桂林、柳州、梧州、南宁相继成立军事管制委员会。12 月 2 日，中央人民政府委员会第四次会议批准任命张云逸为广西省人民政府主席（图 7-1），陈漫远、李任仁、雷经天为副主席。1950 年 1 月 4 日，省委书记兼省人民政府主席张云逸等一行由广州乘船沿西江而上到达南宁。

图 7-1　1949 年 12 月 2 日，中央人民政府委员会第四次会议批准任命张云逸为广西省人民政府主席

解放前夕，全省建立了分属中共广西省农委、滇桂黔边区委员会和粤桂边区委员会领导的桂北、桂东、桂中、柳北、都宜忻、左江、右江、桂中南、十万山、粤桂南、六万山等 11 个地委（地

工委），70多个县委（县工委、特支），以及由广西省城工委领导的桂林、柳州、南宁、梧州等4个城工委。经中共中央批准的新的广西省委成立后，陆续配备各地（市）、县的领导班子。在汉口，组建了经中共中央华中局批准的平乐地委、桂林市委、桂林地委、柳州市委、柳州地委、南宁地委；在广州，组建了经中共中央华南分局批准的郁林地委、梧州地委。进入广西后，省委组建了庆远地委、南宁市委、百色地委、梧州市委、武鸣地委，原属滇桂黔边区委员会领导的左江地委改组为龙州地委。至1950年1月，省委共组建了10个地委和4个市委。1950年3月9日，省委宣布省委委员名单和工作机构。

　　1950年2月8日，广西省人民政府主席张云逸和副主席陈漫远、李任仁、雷经天联名发表《广西省人民政府成立布告》，宣告广西省人民政府正式成立，表示"今后遵循人民政协共同纲领，团结广西全省人民，为建设人民的新广西而努力奋斗"。按照中央的批示，确定南宁为广西省的省会，省委机关从桂林迁至南宁（见图7-2）。广西省人民政府成立初期，受中南军政委员会直接领导。3月24日，政务院第二十五次会议通过，并经

图7-2　广西省人民政府办公楼

4月11日中央人民政府委员会第六次会议批准，任命莫文骅等为广西省人民政府委员会委员。在组建省人民政府办事机构的同时，省委也抓紧组建各级政权。入桂前，已在汉口、广州分别组建了桂林市人民政府以及南宁、武鸣、左江、柳州、桂林、平乐、梧州、郁林等8个专员公署及部分县级政权的领导班子。入桂后，1950年1月，在桂林又成立百色、庆远2个专员公署和省辖的南宁市人民政府，2月和3月梧州市和柳州市先后升格为省辖市。省委对解放前夕地下党组织建立的3个专署级、42个县级人民政权进行合并、调整，并从部队、广西工作队（团）等抽调人员，充实干部队伍，加强领导力量。至1950年底，广西城乡基层组织机构共设立3个市辖区、463个区、1718个乡。此后，中央在广西实行民族区域自治制度，加上中央人民政府对广西行政区划进行多次调整，各级行政区划亦发生变化。全省相继成立了桂林、柳州、梧州、南宁四市人民政府和南宁、桂林、柳州、梧州、平乐、郁林、武鸣、庆远、百色、龙州等10个专区的专员公署和99个县人民政府，标志着国民党的统治被彻底推翻，广西各族人民终于有了自己的政权。

1950年10月23日至11月2日，广西省第一届各界人民代表会议第一次会议举行，选举成立广西省各届人民代表会议协商委员会。1954年8月6日至13日，广西省第一届人民代表大会第一次会议在南宁召开，标志着人民代表大会制度在广西正式建立。

在建立人民政权的过程中，各级党委认真贯彻党的人民民主统一战线政策，注意吸收各民主党派和无党派爱国民主人士、少数民族先进分子和上层人物参加人民政权，扩大了人民政权的社会基础。

广西战役的胜利和镇南关的解放标志着固守共和国南疆的历史重任正式交给广西各族人民和广西军区。而在这个重大胜利两天前的12月9日，广西军区在南宁成立，属兵团级，隶属华中军区（后隶属中南军区、广州军区），由第十三兵团兼，下辖第四十五军（率第一三三、一三四、一三五师）、第四十九军（率第一四五、一四六、一四七师）、第一五一、一五二、一五四师、第十三兵团补训三师、两广干部工作队和广西各地游击队。广西军区司令员兼政治委员为张云逸。至 1950 年初，南宁、桂林、柳州、宜山、平乐、梧州、武鸣、龙州、百色、郁林 10 个军分区和南宁、桂林、柳州、梧州等 4 市警备司令部相继成立。1950 年 1 月，省委和广西军区发出整建地方武装工作的指示。随后，中共广西党组织领导的各游击队奉命编入各军分区独立团（营）、县大队、区中队，部分指战员转业复员到地方工作。

随着广西各级人民政府的成立，广西各族人民从此彻底摆脱了千百年来被压迫、被奴役的封建统治，成为新国家、新社会的主人，进入了人民当家作主的新时代。

五、广西解放的历史意义

1949 年 10 月 1 日，毛泽东主席庄严宣告："中华人民共和国中央人民政府今天成立了。"中华人民共和国的成立从根本上结束了 100 多年来中华民族遭受帝国主义侵略、压迫的历史和几千年来中国人民被封建主义统治的历史，使中国改变了半殖民地半封建的性质，基本实现了民族独立和人民解放。占世界人口总数四分之一的中国人民从此站起来了，成为新国家、新社会的主人。这是人民解放战争的伟大胜利，也让广西获得了新生。人民解放军于 11 月 22 日解放了广西省城桂林，25 日解放了桂中重镇柳州和桂东门户梧州，12 月 4 日解放了南宁。12 月 11 日，在百色起义 20 周年之际，人民解放军将红旗插上镇南关，标志着广西解放。

广西解放具有重大而深远的意义。

第一，广西解放彻底结束了国民党桂系军阀在广西的反动统治，从根本上改变了广西社会的发展方向，为实现由新民主主义到社会主义的转变、社会主义制度在广西的确立和建设社会主义新广西扫清了障碍，创造了必要的政治前提，开辟了广西历史的新纪元。

新中国成立初期，人民解放战争还没有完全结束。国民党还有 100 多万军队在西南、华南和沿海岛屿负隅顽抗。而在广西，桂系残部还有正规军约 21 万人，另有地方部队 10 万人。新生的人民共和国成立的第五天，国民党广西省当局还下文，妄图发展壮大民团力量，以阻挡中国人民解放军解放广西。桂系集团欲以

30多万人，加上民团，死守广西，形成"割据"之势。

早在 1949 年 4 月 28 日，毛泽东即致电第四野战军司令员林彪、政委罗荣桓等，指出："和谈破裂，桂系亦从来没有在具体行动上表示和我们妥协过，现在我们亦无和桂系妥协之必要。因此我们的基本方针是消灭桂系及其他任何反动派。"

解放战争时期，中国共产党广西地方组织领导、发动了 20 多次武装起义，烽火燃遍了广西。广西战役前夕，广西地方党组织领导的 4 万余游击队员转入反攻，为中国人民解放军南下解放广西准备了有利条件。在中共广西地方组织、人民武装和各族群众的大力支援和配合下，人民解放军所向披靡，势如破竹，最终取得广西战役的胜利和广西全境解放。

第二，广西解放粉碎了桂系军阀利用越南负隅顽抗的图谋，打通了中国人民援越抗法和援越抗美的国际主义通道，保证了祖国南疆的和平安宁。

广西战役打响后，桂系集团一方面以残部节节抵抗人民军队，并破坏交通，迟滞解放军前进；另一方面，将部分官员家属向昆明疏散，与越南反动当局取得联系，抢修龙州至越南公路，"以便一旦失败时，即向云南或越南等地逃窜"。一旦大量桂系部队逃窜至越南，新中国的南疆将不稳定。于是，广西战役时，党中央制订了周密的防止桂系残部外逃越南的作战计划。11 月 9 日，中央军委关于防止桂系逃入越南给林彪、陈赓、叶剑英、方方的电报指出："除程子华兵团应着重切断白匪经柳州退贵州，经百色退云南的道路外，我四兵团着重切断白匪退越南的道路，应尽一切可能不使白匪退往越南。"

人民解放军第四野战军根据毛泽东主席制定的远距离、大迂回、大围歼的战略方针，作出解放广西的战略部署：西路军沿湘黔边境千里迂回桂西，切断敌逃往云贵的道路；南路军从粤西秘密进入廉江、茂名一线，防敌经雷州半岛逃往海南岛；中路军牵制敌主力于桂北，待西、南两路军断敌逃路，形成钳形合击态势后，即发起正面攻击，共同歼敌于广西境内。

广西战役中，除少量桂系残部外逃越南外，其余全部被歼在广西境内，意义深远。一方面，消除了国民党残部从越南方向骚扰新生的共和国的可能，为边境地区发展生产和中越两国人民友好往来作出了贡献；另一方面，打通了我国发扬国际主义精神援越抗法和援越抗美斗争的通道，这一通道持续了20多年。1950年10月起，全省军民用一年时间抢修从来宾到镇南关420公里长的铁路，保证中国政府援越物资和人员的输送。20世纪60年代中期，为了援越抗美，自治区党委遵照中央军委的部署，于1965年5月成立交通指挥部，从铁路、公路交通、水上航运等部门抽调一批干部，依靠沿线上千名干部带领数万名民工上路，掀起修公路的热潮。重点修筑的是"0539"公路。这条路从临桂县五通镇起，到达靖西县龙邦镇，全长912.94公里。尽管当时广西还很穷，却无私地承担了国际主义义务，支援了越南人民的正义斗争。1955年，中越两国实现了铁路国际联运。两国政府和人民交往日趋频繁，两国客、货联运历时23年，共抢运旅客32万人次，进口货运302万吨，出口货运1.5亿吨。广西解放标志着固守南疆的历史重任落在了八桂儿女肩上。几十年来，广西各族人民发扬爱国奉献精神，固守祖国南大门，为全国发展大局作出了贡献。

第三，广西解放将桂系军阀全歼在广西境内，为解放海南岛和大西南，直至解放全中国作出了历史贡献。

从1949年4月21日毛泽东主席和朱德总司令发布向全国进军的命令，到1951年5月西藏和平解放，历经近两年的时间。而广西战役仅用了35天时间，摧毁了国民党军残留在大陆上最大的一支反动武装——白崇禧集团，解放了国民党统治的"模范"省。据统计，解放战争中，歼敌人数逾10万者只有11次战役，广西战役以歼敌17万余为其中之一，仅次于辽沈、淮海、平津三大战役，渡江战役以及西南战役，位居第六。广西战役用时之短、效果之好，对整个解放战争的推进影响深远。广西解放对于加速全国解放的历史进程，有着不可低估的作用。

第四，广西解放进一步丰富和发展了毛泽东军事思想。

广西战役能名垂青史，是人民解放军始终不渝地贯彻执行毛泽东主席军事战略思想和战略决策的结果。在解放战争转入战略反攻阶段后，我军以势如破竹、摧枯拉朽之势节节胜利，敌人兵败如山倒。在大好形势面前，毛泽东科学地提出了战略追击阶段中歼灭敌人的新策略，即运用大迂回、大包抄的作战方针，达到大量歼敌的最终目的。没有毛泽东的这一战略，广西解放的时间将大大地往后推迟，全国解放的时间将大大推迟。广西解放是毛泽东军事思想的又一伟大胜利。作为人民解放军在解放战争时期运用大迂回、大包围作战方针克敌制胜的一个典型战例，广西战役在我国战争史上占有重要的一页。

第五，广西解放标志着广西一批又一批共产党人前赴后继进行的革命斗争取得了最后的胜利。

1949 年 12 月 11 日是广西解放的日子。这一天刚好是百色起义 20 周年的日子。

中共广西地方组织于 1925 年 10 月在梧州成立。中共党组织在广西成立后，全省革命高潮经历梧州—贵港—郁林—南宁—百色—龙州这样一条由东向西，逐步推向全省的演变。在中共梧州地委等的影响下，南宁、桂林、郁林、柳州、北流、桂平、平南、武宣、容县、怀集、岑溪、贺县、钟山和龙州、平马、田州、东兰等地先后建立了党、团组织，开展了革命活动。至 1927 年夏，全省已建立 20 多个党支部，党员 300 多名。在梧州率先树起的广西第一面中共党旗经过几年的发展，在祖国边疆民族地区的广西深深地扎下了根，成为广西革命斗争的坚强领导力量。

1929 年 12 月 11 日和 1930 年 2 月 1 日，邓小平、张云逸、韦拔群、李明瑞、雷经天等领导了威震南疆的百色起义和龙州起义，创建了红七军和红八军。随后，由原红七军和红八军整合而成的红七军经过七千里远征到达中央苏区，随后参加了二万五千里长征和伟大的抗日战争、解放战争。红七军北上后，广西地方党组织经过长期的艰苦卓绝的斗争，始终红旗不倒，终于在 1949 年 12 月 11 日迎来了广西人民革命的最后胜利。

曾参加过百色起义和广西战役的莫文骅将军以《二十年打个来回》为题回忆了从广西出发征战南北、最后打回广西的峥嵘岁月。他是一大批为全国解放作出卓越贡献的广西籍将领的代表之一。在 28 年的浴血奋战中，一批又一批从壮乡走出的优秀儿女为新民主主义革命的胜利建立了卓越功勋。1955 年 9 月 27 日，中央军委专门发出电报文稿，并通过国务院举行的将官授衔典礼大会，公布授予 1038 名中国人民解放军高级军官将官军衔的命令。16 名广西籍将官被授予共和国上将、中将和少将军衔，其中 12 名为壮族。

人民革命的胜利是无数先烈的鲜血凝结成的。据不完全统计，从 1925 年 10 月至 1949 年 12 月，为争取民族独立和人民解放，在广西英勇牺牲的共产党员、游击队员和革命分子有 2 万多名，而载入广西革命烈士英名录的烈士就有 9200 多名，包括被评为"100 位为新中国成立作出突出贡献的英雄模范人物"的韦拔群，红七、红八军总指挥李明瑞，红八军军长俞作豫，广西地方党组织的杰出领导者钱兴、谭寿林、朱锡昂、陈洪涛、何建南、陈勉恕、李征凤、江刺横、黄日葵、钟竹筠、黄彰、余少杰、黄士韬、陈光等。革命英烈的伟大功绩永载史册。

附录一　历史文献

中共中央对目前时局宣言

（1945 年 8 月 25 日）

全国同胞们！

　　由于日本的投降，我全民族八年来所坚持的神圣的抗日战争，已经胜利地结束了！全世界反法西斯战争也胜利结束了！在全中国与全世界，一个新的时期，和平建设的时期，已经来临了！

　　中国共产党认为在这个新的历史时期中，我全民族面前的重大任务是：巩固国内团结，保证国内和平，实现民主，改善民生，以便在和平民主团结的基础上，实现全国的统一，建设独立自由与富强的新中国，并协同英、美、苏及一切盟邦巩固国际间的持久和平。

　　全国同胞们！对日战争的胜利结束，最后扑灭了法西斯的暴政、奴役与侵略，在全人类面前展开了和平发展的前途，这是英、美、苏、中四大同盟国共同努力的结果，这是我国全体军民共同努力的结果。我们相信，我全国同胞必能以自己表现在抗日战争中的英勇奋斗，不屈不挠的精神，转而用之于伟大的建国事业中。中国解放区的一万万人民，在抗日战争中付出了最大的努力与牺牲，为中外所公认，在今后的和平建设时期中，也应继续作为全国民主建设的模范与和平团结的中坚，而尽其伟大的任务。

　　但是，在为独立、自由与富强的新中国而奋斗的道路上，不是没有阻碍、没有困难、没有荆棘的。日本帝国主义侵略者，还没有执行波茨坦宣言，还没有放弃使其侵略的军国主义死灰复燃的企图。他们还在放肆地施行挑拨、分裂与奴役中国的阴谋，他们在中国的走狗们——中国的吉斯林们，正奉行其日本主子的指示，摇身一变，取得保护色彩，以图继续挑拨内战、破坏团结、阻挠民主，他们的这种企图并没有遇到打击，他们的罪行并没有受到惩处。相反，他们还受到了鼓励，愈益横行无忌。因此，中国吉斯林们及其他反动分子们的各种危险活动，重大地威胁着中国的和平、民主、团结：中国人民必须严重警戒与击破敌人的阴谋。

中国共产党认为在目前必须要求国民政府立即实施若干紧急措施，以奠立今后和平建设的基础，这些紧急措施是：

（一）承认中国解放区的民选政府和抗日军队，撤退包围与进攻解放区的军队，以便立即实现和平，避免内战。

（二）划定八路军、新四军及华南抗日纵队接受日军投降地区，并给予他们以参加处置日本的一切工作的权利，以昭公允。

（三）严惩汉奸，解散伪军。

（四）公平合理的整编军队，办理复员，救济难胞，减轻赋税，以纾民困。

（五）承认各党派合法地位，取消一切妨碍人民集会结社言论出版自由的法令，取消特务机关，释放爱国政治犯。

（六）立即召开各党派和无党派代表人物的会议，商讨抗战结束后的各项重大问题，制定民主的施政纲领，结束训政，成立举国一致的民主的联合政府，并筹备自由无拘束的普选的国民大会。

中国共产党声明：我们愿意与中国国民党及其他民主党派，努力求得协议，以期各项紧急问题得到迅速的解决，并长期团结一致，彻底实现孙中山先生的三民主义。

同胞们！

抗战胜利了！新的和平建设时期开始了！我们必须坚持和平、民主、团结，为独立、自由与富强的新中国而奋斗！

中国共产党中央委员会

一九四五年八月二十五日

中共中央对南方各省工作的指示

（1946 年 11 月 6 日）

方、林并告周、董、刘、吴[1]：

在目前全面内战的形势下，南方各省乡村工作应采取两种不同方针：

甲、凡有可能建立公开游击根据地者，应即建立公开游击根据地。原有各根据地如海南岛，如南路、中路、西江、北江、东江、闽南、闽西应鼓励原有公开或半公开武装，紧紧依靠群众继续奋斗，不应采取消极复员政策，长敌人之志气，灭自己之威风。现在南方各省国民党正规军大批调走，征兵征粮普遍施行，正是我党发动游击战争的好机会。在此方针下，你们 10 月 25 日电乙项叫闽西南大量复员之方针，应重新考虑。你们派人到海南岛传达复员方针，已引起那里极大不满。中央已去电叫他们坚决斗争，以占领海南岛全部为目标，将来则向南路发展。

乙、凡条件尚未成熟之地区，则采取荫〔隐〕蔽、待机方针，以等待条件之成熟，此种地区在目前当然是占多数，但其目标仍是积极准〔备〕发动公开游击战争，建立游击根据地之各种条件，而不是不管条件是否成熟，一概采取长期隐蔽方针。以上两项方针适用南方各省一切乡村，按具体情形分别采取甲项或乙项。东南各省望周、董、刘直接布置，西南各省望吴及川省委布置。

中　央

注释：

①方、林、周、董、刘、吴即为方方、尹林平、周恩来、董必武、刘晓、吴玉章。

关于在蒋管区的工作方针和斗争策略的两个文件

（1947年2月28日、5月5日）

一

（一）目前，蒋顽在前线大败、后方危机重重及莫斯科会议趋向于解决国际问题的情况下，竟于其统治的城市，大施镇压，赶走我方人员，威胁民主运动，捕打人民学生。其企图不外：一、如我及人民团体、社会舆论默不作声，彼正好得寸进尺，加强镇压；二、如我及进步群众受其挑衅，实行硬碰，彼正好以有准备的打击，挫我锐气，加强恐怖；三、如我只动员少数进步分子提出中间分子尚不能接受的口号，进行反抗，正好中其暴露我方力量之计，便于其分化挑拨，各个击破。因此，蒋的镇压政策仍具试探性。尤其是使人活不下去的财经危机，人民既忍受不了，而前线继续大败，人民也吓唬不了，故蒋管区群众斗争，固然要经过一些迂回起伏，但总的趋势必然会继长增高，问题就要看我们领导的斗争策略如何，组织力量如何，以决定群众斗争增长的快慢与可否避免一些挫折。

（二）针对目前蒋的镇压政策，我们应扩大宣传，避免硬碰，争取中间分子，利用合法形式，力求从为生存而斗争的基础上，建立反卖国、反内战、反独裁与反特务恐怖的广大阵线。在宣传上，我们对蒋之任何一个反动设施、恐怖行为，都要尽情揭露，宣告中外，只要我们善于抓住其弱点，击中其要害。蒋美的反动阴谋是最怕被人揭穿的。在行动上，我们应避免在不利的条件下去硬碰，这不是保守，而是领导群众变换方式，绕过暗礁。去年底，各地学生反美示威，由于一年多美军横行，半年多反美宣传，加之沈崇事件的激动，而蒋美于事前又毫无准备，故运动成功，收获至大。此次蒋特捕人打人，是其预定计划，我如不管条件如何，仍在学生中号召游行示威，有遭其屠杀的危险。且一般学生对捕人事件，有愤激的，也有畏缩的，我应顾及此种不同情绪，联合大多数学生首先向学校当局要求生命保障与释放同学，继之联合学校当局向地方当局要求生命保障与释放同学。如仍捕人，则在校内实行自保，如集体出入，互相联保，在条件成熟时，亦可实行罢课，要求释放同学等。同时在斗争中要联系到、有时要转移到经济斗争上去，才能动员更广大群众参加，而且易于取得合法形式。有了经济斗争的广大基础，也易于联系到反特务反内战的斗争上去。在组织上，学生的抗暴联合会虽已在京、沪、平、津、渝学生中有了基础和联络，但也要建立可以自保的防线，即在名称上与行动上，在蒋特发现施以高压后，不妨改换名称或分开作战，使我损失不大，而仍能继续斗争，继续联络。在工人与城市贫民（如小贩）中，更要着重经济斗争的领导和发展。现在沪津一带，工人反对一月指数、要求加薪的斗争已起，我应善为领导，求得局部胜利，以便巩固阵地，利于今后发展。

（三）今后数月，蒋管区的变化必大，望你们依照具体情况，善于运用斗争策略为要。吴、张①在撤退前，望尽可能将此种意见转告隐蔽的同志。

二

近日，蒋顽军事、经济、政治种种危机难以解脱，于是大造谣言，捏造所谓"中共地下斗争路线纲领"，企图一方面借此陷害民主人士和群众团体，另方面借此捕杀我党秘密人员和进步分子，以镇压蒋管区的人民运动。在此情况下，你们在蒋管区统治尚严的地方尤其是蒋管区大城市中的工作方针，就是要保护我党及民主进步力量，以继续加紧开展人民运动。为此目的，既要坚定勇敢，又要机警谨慎。要时时注视情势的发展，坚持我党放手动员群众进行反美反蒋的方针，灵活地既结合又分别合法与非法的斗争。将适合群众迫切要求、提高群众斗争情绪的口号，均经过群众面目提出，以发动群众；将党的宣传工作，侧重于以群众中有职业有地位人物，利用公开刊物、报纸、集会，批评时政，增强不满；而将党的广播言论、解放区胜利消息，经过极可靠关系，辗转秘密散布。党与民主团体、群众组织及进步人士等关系，亦要多发展极端隐蔽党员及同情分子，成单线领导，居中工作，不要以党的公开面目经常来往，尤要避免书信文件来往，以防牵涉。党的组织要严守精干隐蔽，平行组织，单线领导，不转关系，城乡分开，上下分开，公开与秘密分开等原则。从城市派人往外县乡村去发动、组织与领导武装斗争，必须与城市其他任何工作及人员分开，免致牵连。高级领导机关更须十分隐蔽，少开会，少接头，多做局势研究与策略指导的工作。总之，蒋管区城市工作，一切要从长期存在打算，以推动群众斗争，开展统一战线，如此，方能配合解放区胜利，推动全国新高潮的到来。

注释：
①吴、张是指吴玉章、张友渔。

中共中央关于在蒋管区
发动农民武装斗争问题的指示

（1947 年 3 月 8 日）

刘转曾①并告华东局：

曾丑感电悉。你们上次会议及此次来电方针是很对的。目前蒋管区后方甚为空虚，许多省份只有保安团并无正规军，特别是东南各省为然。蒋如在前线继续大败，有些地方保安团也会抽赴前线，而财政经济愈破产，人民生活会愈不得了，不论城市乡村的群众斗争情绪和要求亦将会继长增高。解放区军民决心于今年内在蒋介石进攻方面继续消灭他的有生力量，如按照过去八个月已消灭蒋军六十五个旅的比例推算，则今年内改变蒋我力量对比的形势是大致可以确定的了。因此，在蒋管区发动与组织农民群众武装斗争的客观条件与时间是完全具有的。在武装斗争的发展过程中，个别的损失与部分的挫折不是完全可以避免的，但只要如你来电所说极当心地联系群众，倚靠群众，胆大心细地发动群众，既勇敢又谨慎地领导斗争，相信你们会在群众斗争中建立和组织起武装力量与农村游击根据地而逐渐取得胜利的。

我们的总方针，是从解放区自卫爱国战争与蒋管区人民民主爱国运动的配合发展和胜利中，取消大地主大资产阶级的独裁统治。但这一奋斗道路有可能要经过一些曲折和困难，也有可能要有某些间隙和停顿。因此，你们的斗争口号还不忙马上将下一步的目标揭出，而应多从人民为生存而斗争的口号着想，以利群众斗争的发动、深入和继续。在斗争形式与组织形式上，你们也可先从合法斗争形式上建立群众基础，先从敌人力量较薄弱的地方发动武装斗争，求得存在和发展，尤其在组织上，开始不要铺张门面，过分刺激敌人，反易招致敌人过早过大的打击。好在时间亦有，你们应根据党的方针与过去的经验，订出本年内组织与发动农民武装斗争的计划，并督促其实施。

中央二月一日（丑东）关于目前形势及任务的指示，望刘交曾一份细阅后回去以口头传达。

曾同志由沪返乡，望十分警惕。电台波长及呼号已告三局另行通知。

注释：
①刘、曾即刘晓、曾镜冰。

广西 ×〔党〕报告（节录）①

钱兴

（1947 年 5 月 5 日）

一、从这里回去，已是一九四六年十月初旬了，在十〔七〕个月里，大约二十多天我是认真研究这里给我的指示，逐件把它写出来，然后发给主要干部研究，我就着重准备召开主要干部会议（下面详说）。我把这些文件分成几种：（1）关于国内外形势分析（方同志报告）；（2）在复杂形势下作胜利奋斗（方）；（3）关于整理组织问题（苏同志）；（4）毛主席思想报告（方同志）；（5）毛同志的中国革命战争的战略问题（要点）及新党章等。除研究这些文件之外，就是检讨及布置桂东附近各地工作。

这样一来，十一月张家口撤守及十二月伪"国大"召开，形势是愈来愈紧张了。对于张家口的撤守及"国大"的召开我们曾做了两次分析：

首先指出：张家口的撤守和"国大"的召开是军事上和政治上全面分裂的开始，是蒋美勾结到底，决心内战到底，我们对于"和平谈判"不应该有丝毫幻想了。今后的时局只有急转直下的向坏方向发展。在这严重情况下，我们估计党内外可能发生种种不良现象：如悲观失望，怀疑中共实力，对美国尚存幻想，赤色分子不作紧急撤退准备等等。当然，好的影响就是，坚决的更坚决，部分人士的和平乐观的气氛逐渐被肃清等。

在这情势下，我们着重提出：（1）认识时局，坚定信心（特别向党内外详细解释毛主席正确战略思想是不在一城一地之得失，而在消灭敌人有生力量）；（2）切实布置干部，动员干部深入农村，开展农运，实行抗征、抗粮、抗税以反对内战；（3）在有战略重要意义的边境地区准备开展武装斗争，建立新解放区——游击根据地；（4）加强城市民主运动，密切联系各民主党派（如民盟）和开明民主人士，以配合农村民主运动；（5）严密与巩固党工作（根据上级整理组织指示）；（6）加紧宣传攻势（根据敌我双方有利和不利形势及敌人各种反动罪恶措施作广泛宣传解释）。

将这个意见及上级给我们（的）指示在附近各地传达，……三十日到（来宾）大湾过旧历年，至今年（旧历）元〔月〕初五，将上述指示传到桂南、五属、横县等地区。一出旧历二月就集中精神做两件事：第一件是筹措经费……第二件是准备召开主要干部会议……

下面就是党主要干部会议情形。

时间：一九四七年四月七日。

地点②（略）

参加者：韦（路（融县代表））、覃（桂南代表）、莫（横县）、黄（桂北）、张（五属）、何（吴，桂东）和钱总共七个干部③。

可以说相当包括了各个主要地区的高级干部，现在也是准备放在各个重要地区担负工作的。……

性质——广西党主要干部会议。他是在省领导下召开的一个干部会议，而不是省代表会议。

会议主要议程：

1. 当前严重政治形势及我们的斗争方针（根据目前时局前两次指示总合起来报告及广西具体情况定出具体斗争方针）。

2.加强党内团结问题——在会议中充分准备展开 ×（党）内自我批评和批评。

3.准备总结广西党过去六年来工作问题（当然，不是在这里总结，而是在干部会做个决议，分头通知各地总结，定期集中交省作全省性总结）。

4.对上级建议问题。

归结起来可以说两个问题：政治问题和团结问题，也可以说是一个问题：团结对敌问题。

会议时间准备十天（八天结束，两天做具体布置各地区工作）。

会议首先由我做政治报告：……

一、政治报告提纲：（报告）

"一切为着准备武装起义而斗争"（题目）

（1）当前国内外政治形势：（国际、国内、省内外）

（2）我们斗争任务（武装、农运、统战、城市工作、党务、宣传工作）

……

斗争任务部分④——

①当前斗争中心口号："一切为着准备武装起义而斗争！"

②当前斗争具体任务：

1.各地党应在有重要战略意义地区积极准备武装起义，广泛发动游击战争，创造游击根据地，摧毁反动政权，建立新解放区。

（1）战略据点的选择：

首先是决定越桂边区为全广西省武装斗争中心地区。……

其次是横县地区，这个地区仅次于越桂边区。……

第三,五属——博白、陆川、北流、容县、玉林等地区，特别是博白、陆川。

第四，桂东地区——怀集、贺县、钟山、富川、恭城、昭平地区。

第五，融地区：……

第六，桂北区：……

第七，才是修、荔、蒙、来宾、武宣、象县，接近大河地区——桂中区。……

总之，从全省来说，桂西区是全省武装斗争中心，其他各个地区是配合和牵制的。

（2）斗争纲领的决定：（不是一律提出，是按照各地实际情形，具体环境逐步提出增加或减少）。

（一）反对蒋介石卖国，反对美帝国主义侵略。

（二）取消苛捐杂税，停止征兵、征粮，认真救济饥荒。

（三）实行减租减息，交租交息。

（四）实行合理负担，反对平均摊派。

（五）实行言论、出版、集会、结社自由。

（六）保障安分守己的地主、中小地主、富农人权财权。

（七）实行境内汉、苗、瑶、壮、侗族一律平等。

（八）实行男女平等制度，保障女权（如废止女童养媳制等）。

（九）发展生产，保障工商业发展，改善中小公教人员生活待遇。

（十）没收恶霸财产，分给无地或少地农民。

（十一）清算恶霸、大地主、高利贷者额外剥削。

（十二）实行志愿兵制，建立人民解放军及地方自卫武装。

（十三）建立各级人民地方民主政权。（这是摧毁了反动政权地区，应立即建立起来）

（3）部队的组织

（一）主力部队——脱离生产的基干队（各县名义不拘，它完全是在党直接领导掌握下的），设司令、政委（以连为战斗单位）。

（二）民兵（不脱离生产或脱离生产的，它是基干队的补充）。

（三）地方自卫军（它是不脱离生产，如未取得政权地方，以游击小组活动。）

（四）认真进行兵运工作——派人参加国民党保安队、联防队、县警察……等待时机枪杀其首长，实行起义。

（五）调查土匪部队，调查进步前线回来国民党军官兵，联络与争取地方实力派。

（六）调查枪支、弹药，发动购枪、借枪运动。

（七）收罗技术人才——如医生、无线电人才、修机械人员等。

（4）斗争地区党组织形式的决定：

（一）组织一元化的委员会形式作为该斗争地区最高领导机关。

（二）委员会包括党务、军事、民运、政权等部门，设正副书记，正书记或副书记负责领导军队。

（三）郑重规定：下级服从上级，个人服从组织，全党服从中央，不得上级批准任何个人不得发表全党全军范围的宣言或谈话，以保持党在政治上组织上的统一行动。

（四）目前各地武装斗争，仍以不公开暴露党的面目为原则。

（五）今天虽然全省以桂西为中心的武斗地区，但其他地区均应积极活动和准备以取得牵制和配合的功效。

2. 广泛深入展开农民运动，认真组织与领导广大农民实行抗征抗粮抗税斗争。

（1）对今天农运应有的认识：

①国民党反动派为了支持内战，不能不加紧剥削，实行征兵征粮征税，人民为了生活，加上去年饥荒及今年春荒威胁，必然会起来斗争，好些地方已经自觉或自发起来斗争了。

②反对征兵、征粮、征税的成功，不但是解除了人民的痛苦，而且也是实际执行了反内战政策。……

③广大农民起来抗征抗粮抗税就造成了广大武装斗争的雄厚群众基础。……

④农民是看见眼前利益才开始行动的阶级，所以，发动斗争一定要保障〔证〕胜利，亏本生意不可做，每个斗争要有"只许成功，不许失败"的精神去领导每个斗争。

⑤统治者对于散漫的没有组织的"叛民"仍可能有力量镇压和摧残的。所以，发动斗争时要很好估计，有组织、有计划、有领导去进行斗争，发动斗争，仍须有理有利有节。

⑥今天农民斗争的锋芒是指向反动地方政权，是为了摧毁支持内战的地方政权，其次是打击农村中最顽强〔的〕反动地主。所以除抗征抗粮抗税以对付地方政权外，还要集中火力去打击最反动〔的〕地主，以削弱农村中反革命力量。

……

今后，应大胆的放手动员群众，发动群众用积极的行动起来进行抗粮、劫粮、开谷仓、抗税等斗争，以切实解决人民生活。斗争方法是多种多样的，可以用合法方式（如要求富户平粜，低利借贷等），不能时则用强硬手段硬借，……而对政府赋谷则坚决用各种各样方式去抢夺它（这则是实行非法斗争方式）。组织形式也是各种各样的：如组织农村抗粮会、抗粮队、互助会、救饥会、慈善团……等等。根据群众的喜悦，有形无形都可以。这些斗争必须保证在党领导下去进行，但又不暴露党的面目。

我们估计这些斗争搞起来，必然发展到武装斗争的。所以，在许多准备发动武装斗争地区，应认真积极发动与领导，放手大搞，如越桂边、左右江、横县、桂东、融县等地区应认真大胆发动起来，在斗争中应物色（自然领袖）干部，发现干部，培养干部，并于须〔需〕要时发展农民党员，建立农村堡垒。

3. 加强城市及农村上层爱国民主运动，以配合农村民主运动；……

……

（3）民盟我们应和他们结成坚固联盟。……

（4）各地党于必要时建立统线部，专门研究与领导统线部门工作。

4. 巩固和健全党工作：

（1）今天巩固和健全党的严重意义：

①今后广西的局势将完全变成战时的情况，上下级之间，地区与地区之间可能暂时被切断，各地区干部必须独立坚持工作，那么，如果没有巩固和健全统一的党就不能领导今天严重战斗。

②各个地区战事发生后，敌人必然进行残酷的扫荡——前线可能调少数正规军回来配合地方民团进行围剿、屠杀。那么，没有巩固而健全的顽强的党就不能应付今后非常的战争局势。

③战事发生后，敌人可能采取分化、瓦解、收买、欺骗种种险毒手段配合军事向我进攻。那么，如果没有上下一致、万众一心的党，坚强地团结起来，可能给敌人分化、欺骗和瓦解。

④各地斗争发展起来特别武装斗争地区各种工作一定很繁重，就过去各级党组织形式是无法应付的。如许多地区仍是正副特派员或正副书记，实在不能担负当前艰巨任务。

⑤由于数年来广×〔西〕党是处在分散的和受敌不断进攻情况下过生活的，各地干部和组织是不够健全的，特别没有很好进行思想改造的。

根据这些要求，巩固和健全党就成了首要任务了。

（2）怎样巩固和健全呢？

首先充实和健全各级领导机关——特别在武装斗争地区的党机关，必须以党的领导一元化组织形式，组织委员会，在委员会下设正副书记，分军事、党务、民运、政权……各部，除三个常委外，增加执委五个至七个。当然白色恐怖严重的或非武装斗争地区不一定采取这形式。

其次，彻底完成上级交给广西党整理组织任务：

①彻底审查干部，了解干部，鉴定干部（侧重思想审查）。

②再审查组织——每个党员必须深入了解，做出结论，适当使用和认真改造他们，提高他们。

③在需要原则下发展党（并根据开展党三个原则进行之）。今后党任务中心为发展组织群众工作。

④清洗自首分子——自首分子今后一律不能恢复。

第三，认真提拔与培养各种干部——特别是地方干部和妇女干部。

第四，加紧继续整风，改造思想教育工作。

……

第五，划分地区，加强领导，紧密交通联络工作。

（1）把广西整个地区重新划分。兹将划分后地区简述如下：

①越桂边境工作委员会——包括靖西、龙茗、龙州、明江、绥绿〔渌〕等县现在黄家佑〔黄嘉〕同志在那里作总领导。

②左右江区工作委员会——下分万岗〔冈〕中心县委，包括东兰、凤山、凌云、天峨和万岗〔冈〕共五个县，党基础最好，群众都是老苏区群众，对党十分好，对敌人十分仇恨。其次为都安县委，领导那马、武鸣、河池、南丹。第三为果德特支为中心领导平治、田东、田阳、向都、天保等县。现在欧震〔区镇〕同志在万岗〔冈〕为正书记，黄保华〔黄耿〕同志在都安任正书记。覃桂容〔覃桂荣〕同志则住果德领导当地工作，兼代表省的领导左右江区工作。⑤

③横县县委，准备以贵县为中心，领导横县、永淳、武宣、宾阳等五县划一单位。由莫浪同志和刘××⑥同志（东江派去已取得联系了）〔任〕总负责人（正副书记）。

④五属区由张××⑦同志负总领导，包括北流、陆川、玉林、博白、容县、兴业等县。

⑤融县委，领导宜山、忻城、罗城，发展宜北，联络黔边工作，由莫×[⑧]同志负责。

⑥桂东区工作委员会——包括贺县、钟山、富川、昭平、怀集、平乐（源头、榕津有工作），由吴××同志（在钟山）、韦××同志（在贺县）和吴××（怀集）等负责。[⑨]

⑦桂北方面——以灵川、全州、灌阳为据点，由桂林去领导他们（阳××[⑩]同志负责）。

⑧荔浦特支领导蒙山，开展修仁、阳朔工作。（现由陈××[⑪]同志负责）

⑨大城市工作：（准备由韦〔路〕同志负总责）。

……

⑩来宾大湾支部——现在××〔联络站〕设在这里。

这次会议后我是这样划分的。（这次上级如何变动我完全同意）[⑫]

……

注释：

① 从文件内容判定是钱兴同志给香港分局的报告；标题的"×"，原文如此。

② 地点在横县上西区陶圩乡六秀村。

③ 参加者，按原文顺序即韦（路）即路璠，覃即覃桂荣，莫即杨烈，黄即黄嘉，张即张祖贵，何（吴）即吴赞之，钱即钱兴。

④ 斗争任务部分，按文件内容结构判定，即政治报告提纲：（2）我们斗争任务。

⑤ 经考证，1946 年 8 月已成立中共右江领导小组，组长区镇，副组长黄耿、赵世同。万冈中心县委书记是黄宝山。果德已成立中心县委，书记陆明才，都安未成立县委。

⑥ 莫浪即杨烈，刘×× 为刘一桢。

⑦ 张 ×× 为张祖贵。

⑧ 莫 × 为莫矜。

⑨ 吴 ×× 为吴赞之，韦 ×× 为韦天强，吴 ×× 为吴腾芳。

⑩ 阳 ×× 为阳雄飞。

⑪ 陈 ×× 为陈林祥。

⑫ 1947 年 5 月下旬，中共中央香港分局为建立几个边区根据地，决定撤销广西省工委，省工委所辖党组织分别划归粤桂边、粤桂湘边及桂柳区工委领导。此报告中所列各地区党的领导机构和负责人有所变动。

中共中央关于设立香港分局的指示①（节录）

大兄 6/5②甲乙③

（1947 年 5 月 6 日）

甲、目前华南蒋军几调空，闽、粤、桂及赣南、湘南均靠保安总队防守，我在这些地区，除琼崖纵队外，尚有若干分散的武装力量，极便我开展农民游击战争，这是一方面；另一方面，由于蒋管区危机重重，人民斗争高涨，解放区胜利，琼游战开展，以及南洋革命运动，给我在南方动员群众，进行斗争以有利条件。

乙、华南党在实现下述任务以推动反美反蒋统一战线，支援解放区战争，促进全国革命新高潮时，必须估计到斗争的长期性与复杂性。在你们那里，一方面人民武装力量较小，离解放区最远，美英蒋都不会放松华南，且正在企图妥协反共；另一方面，统治力量也最弱小，美英间及统治阶层内部矛盾极多，各种政治关系又极复杂，你们要善于掌握这一复杂环境，依靠人民力量，在长期斗争中争取胜利。

丙、由于这种形势存在和群众斗争，华南党领导人民斗争的斗争形式、组织形式也应是复杂而多样的。在总的方面：我党策略路线是进攻的，但形势发展仍然不平衡，某些地方某些时候是进攻的，某些时候又需要暂时退守，某些地方某些时候是退守的，某些时候又可转向进攻，你们防止混淆，即：有武装斗争，又有和平斗争，更有两面斗争；有公开党，有秘密党，更有兄弟党；有公开刊物，有秘密刊物，更有中间性刊物；有下层群众团体，有上层统线组织，更有广泛华侨团体。你们运用这种形式，一切都应为着武装斗争、群众斗争的发展与党及群众组织的巩固。

丁、为适应这种种〔斗争〕形式的领导，华南党的组织形式及系统应确定如下：

1. 港设中央分局，直受中央领导，同时与沪中央局发生必要时之联系，并受其指导。分局由甲、乙、丙④、梁广、潘汉年、夏衍、连贯七同志组成，以甲为书记，乙为副书记，刘长胜留沪，不再来港，张明如能留沪，亦参加沪中局工作。

2. 分局下设三项平行组织，一为港工委，专管港及华南、南洋公开的统线、材料（刊物、报纸）、文化、外交、经济、华侨、群众（工、青、妇）各项工作，以便分局本身及其他两项组织都能与公开工作分开，尤其要使港及广州、南洋各地当局只知港有工委活动，不知其他。二为城委，专管华南各城市工作。三为各地区党委，专管各小城市及农村工作。目前设广东、琼崖及闽粤赣三个区党委与广西工委。上述三项平行组织人选除琼正进行自选外，余由分局提出，大兄批准。

注释：
① 标题是编者加的。
② 大兄即党中央（下同）。6/5 应是 1947 年 5 月 6 日。
③ 甲、乙即方方、尹林平。
④ 丙即章汉夫。

罗迈①致中央电
——对华南局面拟我部署（节录）

（1947 年 5 月 7 日）

尧（中央）并笼（周）董：②

洋台卯删③电如下：

一、内战使华南兵力甚为空虚，闽粤桂 3 省只共有 19 个保安团兵力，2 万余人作为主力，在民变四起，我领导游击战遍及各地情况下，顽已手忙脚乱，虽目前仍可能在某一地区调济〔剂〕两个团向我进攻（南路），但更易捉襟见肘不济于事，故土匪也乘机蜂起，各党派也蠢蠢欲动，三征与春荒定将这斗争向前推进。

二、为着领导部队斗争胜利，走上建立边界游击根据地，以增加配合全国作战，特别是推动南方各党派如李济琛〔深〕、蔡廷揩〔锴〕等之更积极活动，创造新的局面，我们有如下部署：

甲、将粤南、桂南划粤桂边区工委，下辖4个地委，领导武装2000余人，以勾漏山、十万大山为基地，开展游击战，并恢复过去七军左右江据点，与黔东南游击战配合，将来成立粤桂滇边区党委，现以周楠、庄田、吴有恒、温同志（即立）（南特书记）④等七人至九人为边区委员会〔委员〕。

乙、准备以梁嘉（珠江纵队政委）、钱兴（桂工委）、小欧（南特书记）⑤、周明等几人，成立粤桂湘边工委，辖西江以北、粤汉铁路以西、桂林以东，将来发展至湘之零陵、桂阳。现以广宁、怀集为中心，有武装500，展开活动。

……

三、一切活动强调增强群斗反三征，分粮破仓库，同时照顾统线，建立山地根据地两面性政权，巩固的扩大主力，繁殖群众性秘密或半秘密武装以待时机。

四、为着集中力量突破一点，希望（尧）能批准：

甲、商（方代号）或杰（林代号）⑥一人到粤桂滇边去主持帮助工作。

乙、将滇东南组织划归我们，或我们取联系配合。

丙、对以上地区干部，在可能下尽量派遣一些回来工作。

注释：

① 罗迈，即李维汉。

② 周、董即周恩来、董必武。

③ 卯删即4月15日。

④ 温同志即温焯华。

⑤ 小欧即欧初。

⑥ 商即方方，杰即尹林平。

中央关于蒋管区党的斗争方针的指示（节录）

（1947年5月23日）

叶、罗即转上海局并香港分局并告朱、刘①

一、刘晓卯俭电关于群众斗争形势的分析及斗争方针的规定，均甚恰当。一月来的米骚动及此次学潮，完全证明了你的分析的正确，斗争的发展也完全循着我党的指导方针前进。望即坚持此项方针，并灵活地运用斗争策略，有时直进，有时迂回，有时集中，有时分散，为公开与秘密，合法与非法，既区别又结合，使一切群众斗争都为着开辟蒋管区的第二战场，把人民的爱国和平民主运动大大地向前推进。香港分局应依照刘晓卯俭电（另电告）方针，配合行动。

二、目前蒋管区由于蒋军侵占延安后军事全面失败，蒋政府改组毫无欺骗作用，且更加速其独裁统治的瓦解，二月经济紧急措施亦跟着破产，遂造成军事政治经济的全面危机，其速度与深度大大超过三月以前蒋管区任何一次恐慌。因之，现在全国人民的斗争，不仅人民解放军的自卫战争是在搞垮蒋介石统治，就是蒋管区要饭吃、要和平、反对借外债打内战的任何一种斗争，不管其主观想法如何，其客观意义都在搞垮蒋介石统治，甚至统治阶级内部的斗争，乃至相互埋怨，美帝国主义对蒋借债的犹疑，都可看作是搞垮蒋介石统治的间接帮助。所以我们尽管放手动员群众进行反饥饿、反内战、反借款的斗争，向蒋政权要饭吃、要和平、要自由。人民解放军也是为独立、和平、民主而战。我们不必怕人民要和平，进步乃至中间舆论主张和平，我们要在为和平的斗争中，证明蒋介石不会给人民以和平。即使蒋介石一旦被迫而承认一时的假和平时，我们也能以人民要求真和平的力量配合人民解放军为和平而战的力量，突破蒋介石假和平的防线而搞垮蒋介石，这与为民主的斗争一样。

三、斗争口号的提高，停战条件的改变，要适时但也不要频繁，其作用要在能动员广大群众接受此口号并为此口号奋斗，以达到搞垮蒋介石的目的。在现在，停战两条件，恢复去年一月十三日军队位置与取消伪宪，还没过时，也还没有危险，因为蒋介石目前是以放下武器、恢复交通为宣传条件，在被迫时有可能又以无条件停战欺人，而人民中有真能无条件停战也不错的想法的也还有人，我们应提高他们为停战两条件与我们共同奋斗。如果逼到蒋介石也意识到只有接受这两个条件才能缓气时，那我们就可以乘势直攻，逼其在取消伪宪撤回原防以宣布其政治军事破产中搞垮他。如蒋依然是拖骗（此种可能最大），则我们那时号召人民起来推翻他，更师出有名了。袁世凯取消洪宪随即垮台的经验可以为证。政协决议在蒋大打内战，订卖国条约，开国大，制伪宪，赶走中共代表团，改组伪政府，宣布三党施政方针后，已全部失效。我们现在所坚持的是政协路线（或精神），不是政协决议。路线是指党派协商会议、联合政府而言。决议是蒋介石彻底破坏的，我们是拥护的，且已失效，可不必提它有什么弱点。

四、在向蒋政权要饭吃、要和平、要自由的斗争发展中，适当地提出实施民主自由，肃清贪官污吏，没收官僚资本，实行土地改革，驱逐反动好战分子与反对美帝国主义干涉中国内政援蒋内战等口号是很对的。

五、上述解释在最接近的同情分子中可以传达。

……

中　　央

辰　漾[2]

注释：

① 叶指叶剑英；罗即罗迈，李维汉；朱、刘，系指朱德、刘少奇。

② 辰漾，即 5 月 23 日。

中共中央关于华南工作的指示

（1947 年 5 月 24 日）

叶、罗①转洋台港分局：

卯删②后两电悉。

（一）原在粤之蒋军六十三师现已开至山东，填补七十四师被歼后空额，现在粤整理之两个旅，系属六十九师被歼后新补者，无战斗力可说，如前线情况紧急，将来仍有调出可能，故张发奎只能凭扩充保安团队镇压群众斗争与游击运动，而主要力量又必然用在琼崖。因此，目前闽粤桂及赣南湘南各地，实便我组织与发展广泛的人民游击运动。从布置分散的武装据点到建立成块的游击根据地，在你们那里（除琼崖外）还需要经过一些过程，不要急于打大仗，也不要过早集中武装建立根据地，而应将武装力量散布得愈广，发动群众愈多，先从多多消灭乡村地主联保武装做起，便愈能在广大乡村中站稳，为根据地奠立基础，而不致引起保安团队过早集中地调来清乡。你们电索中央关于集中兵力歼敌之指示，即转去。但在目前，你处除琼崖外，尚不需要这样做，你们于闽粤赣边区党委外，建立粤桂边、粤桂湘边、粤赣湘边三个工委地区，领导与发展当地区的游击战争是适当的，惟方林两人中抽一人去粤桂边直接领导，尚可等局面较开展时再定。

（二）华南除琼崖外，应靠本身力量在本年底建立起三四个成块的游击根据地，组织起几支成为中坚的游击队伍，准备迎接与配合明年北方人民解放军的全面反攻。现在从北方人民解放军中抽兵南下，既不妥也不可能，因现在在解放区继续消灭蒋军直到他无力进行全面防御，这于将来的全面反攻是最有利的。

（三）巩固与扩大民主人士的联络，帮助李蔡③等的活动，以动摇与削弱蒋介石的后方统治是需要的，但农村武装运动，城工群众运动，必须掌握在我们自己的领导手里。李蔡的土匪联络，粤桂军人活动，我们可运用之作桥梁，打入群众中去，与之今天一道反蒋，但也要意识到明天在土地斗争中必然会转为对立。

（四）滇东南地区，你们可去平行发展，云南关系暂不必转。

中　央

辰　敬

注释：

① 叶、罗即叶剑英、罗迈（李维汉）。

② 卯删为 4 月 15 日。

③ 李蔡即李济深、蔡廷锴。

桂西人民起义宣言

（1947 年 9 月）

我们再也不能忍受了，卖国独裁政府残酷的压迫，一天天把我们逼到了绝路。我们要活命、要自由，我们要死里求生，今天我们勇敢的举起了起义的大旗，我们不是供人屠宰的绵羊。

抗战八年，国民党坏政府，欺民怕敌，借抗日的名义向我们勒索敲榨〔诈〕，要兵、要粮，然而我们始终忍受着，我们遵令当兵纳粮、缴捐献物，从不发一句怨言，为什么？因为我们盼望着抗战胜利后的民主自由，我们相信国民党政府"实行民主，还政于民"的诺言是句真心话。前年抗战是胜利了，但我们得到了什么？看吧，遍地饥饿。血腥高压恐怖，无限止的征兵征粮，繁冗惊人的富力捐和苛捐杂税，满天飞的比冥纸还不如的蒋家纸币，涨得比飞机还要快的物价，到处丧尽天良的贪污剥削，残酷野蛮的清乡，捕、禁、打、杀，这就是我们所得到的全部东西。我们八年的期望全部落空了，八年的血汗白流了，我们被骗了。但现在国民党坏政府还要骗我们，还要更厉害的逼我们当兵、纳粮、收富力捐，向我们要粮、要钱、要命，逼中国人出命去杀中国人！

我们从长期苦难中逐渐看清了国民党坏政府的庐山真面目。我们已经完全了解今天中国人民〔的〕重重灾难，完全是由于国民党坏政府坚持卖国独裁，勾结美国帝国主义，进行内战的结果。不打倒国民党卖国独裁政府，中国人民就只有死路一条。

我们认为：如果我们不愿坐以待毙，就只有武装起义打倒国民党卖国独裁政府。我们主张：中国应该实行真正的民主，建立各级真正"主权在民"的民主政府，建立各革命阶级联盟的民主国家，美帝国主义的侵略势力完全滚出中国，国民党政府与美国订立的各种卖国条约一律无效。

我们主张：现行的反人民的征兵制度应当废除，实行志愿兵制；反人民的征兵、征粮、富力捐以及一切苛捐杂税应一律取消，实行累进税制与合理负担；土地独占与高利贷剥削应完全打倒，实行土地改革，满足雇贫农的土地要求，并提高中农生活水准；反动党团化教育应无条件的废除，实行民主教育。

我们欢迎一切愿意为人民服务的知识分子、文化工作者与技术人员参加我们行列。对于过去土豪劣绅，只要他们今天不再反对人民与侵害革命，我们不咎既往，并保证其生命财产安全与保留其适当的生活水准。对于被坏政府驱迫前来反对我们部队的官兵与民团壮丁，只要他们不继续反对我们，我们将也把他们与反动派顽固不变的走狗分别看待。在不侵害人民、接受革命领导与服从革命纪律的原则下，我们欢迎国民党部队官兵放下武器来归，为解放人民也就是解放自己事业共同奋斗。

我们的主张是正确的，我们的斗争是正义的。我们的起义不但是为了争取我们桂西人民解放，同时还是为了解放全省与全国人民。今天全国人民的爱国民主斗争正以排山倒海的威力节节胜利，卖国独裁政府在前方不断大吃败仗，在后方如火如荼的人民起义打〔得〕他胆战心寒，他无钱无粮，后方空虚得没有一个正规军。他的死期已经不远了，我们有全国人民斗争的配合，有正确的政治纲领，有严明的革命纪律，更有着全桂西人民的坚强的团结与英勇斗争，毫无疑义的，胜利将属于我们广西的人民。

为了打倒全国人民的公敌——国民党卖国独裁政府，为了争取桂西人民与全国人民的民主解放，我们向区内一切不愿坐着等死的人们号召，向一切被坏政府虐害的农民、工人、知识分子、公教人员、失业军官、士兵、商人、开明士绅与妇女们号召：迅速团结起来，为解放人民也就是抢救你们自己的命运，立即行动起来！从各个不同的区域和阵地，展开反对国民党卖国害民的政府的广泛斗争，用我们自己的力量，争取我们自己的解放。

打倒卖国害民政府！
反对征兵征粮！
反对苛捐杂税！
建立民主政府！

桂西人民解放军司令部

关于成立滇桂黔边工委的报告

（1947 年 11 月 9 日）

周楠　庄田

周庄戍佳致方林①：

一、今天我们召集干部会议，根据来示正式成立滇桂黔〔边〕工委②及讨论了开展滇桂黔工作的方针，计选出：周、庄、郑敦、龙明（覃桂荣）、张（黄家猷）〔黄嘉〕、陈恩、余铭〔余明炎〕、欧进〔区镇〕等，右江地委书记林忠③，左江工委书记饶东④、唐才猷、第一团团长三月前任越第四战区副区长〔黄景文〕等十二人为工委委员，又选出周、庄、龙、郑、陈五人为常委，并推举周负责书记，庄负责军事部队，除组织、宣传、民运外，需要时由常委推举。以上是干部会议选举的结果，请分局考虑批准后复示。

二、扩大边区人民革命力量，广泛展开游击战争，创立根据地是我们今后努力的方向，并贯彻大胆掌握党的方针，利用时机，创造时机，到处发动人民，组织武装，以建立大小据点，公开或半公开的根据地，采取分散而由〔有〕重大〔点〕的发展方式。当前中心问题如何使用第一团的主力，以便成为〔原文如此〕游击战争的问题。

三、目前靖西、镇边敌人空虚，我已有了成千民兵，地方一个大队，第一团主力五百人编为六个连。我们已在三天前派出一个连去同地方大队进攻靖西平孟沿路敌据点，其余第一团各连将继续开进靖西、镇边两县。推进作战结果并各种情况，以后待报告。

注释：

① 周庄即周楠、庄田（下同），戌佳指 11 月 9 日，方林即中共中央香港分局领导人方方、尹林平。

② 据有关文献记载，该工委有滇桂黔边工委、桂滇黔边工委、粤桂滇边工委、桂滇边工委、滇桂边工委等多种名称，现统一用桂滇边工委。

③ 林忠应为林中，当时任左江工委副书记。

④ 饶东即饶华，他未任过左江工委书记，当时任桂滇边部队政治部代主任。

温焯华关于四属武装斗争近况的报告（节录）

（1948 年 1 月 29 日）

方〔方〕林〔平〕：

一、目前四属、横〔县〕〔上〕思武装整编为五个团，约二千人，轻机五十至六十〔挺〕，民兵千人以上，钦〔县〕防〔城〕〔上〕思武装约一千。

二、钦〔县〕主力于旧历九月进军上思，扫荡反动武装，三次战斗共缴获步短枪十八支，俘六名，打垮敌二百余的进攻，到处开仓济贫，群众自动起来分粮，除县城几个主要据点外，余均空，只要我有部队及工作人员，就能控制广大地区，现上思建立了地方武装九十余人，绥禄〔渌〕思乐都有发展关系，正向这地区推进中。

三、横县江北旧历二月中①全面起义大搞，部队曾发展六七百，机枪五十余挺。因打大仗，攻圩市，组织司令部，和南路初期搞法相似，引起敌调保六大队来进攻我，打了一次败仗，队伍减员到百余人，仅存机枪十余挺，但人和枪都无什么损失，在弹药缺乏和打败仗后，各人都走回家，目前敌正在施行诱降收买。横南是由灵〔山县〕派主力开辟，初期很顺利，控制一三个乡，但以采取大搞做法攻坚，企图固定地方，没积极发动群众，敌调六百余来扫荡，除留一部坚持外，主力和民兵被迫撤到灵中南整训……

四、四属中以防城和合〔浦〕灵〔山〕南区基础较好，防〔城〕除敌之据点外，广大乡村为我所控制和越境连接，合灵区东至合浦旧州，西至钦灵边百余英里内，反动堡垒都被摧毁，打下了比较巩固的基础，其他地区基础很薄弱。

五、我们准备从老地区调一主力部队和地方部队，原拟抽一团，现因内部甚不巩固，拟在廉、遂等地分抽，惟尚需经一〔段〕时间整理，到上思、思乐、绥禄〔禄〕发展，与左右江汇合，建立根据地，整训和扩大主力，在新的有利形势下，再把主力向东挺进，打开东部局面。

温②

一月二十九日

注释：

① 横县起义时间为 1947 年农历七月下旬（公历 9 月上旬）。

② 温即温焯华，时任中共粤桂边地委书记。原件未署明年份，根据内容推断为 1948 年。

中共中央香港分局关于粉碎蒋宋进攻计划，迎接南征大军的指示信（节录）

（1948 年 2 月）

四、当前具体的五大工作

（一）关于军事斗争

1. 普遍发展与建立主力

目前在总方面说起来，仍应以普遍发展，大胆放手，派出多数武工队摧毁地方反动势力，领导群众斗争，到处建立地方部队、广大民兵为主，从普遍发展、到处生根的基础上，以去年 10 月的指示，依当时当地情况及对敌斗争需要建立主力。……

2. 避免敌人的包围、限制

因部队初期开展都是采取波浪式的推进形式，故当部队发展一个时期以后，常常碰到较强大据点，限制我们的发展，同时也常常碰到敌人调动力量向我包围。故此我们在开始发展的时候，思想上不强调一时一地的巩固，方式上采取梅花式的散开或迂回跃进而又有重心的配备是完全必要的。但到了碰着上面情况以后，我们便不可将兵力、地区摆着与敌对峙，应该有计划地向敌疏弱的地方突破，绕到他的左右侧翼或后方去活动，以反包围，甚至在有利条件下可以采取大迂回去发展。这种发展不是硬碰攻坚，而是从易入手，从走弯路达到我们的目的。同时又必须在有利条件时有消灭弱敌的决心及避免在转移中犯着逃跑的错误。

3. 大胆领导非党武装

……

4. 当前战术的运用

当前战术，固然以分散发展广大农村，迅速消灭地方反动武装，武装群众为主，但在敌人实力空虚，防守不足，很容易进攻的若干市镇，必须以集中的兵力把他攻下，以壮我军威，震动群众斗争勇气，然后立即撤出，分散活动。但情况许可时，可留下若干税收人员或政工人员作短期的经济活动及宣传工作，使农村面的发展将更容易与更迅速。

……

撤退后，主要是散布在广大农村，发动清算恶霸、土改、组织群众及民兵各种斗争，同时以余威去迫农村中反动据点，使其投降或屈服，订友好条约。对敌人的进攻，可能时则找其弱点，集中三五倍力量消灭打破之，否则以打其屁股方式粉碎之。

为着巩固山地边区，使之走上首先解放，就必须放手发展平原武工队的政治、军事斗争，和敌人互揪"辫子"，迫使敌人不能或不可能长期进入山地，同时又打破敌人对山地边区的移民政策与经济封锁，这点必须特别重视。

5. 加强部队政治、军事教育

对部队的政治、军事教育以及管理工作，是建军的主要问题，必须以朱总司令在《论解放区战场》中所指方法，参考最近东北、华北、华中主力训练部队方法，依照实际情况去实施。目前主要原则为提高士兵胜利信心，加强阶级教育，学习分粮、土改、瞄准、投弹、埋地雷、伏击、袭击以及实际战斗的总结。其方法以官兵互相教授，吐苦水、挖穷根、比生活、评功劳各种方式出现之。总以充分运用民主作风来解决问题。

6. 瓦解敌军

敌军动摇与士气降低，在东江、南路之不断起义可以见到，同时目前敌军中有许多是主要战场的俘虏，有许多是抗日时期受我影响，有许多与民主人士尚有往来，很便利于我们的争取瓦解。

各部队政治部及各地党部，必须有专门研究敌军内幕及我地区群众与敌军中有关的人物，确定对象，用各种方法特别是各种社会关系与俘虏去接近敌军中下级军官及士兵，鼓励他们向长官要吃饱饭、要抽烟及草鞋钱，反对打骂，进攻人民时向天放枪，丢子弹给游击队，一直到有组织的抱枪逃跑、哗变投游击队、起义。

我们固然反对用钱去收编敌军，但必要的兵运经济及某一个有意义的配合运动必须使用的钱，则不可吝惜。

对于城市中警察工作，则必须以长期性去布置，等待起义时里应外合使用。

……

（五）整党工作问题

1. 严重注意加强党的工作

……

2. 普遍进行"三查三整"

为着使党更一致、更纯洁、更有力领导斗争，普遍进行查成绩、查立场、查生活的"三查"工作，同时又进行整非群众观点、整自由主义、整小圈子作风的"三整"工作。从"三查"中来了解每个党员的阶级意识、工作热情与工作能力，工作作风与日常生活态度是否变质。从"三整"中来加强党与群众联系、血肉相关，加强党员党性的提高，肃清小资产阶级的浪漫非无产阶级战斗生活，把个人的利益服从于人民与党，同时使每个地区、每个部门、每个部队的干部，面向全局，面向胜利，大公无私的配合、帮助较小较弱的地区部门，使得我们的工作全部与全局的更快更平衡发展。

......

3. 大胆发展苦力、贫雇农党员

从斗争中吸收苦力、贫雇农、农妇入党，应坚决放手。一年来斗争发展已具备了足够的基础，各级党委必须设立组织员，在常委领导下专门到各地去指导这一工作，使各个支部各个同志都能将斗争中积极分子吸收入党，并继续培养党员对象，依照入党手续进行发展党员的工作。

4. 准备民主改选各级党部

......

5. 斗争形式决定组织形式的改变

目前农村武装斗争已走上建立政权阶段，故农村组织过去的单线联系形式已不能适用，必须立即恢复委员制及建立支部小组的生活，才能担负起领导斗争的责任。党的负责同志除参加公开武装斗争，政权组织的领导逐渐形成一元化外，必须留出部分专做党务工作、组织工作的干部，专门进行建党、整党工作。

......

6. 训练大批干部

为适应斗争展开的需要，地、县二级必须多办干部训练班，培养干部。训练的方法主要采取总结经验的重点学习，看斗争需要学习什么，不要高谈长篇大论的全面问题（政治斗争形势是全面的），分开各种各样各部门的学习研究（如组织、军事、政权、分田）。

......

桂北人民翻身队成立告同胞书

（1948 年 3 月 1 日）

亲爱的父老兄弟姊妹们：

我们的苦日子受够了，从我们的祖先起就替人做牛马，我们天天在挨饥受冻，挨欺负剥削，挨打骂坐牢，挨送去当炮灰，过的简直不是人的生活，这苦处是谁给我们的呢？是帝国主义，是蒋介石独裁政府，是地主恶霸。

前年当打败了日本鬼之后，我们以为得过太平年，可安居乐业了，哪晓得国民党蒋介石不要和平，不愿实行民主，不遵守各党派决议的《政协决议》，甘心出卖国家主权，和美国帝国主义合伙来欺压人民。美帝国主义和蒋介石要我们永远做奴隶，当牛马。

以前是我们老百姓太傻，不团结，所以世世受人欺压。现在我们不能再受人压迫剥削了！我们要反对美帝国主义灭亡我国的阴谋，要打倒蒋介石卖国独裁贪污的政府，要打倒吸血的地主恶霸，我们要翻身，国家大事要由人民来作主。

现在正是我们翻身的大好时机。共产党领导的人民解放军去年十二月底止，就已消灭了蒋介石一百六十九万人。解放军已在去年九月实行大反攻，从华北打回华中，而且正在渡长江南下华南了。〔国民党〕后方则到处都有民变，到处的人民都觉悟起来要翻身，弄得蒋介石心慌意乱，赶忙叫宋子文来华南，请美国爸爸帮助他"巩固华南"作后路了。所以我们要赶快起来打破蒋介石的算盘，迎接大军南下，才能早日翻身。

我们桂北人民翻身队是桂北人民的子弟兵，就是为了这种目的组织起来的。我们的主张是：（一）团结工农商学兵各阶层人士，各民主党派、团体、各少数民族，打倒蒋介石政府，成立民主的联合政府；（二）实行减租减息，废除封建剥削制度，实现"耕者有其田"，没收反动派的土地、财产分给穷人，提高工人待遇，改善公教人员和士兵生活；（三）打击贪官污吏、土豪劣绅，建立廉洁政治；（四）反对蒋介石政府征粮征兵征夫；（五）反对苛捐杂税，保护工商业；（六）保障人民的集会、结社、思想、信仰、言论、出版等项自由权利；（七）尊重少数民族利益，实行民族自决；（八）反对美国帝国主义奴役中国；（九）联合〔世界上〕以平等待我的民族，共建世界和平。

本队并不一律打击安分守己、善良公正的国民党党政军人员及工商业者。但助蒋为虐，为虎作伥的人，我们一定分别严厉惩办，愿悔过者则准其自新，能戴罪为人民立功者则准其将功赎罪，并给予奖励；对放下武器的官兵，一律不杀不辱，愿参加本队者欢迎，愿回乡者欢送。

我们知道以蒋介石为首的反动派，是不愿放弃其独裁统治的，地主恶霸是穷凶极恶、爱财如命、一毛不拔的，他们一定会连成一线，依靠美国帝国主义加紧向人民进攻，作最后挣扎，维持其垂死命运。但今天蒋介石正面临着兵力不足、后方空虚、人民反对的致命打击，只要我们老百姓团结一致，则任何美国帝国主义的援助和反动势力都不足怕。胜利就在前面，我们应该奋起斗争！

老百姓团结起来！

新中国万岁！

方方致中央及中城部电
——新建区党委计划

（1948 年 9 月 18 日）

中央、中城部：

分局下除琼崖已正式成立区党委，余都是准备性质，兹将如何划分及各地负责人简历略告：

一、粤赣湘边：辖粤汉路东至龙川、五华、海陆丰一带，北至赣南、湘南。负责人为钱（书记）、梁威林（前后东特书记）、黄松坚（前北特书记）、左洪涛（前在张发奎处工作）、刘鸿桢（粤北特书记），其余准备在正式成立时由下面提名单，同以上各人民主选举。

二、闽粤赣边：辖闽西南汀、瑞、会、梅属、潮汕。负责人为魏金水（前闽西特书记）、朱蔓平（闽南特书）、林美南（潮汕特书）、王维（梅属特书，七大代表）、曾广（现潮汕特书）、刘永生（纵队司令）、刘向东（珠江纵队政治部主任），其他人员也俟正式成立民主选举。

三、粤桂边：辖南路四属、中区五县及广西边七八县。负责人为梁广（前省委书记，城委书记）、冯燊、吴有恒（前港市委组织部部长，七大代表）、谢长（前中区特书）、江初（前中山武装创造人）、黄其江（前南路特委，由中山回来），余人也俟以后成立时选举。

四、桂滇黔边：辖滇、黔南及广西南宁、龙州一带各县。负责人为周楠（前粤南特书）、庄田（琼纵副司令）、郑易华（即郑敦，前中心县委书记，延安学习回来），余人准备成立时在滇桂干部中提拔。

五、西江工委：辖西北岸至小北江、连县及桂东各县。负责人为梁嘉（前珠江纵队政委）、钱兴（桂工委书记）、欧新（中区部队在广宁坚持负责人）、殷丹（前粤北省委副宣传部长），余人在地方提拔。

六、除上列（一）（二）（四）在年底可成立区党委外，余仍需看斗争发展再行决定，现都是工委。

方　方

申　巧

中共中央关于南方游击区应注意的几个问题
给香港分局的指示

（1948 年 12 月 27 日）

港分局：

（一）同意南方三区三个纵队的建立及所提三个纵队负责人员的名单。

（二）各纵队的分散作战或集中作战，依敌情的集中或分散而灵活地决定，即敌人分散敌力薄弱时我应集中作战，敌人集中进攻情况严重时我应分散作战。

（三）从你们已有材料看来，各区游击部队在当地群众中生根的问题仍是一个极端严重的问题，必须克服错误倾向，批判"左"的和右的政策，深入地发展群众工作，并在部队内部队外建立群众性的党的组织，严防部队中脱离群众的单纯军事观点。

（四）每一个大游击区在有许多民主县政权建立之后，可以建立行署，统筹全区行政事宜，使根据地日趋巩固与扩大，但政权机关及军队后方机关的组织应适合游击战争环境，力求精简灵便随时可以移动，切忌庞大臃肿重形式务虚名而不顾及实际情况。

（五）一九四九年应是南方游击战争和游击根据地广大发展的一年，三区均应建立电台并与中央发生联系。

（六）你们对于各游击区的军事政策，农村政策和城市政策仍极少向我们作报告，你们应十分重视这些政策问题，并经常向我们作报告。

中　央

亥　感

中国人民解放军粤赣湘边、
闽粤赣边、桂滇黔边纵队宣言

（1949 年 1 月 1 日）

林平等于 1949 年 1 月 1 日，奉中国人民解放军总司令部函令于粤赣湘边、闽粤赣边、桂滇黔边各地方分别成立各地中国人民解放军纵队司令部，现特联合发表宣言如下：

（一）本军作战目的，志在解放各该地区人民群众，推翻帝国主义封建势力官僚资本主义独裁统治，配合全国人民解放军为彻底解放全中国，建立新民主主义的新国家而奋斗。

（二）本军目前的主要政策：第一，集中火力打击反对人民及我军的反动头子、地方恶霸、首要特务，并消灭其武装组织，联合与中立不反对我们现行政策的富农地主与一切可能联合与中立的社会力量。本军对蒋方文武人员，依照"首恶必办，胁从不问，立功者受奖"原则处理，故即使过去反对我们的人员，只要他决心改邪归正，我们亦以宽大对之。第二，反对三征及实行减租减息、生产合作、救荒救灾的社会政策。第三，以合理原则决定财政政策。此外，忠实执行《华南人民武装当前行动纲领》。并从工作过程中补充而充实之。凡一切遵守本军政策人士，其人权财权俱予保障。

（三）本军接受中国共产党领导，服从人民解放军总司令部之指挥，对于中央之每一主张及中国人民解放军总司令部每一命令

指示，当具体而坚决执行之。

（四）在本军活动地区，人民政权尚未正式成立以前，一切保卫人民利益的行政事宜，以及在本军活动地区的一切民兵、友军起义部队的编整改造，暂由本军各政治部统一处理之。

"一年左右的时间，可能将国民党反动政府根本打倒"的估计，已由于1949年中国人民解放军将向长江以南进军的具体任务的确定更加迫近了。在华南各地，我军及其他各地兄弟军，也已经在去年粉碎蒋宋的二期绥靖计划，打下了巩固强大的基础。因此，我们今后将更有力量和更有信心的来担负起配合全国解放军作战，完成解放华南的任务。全华南的工人、农民、知识分子、华侨、工商业家、开明绅士、民主党派、人民团体一致动员起来，为支援本军的行动而奋斗，为彻底解放全华南、全中国、建立新民主主义的新中国而奋斗。

本军全体指挥员战斗员同志们，现在我们必须人人学会歼灭敌人和唤起民众的两套本领，必须提高战斗力和坚决执行政策，执行三大纪律八项注意，以配合完成南下大军解放华南的光荣任务。

中国人民解放军粤赣湘边纵队　司令员兼政治委员　林　平
副司令员　黄松坚
政治部主任　左洪涛
中国人民解放军闽粤赣边纵队　司令员　刘永生
政治委员　魏金水
副司令员兼参谋长　铁　坚
副政治委员　朱曼平
政治部主任　林美南
中国人民解放军桂滇黔边纵队　司令员　庄　田
副司令员　朱家璧
政治委员　周　楠
副政治委员　郑　敦
政治部主任　杨德华

中国人民解放军桂中支队司令部布告

（1949 年 1 月 25 日）

解放大军分五路进入广西，截至本月二十二日止已解放了桂林等二十三县市，广西全面解放指日可期。本支队奉令统一领导桂中区人民武装斗争，配合大军作战，消灭一切敢于抵抗的国民党残余军事力量，迅速摧毁国民党各级伪政权，建立人民民主政权，坚决执行中国共产党、中国人民解放军各种政策。如国内和平最后修正案、中国人民解放军约法八章、华南人民武装当前行动纲领、中共华南分局负责人说明华南时局有关政策等。兹特宣布我们当前的主张和态度如后，愿与我全体人员共同遵守之。

（一）坚决执行中国共产党、中国人民解放军、中华人民共和国中央政府各种政策。废除苛捐杂税、实行减租减息；合理负担，生产合作，救灾救荒，保护工商业，保护人民生命财产，安定社会秩序。

（二）依照"首恶者必办，胁从者不问，立功者受奖"的原则，凡过去反对本军、危害群众的反动分子、反动团队，只要悔过自新，热心出枪出粮，或自动投诚，或光荣起义听候收编者，则保证其生命财产的安全，给予为人民服务的机会。如执迷不悟，敢于继续顽抗者，则予彻底、干净、全部歼灭之。

（三）国民党各级伪政权及机关社团的工作人员应立即停止执行危害人民的反动政令，并切实保管公共财产及物资、档案等，静候接收，不得变卖、偷换、盗窃与破坏，否则决予依法究办。

（四）解放大军已到达本区范围，仰我全区民众一致奋起，为大军准备驻地、积极筹粮及慰劳品等，热烈迎接大军。

此布

司 令 员 兼 政 治 委 员　廖联原
副 司 令 员　韦志龙
副政治委员兼政治部主任　韦纯束
副 政 治 部 主 任　李捷三

香港分局给各地的指示
——关于当前工作的意见

（1949 年 1 月 26 日）

乙、魏、小林、周、冯①并报告大兄：

（一）报载蒋匪嫡系部队撤闽浙，李、白部队部分到琼沪，部分入湘。政治上以释张杨、复民盟、取消戒严令作幌子，实际上反动派是以和平攻势迷惑群众，作最后挣扎。

（二）毛主席所提出八个条件与革命必须进行到底毫无矛盾。是为着揭露国民党所提"和平"建议之虚伪性及反动性，各地必须深刻认识，免受时局波动所模糊。

（三）不管形势发展是敌人被迫投降，梦想保存一点力量以耍政治阴谋，还是敌人图作绝望的挣扎，我们都必须实现我们的全部主张与政策。问题只是斗争的方法如何适当使用。后者当然打到底，而前者可能从军事接收、军事镇压再配合以广泛性的群众斗争，有步骤的清算。

（四）因此，提出以下工作，供研究，并向分局提意见。

甲、迅速扩大主力部队，迅速组织民兵，依照各个战略单位展开有战略意义的地区的工作并联成一片（如闽粤赣边与粤赣湘边之海陆惠紫五兴丰，如十万大山与六万大山）。而又以武工队向各地普遍发展。

乙、迅速由下而上及由上而下的建立各个区党委的农会、妇女会、青年团体的筹委会，以统一群众组织。

丙、迅速将各地委武装正式编成纵队属下的支队、大队、中队，统一编制，将大队级以上的干部提名，附以简历报告分局批准或追认。

丁、迅速指定固定干部，大量吸收知识青年训练，主要课目为《论联合政府》，毛主席一二二五报告、四一报告、新年献词、八个条件②、土改经验及分析阶级、反经验主义、反无政府无纪律等文件。

戊、林平与魏×台③应即联系，讨论配合行动，直接配合作战时由林平指挥。

己、节约生产储粮必须有计划进行。

注释：

① 乙即尹林平，魏即魏金水，小林即梁广，周即周楠，冯即冯燊。

② 毛主席一二二五报告即《目前形势和我们的任务》（见《毛泽东选集》第1139—1158页）；四一报告即《在晋绥干部会议上的讲话》（见《毛泽东选集》第1200—1212页）；新年献词即《将革命进行到底》（见《毛泽东选集》第1263—1271页）；八个条件即中共中央毛泽东主席在1949年1月14日关于时局的声明中提出的八项和平条件（见《毛泽东选集》第1280页）。

③ 魏×台指闽粤赣边纵电台。

我们当前的方针任务（节录）

（1949年初）

根据以上敌友我形势及敌人企图，我们当前的工作布置是：

一、采取"全面发展，重点巩固"的方针来完成我们大块根据地的建立，来迎接南下大军准备胜利解放华南。

（一）在粤汉路以东，以粤赣湘边与闽粤赣边二个区党委的主力，打开自韩江以西，惠阳以东，海陆丰以北至赣南的地区的〔并〕联成一片。这里必须逐步的由现有农村基础及小市镇推到占领较大市镇以及二三等的山地县城（如五华、丰顺、龙川、紫金、连平、和平、惠来、海丰、陆丰），巩固后再以包围揭、梅、兴、惠等较大县城。

（二）在粤汉路以西，加强小北江（连县、阳山一带）及英德、清远的巩固工作，恢复广宁工作，巩固德庆工作，来与西江南岸的新高鹤边区及三罗边区的打通逐步发展到控制西江。

（三）在南路以巩固雷州半岛工作，发展十万大山与六万大山的〔并〕联成一片，从而与桂西南的左右江取得联系配合发展，与越盟联成一片。

（四）在琼崖则继续在周围扩大解放区，威胁敌人的海口。

（五）在滇东南及滇西南则应努力打成一片，加强农村的下层基础的建立，与越盟打成一片，然后再向滇东北、滇中、桂西、黔南发展。

（六）在赣南、湘南、闽西、闽南、桂北、桂中则以普遍的武工队打下基础，以待适当时机从边界用蚕食式的进军。

（七）在粤汉路线、珠江、韩江这些三角洲地带，则以适当的军事力量，威胁敌人不得不用重兵驻守，而便利于我之四陲之发展。但又不宜过早暴露力量，使用全力。

（八）加强广州、惠州、汕头、广州湾、桂林、南宁等城市的地方工作，主要为培养干部，调查研究，准备大军南下夺取城市时帮助了解情况，易于接收及镇压反动。

二、军事上以建立主力、整训主力、配合作战，由游击战为主逐步提高到配合以运动战，同时又广泛整理地方主力及发展普遍的民兵。

……

三、群众工作仍以反三征双减为主（目前是春荒斗争），有计划适当的去调剂耕地，详细情况见附去参考材料，但准备进行以下的几项群众组织工作。

（一）由下而上由上而下建立农会，准备在今年年底前发展一百万农会会员，建立各个边区的农会筹委会，以领导各县区乡农会（计划另详）。

（二）由下而上，由上而下建立游击区民主青年联合会，拟由过去带全省性广泛地方性青年群众团体领袖（如抗先、青抗、学联大的剧团、大的青年文化、艺术团体……）发起成立华南民主青年联合会筹委会，以便统一青年运动，整理各县区青年群众组织。

（三）妇女工作也将采取以上同样方式进行。

但这些工作主要的都是放在下层的充实整理，上层只是为便于统一与号召及研究政策而已。

四、政权工作拟以边区为单位选择适当人物（包括地方民主人士及我党在地方有威信党员），成立临时行政委员会，以统一对各县政权的领导，其名单当在拟定后请示中央批准。

......

五、党的工作，着重在调整机构，建立制度，大量发展培养干部这几个工作。由于过去两年，党的工作是集中于审干、培养、弄通干部思想去下乡搞武装工作，又由于战争的环境，分割的状态，干部的缺少，因此过去党的组织工作是较弱的一环，现在党在农村已经有了这样大的局面，而且已经动员百千万农民群众起来实际参加斗争，参加战争，党已经扎下了可以大量发展的基础。党过去所采取的组织形式工作方针，已经不能适应当前斗争的要求，因此必须改变与提高，使党逐渐走上正规轨道。因此，这次对于这几个问题，都有了单独的研究与决定。

......

中共中央华南分局纷电祝捷（节录）

（1949 年 4 月 1 日）

梁广同志转粤桂南区全体同志：

继去年南路主力东征西进之后，你们坚持斗争，今春又展开雷州半岛及桂粤边缘各地的新局面，军威远播，光芒四射，甚可欣慰。务望加强党、政、军、民全面配合工作，继续痛击凶恶残敌。

中共中央华南分局　四月一日

庄田、周楠、朱家璧、郑敦、杨德华诸同志并转桂滇黔边全体同志：

滇东西〔南〕春季攻势连下十余城，获得辉煌战果，尚望再接再厉，迅速打下巩固的下层基础，有步骤的向前发展，为完成滇桂黔边的解放而奋斗。

中共中央华南分局　四月一日

梁嘉同志并转粤桂湘边全体同志：

你们艰苦的坚持广宁斗争，发展了小北江与桂湘边工作，有力的配合了南方各地的春季攻势，望从继续粉碎残敌进犯中巩固自己，以与整个南方胜利解放战争配合起来。

中共中央华南分局　四月一日

中共中央对华东局
关于接管江南城市指示草案的批示

（1949 年 4 月 25 日）

华东局并告各局：

（一）卯江关于接管江南城市的指示草案，中央同意，望即发布。

（二）根据平、津经验，军管会能很好地接收城市及工厂和资财，但军管会不能经营企业和工厂。故军管会在接收后，应迅速将企业、工厂和物资，分别交给各适当的负责的机关管理和经营。例如将市政工业及其他若干工商业交市政府管理经营，其他工商业则组织若干公司来负责经营，否则很难开工营业，即使勉强开工，亦难长期维持。

（三）根据平、津经验，新解放的城市，照旧收税是完全可能和必要的。但旧的收税人员，因在群众中种下很大的恶感，群众不信任。故由旧人员去收税，普遍遭到群众的反对和抵制，后来委任我军人员任税收局长，并由我军人员带领旧人员去收税，发给我人民政府税收局的收条，人民才踊跃交税。这一经验，望记取。

（四）城市解放后，许多房客不交房租，房东亦不敢收房租，因此人心长期不安。军管会与人民政府，对此不应缄默，长期不表示态度，应正式宣布除官僚资本之房屋应予没收外，一切私人房屋的所有权应予保障，房客应继续交纳房租，租金多少，应由房客与房东议定。有纠纷者应由政府或人民法庭调解、仲裁解决之。

（五）城市解放后，常有许多自发的工人斗争。有些工人、店员，在老板恐慌情绪下，分了店铺和作坊。我们有些区委和支部，亦任意处理劳资纠纷。因此，在城市中常造成若干劳资斗争中的无政府状态，破坏我们的政策。故在城市解放后，应重新发表新华社的"二七"社论，及其他若干关于工人运动的文章，并须规定每个城市的劳资问题及公营工厂中工人与管理机关的争执问题，均须一律经过市总工会及市政府劳动局审查和处理。军管会及党的市委，则须派得力人去指导总工会及劳动局的工作，使其能有效率地解决一切劳资问题及公营工厂中工人要求问题，同时并须告诫各支部和区委及其他机关，不要不经请示任意处理劳资问题。

（六）国民党的官僚资本企业中，大多有大批冗员及官僚制度，例如工厂中的警卫科、厂警等，工人、职员十分不满，要求迅速改革，而这些人员和机构，也可以迅速改革。故在确定工厂管理关系后，应即发动工人，迅速改革这些制度，以利生产。

中　央

卯　有

中共十万山地委、粤桂边区人民解放军第三支队关于紧急动员迎接胜利的指示

（1949 年 5 月 3 日）

（一）华南人民日久盼望的大军渡江，已于上月廿一日成为事实了。因为国民党反动卖国政府竟敢拒绝接受代表全国人民公意的"国内和平协定方案"，毛主席和朱总司令于廿一日发布总攻击命令，长江下游我军即在江阴、扬中、荻港等地登陆后，一举攻克南京，国民党反动军队望风溃处〔退〕。截至上月廿九日止，我军以破竹之势，连续解放无锡、苏州、吴兴、宜兴、长兴，前锋进入浙江省境，迫攻杭州，上海已被〔抛〕在后面。京、沪、杭三角地带，是蒋匪残余主力〔麇〕集之地，我军的铁锤首先打落这个地方，把它和桂系残余主力割裂开来，加以围歼，将使整个局势急转直下。

（二）渡过长江，进军华南，是把革命进行到底，彻底解放全中国的今年主要的军事任务。所以这次渡江必然一直打到华南主

要部分的两广来。又因为经过三个多月的整调和后勤工作的准备，经过三个多月的政治攻势，我已充分揭露国民党反动派的"和平"伪装，并加速敌人内部的分化混乱。在力量对比上，我以四百万精锐对敌六十万残余，我解放区连成一片，敌人则各不相顾。中国迅速取得全国胜利，是对全世界和平的伟大贡献，所以这次渡江必然是大规模的，是进展迅速的。渡江部队在湘赣地区组织两三个较大的战役，捕歼了敌之残余主力，问题即可基本解决。而为了迂回包围敌人，断绝其退路，又必然分出多股挺进支队四处突入，和华南各地游击武装汇合起来，猛烈发动广大人民参加斗争。所以，估计至迟新历六月底左右，南征的挺进支队就可以和我们两广部队会师边境。

（三）虽然现在反动派又叫嚣"准备决战"等等，实际上他们没有什么可打的本钱，他们所想到的只是如何设法逃兵〔跑〕。桂系加紧作固守老巢的准备，但还处在动摇投机中。广东军阀集团想依靠美帝国主义的支援，积极反动，可是扩军也已来不及了。十万山区周围的敌人政治上悲观绝望，傍〔彷〕徨分化。军事上广东钦防一带现在兵力纵不抽调应急，也决无兵可增的。广西思、明、上、绥各县现在就很空虚，大搞起来敌人纵来镇压一下，兵力也不会多，来也不能久留，不出新历□□底，混乱的局面，就会出现。大军渡江是华南局势急激变化的一大关键，是华南人民斗争高潮迅速上涨的开始，这对于我们的斗争，是空前地大大有利的。

（四）根据以上的分析估计，地委认为把"关于执行分局八月、十一月指示的决定"的各项工作，择要提早完成，〔有〕把斗争提高一步的必要。因此，决定在本月（新历五月）之内，一面展开斗争，一面压缩敌人，搞乱敌人统治，创造下一步斗争更有利的条件，一面即须以最大努力，把要准备的工作限期完成。下一个月（新历六月）我们就放手大搞，迎接大军。

本月内必须加紧准备的工作：

1. 把原有部队的主力整编完成（具体整编计划分别通知），这个主力准备随时由地委调动集中使用，可以脱离原地区外出作战。各地区则马上组织地方部队（大约一个县至少成立一个至两三个地方大队），加强领导，以便代替主力担任坚持原地区的任务。

2. 抽调强有力的干部组成军需工作部门，设法筹款（如加紧推销胜利公债）、筹粮（不能马上筹到，也要调查清楚那处有存谷，以便主力开来打开取给）、筹弹（买得多少，就买多少，没有钱买，也要搞好买的路数，借的路数，捐的路数），立刻建立有效率的供应机构和制度，准备大股主力行动时的需要。

3. 系〔统〕地了解敌情，专人主持又按级交带，把本地区内敌据点驻地详细侦察其兵力、武器、设防、警戒、官兵情绪、群众关系、接近道路等项情形，并绘出详图以便进行攻击，歼灭夺取之。

4. 积极进行策反工作，布置内应工作，在原有队伍的基础上，有选择地扩军。在遵守纪律，服从指挥的原则下，大胆〔改〕编联络"掘尾龙"及绿林武装，以便大搞时壮大声势。

5. 二十、二十一两团必须在本月之内打两场至三场歼敌有生力量的或是以提高军威扩大政治影响（不是消耗仗）的伏〔仗〕，其他地区部队、武工队以至□队、民兵，由接到这个紧急指示之日起，领导干部必须带领他们积极地到处打敌人（打他下乡的小股员警，打他出来游耍的长官或散兵，虚张声势，骚扰敌之据点驻地，但要注意节省子弹，可用粉枪等），不能两三天打一次，也要五六日打一次（打的次数要登记下来，以便检查），绝不能藉口准备，停下来不打仗。不打的要受处罚，这样才能使敌人草木皆兵，愈加惊惶，推动形势发展。

政治上：

1. 紧急进行干部、全党、全军、各处地区的群众大动员，讲明形势，宣布任务，发布号召（如"到××食水粽"、"到×过中秋"之类），定立功计划，热烈鼓舞全体军民的高度斗志。

2. 猛烈展开政治攻势，一方面进行"出榜招贤"，团结一切有志之士，共对反动派；一方面普遍进行"劝降运动"，瓦解分化孤立敌人。

3. 群众斗争要把一般的反三征斗争提高到反抗难官逃兵的劫夺，推翻反动伪政权的剥削压迫。除了留作第二、第三线准备力量的乡村据点外，所有地区都作总的武装起义的准备（起义时间等候地委决定通知）。

4. 防城、钦县（包括灵西）、上思二县（其他地区有条件的，该区委通过先行建立，再行报告地委批准）全面宣传建立区、乡、村三级的民主政权。可以根据实情，有步骤的来，有地方干部可以担任政权首长的由地方干部担〔任〕，没有地方干部，由武工队、地工组（不是秘密的）甚至部队首长来兼任，在人民中确立起以我为正统，国民党政权是伪政权的明确观念，以利于号召广大群众，发动斗争（各级的组织条例随即发出）。

5. 支队司令部、政治部及新番号准备公开，县级政权准备下月建〔立〕，干部调进配备要及早物色人材。

六月行动计划另行通知。

（五）为了完成党与人民所给予我们的伟大光荣的任务，我各级领导干部同志必须深刻认识渡江以后的形势，必将一日千里愈激猛烈向前发展，绝不容许我们稍有观望犹豫。因此，我们思想上必须敢于胜利，一切都走前一步，占先一着，先发制人，积极努力，敢于创造，敢于负责，应〔反〕对因循敷衍的保守主义和任其自流的自由主义。政治上必须站稳立场，坚持政策，不因形势有利就关门，〔搞〕宗派，盛气凌人，时刻注意到扩大团结面，缩小打击面的基本原则，反对左倾冒险主义；组织上重视领导，严格遵守纪律，坚决执行决议，要识大体，顾全面，反〔对〕无政府无纪律状态，反对小气狭隘的本位主义；作风上，必须提倡大刀阔斧，反对"摸摸挲挲"的事务主义。必须将这个指示的全部精神，限期迅速贯彻到全党全军每个〔指〕战员的头脑中去，把指示所开列的工作更具体地布置执行，不断检查其执行程度。

（六）中国人民百余年来的解放斗争，我党领导进行了二十多年的新民主主义革命所追求的胜利的日子已经走到我们面前，这是一个光荣伟大的时代，这是一场紧急激烈的斗争。十万山区的所有同志们，我们要奋不顾身，竭智尽能，一往无前地团结一致去加紧完成任务，迎接大军，迎接胜利。

中共中央华南分局
对大军渡江后华南工作的布置

（1949 年 5 月 7 日）

甲辰虞①致乙冯梁魏李周庄梁并报告大兄：急

大军渡江以后我们工作布置如下：

（一）大军渡江以后特点是：甲、局部和平可能性很多，但必须在大军打在残敌头上才会出现。乙、如蒋桂残敌退粤桂滇闽，而我大军未到，我们仍然应加紧准备打破敌之进攻（敌有放弃华中西南，死守闽粤计划）。丙、由于我游击战争胜利，大军又将南下，对敌政治争取获得成就，敌矛盾困难完全不能解决，可能形成各地暂时相持状况。

（二）南下大军是攻打城市，因此在大军未到以前，我们必须将农村完全解放，控制在我手内，以便到时大军可集结力量解决城市工作及追歼残敌，不必分兵帮助我们下乡，肃清残匪。

（三）加紧城市接收准备工作，使大军到达时立即有计划接收。

根据以上 3 个问题，因此我们的工作部署计划：

第一，督促各区完成打成一片的战略部署计划。

第二，成立各边区临时行政委员会，建立县、区、乡政权（不要边县）以便接收。

第三，督促各地准备组织进城市部队，大县为一团，小县为营，加强干部配备及城市政策教育。

第四，分局负责研究接收广州、桂林材料，林处负责研究曲江、惠州材料，魏处负责研究厦门、汕头材料，冯处负责研究江门、高要材料，梁处负责研究广州湾、南宁材料，庄处研究昆明材料，冯处研究文昌、海口材料，每个地委，则由区党委指示其研究一二中心县材料，各县委应研究各该县材料。将材料在二三个月内整理好，以便交给军管会参考接收。

第五，准备大批城市干部，以便大军到达时，交给军管会使用（各地熟认广州、桂林干部，必须准备由分局调动）。

第六，帮助乙魏二地先搞银行、侨汇贸易工作，以便取得经验帮助别区，准备夏收秋收时吸入大批米粮物资，迎接大军南下，并培养大批财经干部。

第七，根据约法八章，广泛展开搭线工作，在目前求得冻结残敌于大据点，以便利我农村之发展，在必要时发动其起义，以粉碎残敌可能的进攻及把根据地连成一片，在将来，便利于大军的和平接收。

第八，用最大力量去进行部队教育及开办革命青年训练班，集中力量学习土改及双减政策、工商业政策、税收政策、政权建设。必须做到使三年来参加部队战争的优秀战士，能懂得搞乡政权工作，那时不怕无下层干部。

第九，物色及培养适当民主人士及各小党派中接近我们分子，以便解放时吸收他们参加政权工作。

第十，完成发展党，建立新青团及农会、工会、青年、妇女各种群众组织计划。

对于如何与南下大军配合作战，如何在敌可能进攻时的作战部署，如何在适当时机发动敌军起义，则将根据实际情况，临时讨论通知。

各地有何其他意见，望提出供我们参考。

注释：
① 辰虞，即 5 月 7 日。

方方致各地党委并报中央电
——大军渡江后的工作布置

（1949 年 5 月 11 日）

各地并报中央：

大军渡江以后，我们工作布置如下：

一、大军渡江后特点是：

甲、局部和平可能性很多，但必须在大军打到残敌头上才出现。

乙、如蒋、桂残敌退粤桂滇闽，而我大军未到，我们仍然应加紧准备，打破敌之进攻（敌有放弃华中、西南，死守闽、粤计划）。

丙、由于我游击战争胜利，大军又将南下，对敌政治争取获得成就，敌矛盾、困难完全不能解决，可能形成各地暂时相持状况。

二、南下大军是攻打城市，因此在大军未到之前，我们必须将农村完全解放控制在我们手内，以便到时大军可集结力量解决城市工作及追歼残敌，不必分兵帮助我们下乡清剿残匪。

三、加紧城市接收准备工作，使大军到达时立即有计划接收。

根据以上三个问题，因此我们的工作部署是：第一，督促各区完成打成一片的战略部署计划；第二，成立各边区临时行政委员会，建立县区乡政权以便接收；第三，督促各地准备组织进城市部队，大县为一团，小县为一营，加紧干部配备及城市政策教育；第四，分局负责研究接收广州、桂林材料，林处负责研究曲江、惠州材料，魏处负责研究厦门、汕头材料，冯处负责研究江门、高要材料，梁处负责研究广州湾、南宁材料，庄处研究昆明材料，冯处研究文昌、海口材料，每个地委则由区党委指示其研究一二中心县材料，各县委应研究各该县材料，将材料在二个月内整理好，以便交给军管会参考接收；第五，准备大批城市干部，以便大军到达时交给军管会使用（各地熟识广州、桂林干部，将准备由分局调动）；第六，帮助林平、魏〔金水〕二地先搞银行、侨汇、贸易工作，以便取得经验帮助别区。准备夏收秋收时吸入大批米粮、物资，迎接大军南下，并培养大批财经干部；第七，根据约法八章广泛展开搭线工作，在目前求得冻结残敌于大据点，使便利于农村之发展，在必要时发动其起义，粉碎残敌可能的进攻及把根据地联成一片，在将来便利于我大军的和平接收；第八，用最大力量去进行部队教育及开办革命训练班，集中力量学习土改及双减政策、工商政策、税收政策、政权建设，必须做到使三年来参加部队战争的优秀战士能懂得搞乡政权工作，那时不怕无下层干部；第九，物色及培养适当民主人士及各小党派中接近我们分子，以便解放时吸收他们参加政权工作；第十，完成发展党、建立新青团及农会、工会、青年、妇女各种群众组织计划。至对于如何与南下大军配合作战，如何在敌可能进攻时的作战部署，如何在适当时机发动敌军起义，则将根据实际情况临时讨论通知，各地有何其他意见，望提出供参考。

方　方

辰　真

中国人民解放军粤桂边区
第三支队成立宣言

（1949 年 6 月 15 日）

百万雄师渡长江，南征月半，我人民解放军已连续解放南京、苏州、杭州、武汉、南昌、上海等名城重镇，全部歼灭了蒋何嫡系，粉碎了蒋匪帮的最后抵抗防线，现在正追奔〔南〕逐北，扫荡残敌，锐锋深入闽赣，箭头指向广州，两广人民翻身解放的日子，已经十分迫近。我十万山区军民，当此时机，只要全体一致动员起来，坚决勇敢向垂死的残敌猛烈进攻，就以犁庭扫穴，最后地结束国民党的反动统治，和全国解放了的其他各地一样，步入新民主主义建设的新时期。

几年来我们这一支十万山区人民的革命队伍，坚持华南边疆的游击战争，由抗日时期的小董起义、那良起义，以至日本投降后反对蒋匪统治的〔三〕光企起义、上思起义、思明起义，在南路人民抗日解放军、钦防华侨游击队、农民翻身总队和粤桂边区人民解放军第二十、二十一两团及思明大队等光荣旗帜下，以中国共产党员做领导核心，团结广大劳动人民，为民族和人民的彻底解放，进行了不屈不挠可歌可泣的艰苦斗争。两广的国民党反动派用尽残忍毒辣的手段要想扑灭这支队伍而后快。但是我们这支为人民尽忠服务而又紧紧依靠人民的队伍，它以人民为父母，人民视之如骨肉，因此就能打退了敌人无数次的围攻，克服了罕见的困难，战胜敌人，壮大自己，改正本身弱点，继承优良传统，到今天，星星之火，已经燎原，锻百千练〔炼〕，化成钢铁。在扫清盘踞在这个地区的残余反动势力和反动军队，配合大军解放华南的伟大战争中，主客观条件都要求这支队伍统一集中起来，负担起历史和人民给予我们的任务。

当我们敬谨接受中国人民解放军粤桂边区第三支队这个番号的时候，我们以能成为伟大的无敌的中国人民解放军之一部分，成为毛泽东主席和朱德总司令所指挥的队伍，获得中国共产党的英明领导，引为无上的光荣。这是我们无〔数〕先烈英勇牺牲，全体指战员共同奋斗，本地区人民爱护督促我们的结果。今后我们全体指战员、工作人员，必将奋不顾身，加倍努力，使无愧于这个光荣的称号，无负于人民的殷切〔期望〕。

国民党反动统治的黑夜已经过去，全国胜利的阳光迎面而来。我们当前的紧急任务，就是坚决执行毛泽东主席和朱德总司令四月二十一日发布的命令，奋勇前进，彻底消灭本地区内外一切敢于抵抗的国民党反动派，解放钦防和桂西南的人民，逮捕一切怙恶不悛的战争罪犯，依法惩办，动员组织广大人民，武装起来，把国民党反动伪政权扫清光，建立人民民主政权，实现真正的和平统一，安定社会秩序。

全体指战员同志们！人民扬眉吐气当家作主的时代已经开始，但是敌人不会自己灭亡，还要我们再接再励〔厉〕，最后彻底消灭它，所以必须保持不骄不躁谦虚谨慎的作风，发扬艰苦奋斗的英勇牺牲的精神，一往无前，积极努力，迅速达成任务，缩短战争的时间。

同时我们在此要向钦防和桂西南各阶层各界人士有所说明：我们是中国共产党直接领导的军队，是中国人民解放军的一部分，中共的政策主张和中国人民解放军总部的命令，就是我们一切行动与政策实施的准绳。我们在本地区当前一切行动措施，则均以中共华南中央分局负责人五月八日发表的声明为根据。简而言之，就是：

全体人民的生命财产，不分阶级、信仰和职业，均受保护，不得侵犯。如有乘机捣乱，抢劫或破坏者，定予严办。

除怙恶不悛的战争罪犯，罪大恶极的反革命分子之外，对于国民党的大小官员，凡不持枪抵抗，不阴谋破坏者，均一律不加俘虏，不加逮捕，不加侮辱。他们在我军或人民政府到达之前，必须切实保护各机关的资财档案等，听候接收，保护得力者赏，偷窃破坏者罚。在各级伪组织供职的中小公务人员，我军和人民政府接收后量才录用，不使流离失所。对在国民党教育文化卫生机关中供职的人员，一律保护。

从前曾经反对我军，甚至协助过蒋匪军进攻危害我军的人员，只要他们从今以后停止作恶，赶快立功自赎，有事实表现者，本军亦一本宽大，不究既往。如敢不听劝告，继〔续〕反对我军，压迫人民，我军和人民政府决不宽恕他们，定必追缉归案，按情节轻重惩办。

除没收官僚资本外（其中如有民族工商农牧业私人股份，经调查属实，当承认其所有权），凡属私人经营的民族工商农牧业一律保护。我军所到之处，维持行旅安全，废除国民党的苛征暴敛，进入城市圩场时，望各工农照常生产，各行商店照常营业。

农村中的封建的土地所有权制度是不合理的，应当废除。但是废除这种制度必须有准备有步骤，先进行减租减息，重新进行分配土地。我们准备在今后一两年内，坚持实行减租减息政策，并使减租限于二五减租的范围。我们于帮助农民完成了减租减息任务之后，将以最大注意领导农民发展生产，恢复历受蒋匪摧残的农村生产力。为减轻民众负担，〔民国〕卅八年以前所欠公粮一律豁免。过去我们各部队所借的一切军费粮食，我们始终全部承认，本地区完全解放之后，即全数归还，不使帮助我们的人有所吃亏。

我们切实维护华侨生命财产的安全，对于如法帝国主义者在越南对付我国侨民那样的暴行，定当严重抗议制止，并要求其道歉赔偿。

在本地区的外国侨民，不问其国籍、宗教信仰为何，其生命财产一体加以保护。但有间谍行为，对中国民族独立与人民事业，包庇中国战犯、反革命分子及其他罪犯的，我们必断然加以制裁。

华南各地过去各民主党派所组织的武装队伍，现已由其负责人李济深、蔡廷锴先生发表声明，并分别正式命令他们向我各地人民解放军接洽收编改造。我十万山区各县境内，如有是项武装队伍，必须迅速派人前来本军商量归缩〔宿〕。今后如果倘有冒各民主党派队伍招摇为祸地方者，本军为人民利益计，定必加以歼灭，并追究惩办其为首作恶分子。本支队是本地区内唯一的中共直接领导的人民革命军队，除本支队所属各部队外，本地区再没有中共领导的其他队伍，如有冒用中国人民解放军名义或用其他名义，口帮〔标榜〕是中共领导的队伍者，那是国民党反动派或其类的阴谋，我们亦必须坚决逮捕肃清之。

经过几个月来的干部学习，部队整军，我们的队伍无论在质的提高，量的扩大，都有了显著的成绩。我们不只可以在运动中歼灭敌人，就是敌人想固守据点，我们也能把它一举全歼。今天的敌人是如此的士气消沉、惊慌惶乱、人人叫打、孤立无援；而我们则是如此的战志激昂、气吞河岳、处处拥护、队大势壮。我们必须发动全面性的勇猛进攻，不让敌人喘息地连续作战，如果敌人不投降，那就无情地消灭它！

十万山区的全体革命人民，一齐拿起武器，团结起来，参加主力，普遍组织地武①民兵，协助部队作战，支援前线，杀敌立功，复仇雪恨，布下天罗地网，把反动派一个个活捉起来，加以审判，彻底推翻国民党的反动统治，建立人民政府，抛去背上千年重压，从此解放翻身！

老区的同胞们！几年来我们亲如家人情似手足地一同捱苦，一同战斗，现在面临胜利的大决斗中，希望大家发扬坚贞苦干的模范精神，巩固老区，支援部队打到新区去！

新区的同胞们！你们遭受国民党反动统治的剥削压迫，既久且深，现在我们打出来了，快快动员起来，和我们携手合作，争取自己的解放！

大进军的号角响了，胜利的旗帜飘扬，全军的指〔战〕员工作人员，全十万山区的革命人民，一致勇敢起来，争取我们的最后解放。在热烈庆祝中国人民解放军粤桂边区第三支队宣告成立的光荣日子里，让我们雄壮地喊出胜利呼声！

奋勇前进，彻底消灭残余的反动势力和反动军队！

结束国民党反动统治，建立人民民主政府！

完全〔解放〕十万山区，配合南征大军，彻底解放华南！

中国人民解放军粤桂边区第三支队万岁！

领导全国人民取得全面胜利的中国共产党万岁！

中国人民解放军粤桂边区第三支队

司　令　员　谢王岗

副司令员　黎　攻

参　谋　长　朱守刚

政治委员　陈明江
政治部主任　李　超

注释：
① 地武：即地方武装。

大军入境前我们应注意的工作

（1949 年 7 月 1 日）
长白山①

由于我们的工作做得不够，地区不够巩固，工作未能深入下层，动员农民和组织农民的工作仍相当幼稚，这是一件极为遗憾的事。今天形势急转直下，大军逼近边境，日甚一日。我队为要配合南下大军，号召我军上下全体同志，对这一工作提起万分注意，严格纠正形势的胜利发展而冲昏头脑，单纯军事观点，脱离群众，不加深群众的组织工作的严重错误思想。除曾经口头传达外，特再明文规定，希望各级同志深入的认真的检查自己的工作是否能够配合大军。

工作重点如下：

一、猛烈发动群众，武装农民，每乡每村成立队伍，给予名义，受我领导指挥，所以目前应从组织农民着手。

二、大胆的推向平原，山区只留小部分队伍，主要是推向平原。如山区农民武装可能抽出部分到平原来的应大胆的抽出，所有空隙应该填满，所有交通线应加以控制。

三、摧毁与接收区乡级政权，造成乡村完全是我们的，有些接收过来，有些用武装解决之，有些用政治办法去瓦解之。

四、猛烈展开政治攻势，大量散发传单，安定人心，加速国民党的内部分化。

五、尽量扩大队伍，扩大名义，其他的地方队伍，我们可以委编他，建制不一定与我同，但一定要受我指挥。

六、收缴散兵游勇、地主武装等。

七、逮捕和监视战犯分子，镇压一切反革命分子，维持地方治安，不给地方坏蛋分子有机可乘。

八、广泛组织群众，以各种名义组织起来，如民夫队、向导队、担架队、运输队、情报网、青年、妇女、儿童、常备民夫交通队等。

九、发动地方开明士绅、公正名流，出头协助我维持地方治安，或联名发表迎接大军到来的政治攻势，有计划的有组织的做好宣传，加大反动分子的动摇，利用他们的名义去进行。

十、组织城市维持治安的准备工作，进行保护一切机关、学校、工厂、商店的档案、器具。

十一、调查研究收集材料，如哪些人可利用的，哪些地方可以收缴多少武器，哪些地方一定要用军事解决的，哪些是战犯分子，应该有系统有组织的有准备的调查研究。其他如交通联络情报等，应有严密的准备和组织的工作。

注释：
① 长白山：即桂北人民解放总队总队部的代号。

中共中央华南分局关于加紧准备迎接南下大军的工作指示（节录）

（1949 年 7 月 22 日）

各区党委并报告中央：

加紧准备迎接大军南下的工作。

一、中央指示："四野即将部署收复广东，未底申初①可抵粤边。"又示："三野同时也可到达闽西南。"（以上秘密）大军已在移动，残敌已在逃窜。广东的解放在即了。因此，对迎接大军入粤的准备工作，必须重点的加紧进行。

二、各纵队主力（特别是林、魏②主力）必须在原来活动地区部署于机动地点，一面领导各地方支队继续歼敌，肃清地反，保护夏收；一面准备随时可以调动配合大军南下作战。因此，必须：

甲、加强对所属地区敌情侦察，全盘有系统了解。每五天至十天向分局报告一次。

乙、纵队主力及各支队的行动计划、地点，每十天向分局报告一次。

丙、迅速完成对起义部队的整编。可能时生活可暂时优待。但对不稳分子，必须坚决使其离队，保证不受蒋匪帮收买叛变。林、黄应尽力稳定曾天节，美南应尽力稳定李、魏。

丁、加强本身部队政治、纪律、政策教育，肃清散漫的游击主义，才能有力配合主力作战。

三、各级党委必须广泛解释大军南下解放在即，动员全党与广大群众进行以下准备工作。

甲、健全区、乡政权（未有政权的组织动员委员会），以便将群众编整为运输、担架、侦察、交通、宣传、慰劳的各种参战队伍，临时得以有组织的调整。

乙、坚决执行"二五"减租，迅速征收公粮，并存储于安全地区。一面在可能中用南方券收买粮食，一面鼓励地、富、商人向各〔产〕粮地区购粮，并秘密调查余粮地、富，以便大军到达时以公债向其征借（林、魏两区必须储粮各三万担以上）。

丙、动员全体党内外干部学习中央总政策及分局在潮汕研究总结的三十个文件（中区、南路、西江、桂滇边派人到港带去，南路并负责转给海南），作为总施政的基础。

四、对干部的准备工作，必须依分局午元③电决定，立即具体开始进行人选审查，以便随时待命集中。同时必须将过去在广州工作的及熟识广州情况的党内外干部（左洪涛、杨应彬、罗培元……等），立即找人代其岗位。并于接电十天内将其余名单电报分局。以便决定随时调动，不能以局部妨碍全局。……

（请转南路、周楠、琼崖台）

分 局

午 养

注释：

① 未底申初即8月底9月初。

② 林即粤赣湘边纵队司令员兼政委尹林平，魏即闽粤赣边纵队政委魏金水。

③ 午元为 7 月 13 日。

桂北人民解放总队成立宣言

（1949 年 7 月 23 日）

本队的前身是桂北人民翻身队，它坚持在桂北地区的斗争，已经整整两年了。两年来，在风霜雨雪、饥饿疾病的重重威胁中，在国民党反动派疯狂残毒的不断"围剿"中，已经壮大起来了，成为一支不可战胜的力量。这是由于正确执行了人民路线，全心全意为人民群众服务而战斗的结果。

今天，当全中国的形势已胜利的急转直下，人民解放军渡过了长江，继续向我们广西推进，叩响了我们桂北的大门。处在广西占有战略地位的我队，负有配合解放军解放广西、解放华南的重大任务。现在本队人员不断增加，队伍不断壮大，活动十一县的地方，拥有近百万的人口。近更粉碎敌人的兴、全、灌、资、灵、临、恭七县的分区"围剿"，打下了巩固的基础。因此，必须集中领导，统一指挥。今后将更有力量和更有信心的来担负起配合解放军作战，加速解放桂北人民的目的。

桂北的工人、农民、知识分子、青年学生、工商业家、开明士绅、民主党派、人民团体等各阶层人士，为着自己最后的解放，应该珍视本队的成立，一致的动员团结起来，以积极的行动来支援本队的战斗，广泛的展开反对蒋、李、黄匪帮的征兵、征粮、征税的斗争，广泛展开借粮救荒，组织民兵，保卫生产，参加本队的作战、工作和解放的事业，共同粉碎李、白、黄回师割据，以及正在桂北组织所谓自卫团的败兵之卒的陈恩元等匪帮的阴谋。至于国民党反动政府的官员，只要他们认清是非，翻然悔悟，出于真心诚意的向人民立功赎罪而确有事实表现，因而有利于人民解放事业的推进，减轻人民的痛苦者，我们均表欢迎。

本队目前的主要政策：

第一，集中火力打击反对人民及我队的反动头子、地方恶霸、首要特务，并消灭其武装组织及没收其财产；联合与中立不反对我现行政策的地主富农和一切可能联合与中立的社会力量。本队对蒋、李政府文武人员，依照"首恶者必办，胁从者不问，有功者受奖"原则处理之。即使过去曾反对我们的人员，只要他们决心停止反动罪恶行为，我们也以宽大对待之。

第二，反对三征，救灾救荒，适当的执行减租减息和生产合作的社会政策。

第三，以合理负担的原则决定财政政策。

第四，凡一切遵守本队现行政策的人士，其人权、财权均予保障。

本队全体指战员同志们，为了革命事业的彻底胜利，我们应该更密切的依靠人民与更无限忠诚的为人民服务，更积极的学习，武装头脑，武装手脚，必须做到学会打仗、做群众工作与生产的三套本领，提高自己的战斗力和坚决执行命令，执行政策，执行三大纪律八项注意，以完成配合解放大军解放桂北、解放广西的光荣任务！

桂北人民解放总队总队长兼政治委员　吴腾芳

副　总　队　长　全昭毅

副　政　治　委　员　阳雄飞

政　治　部　主　任　陈　亮

参　　谋　　长　傅一屏

桂北人民翻身队行动纲领

（1949 年 7 月）

第一，站在人民立场争取和团结一切不反对人民及我队的各阶层人士、少数民族、地方武装、公教人员、退役军人、知识青年、自然领袖组成反蒋、美、黄的爱国民主统一战线，共同打倒蒋介石、李宗仁、黄旭初在桂北的统治，完成解放桂北人民的任务。

第二，集中火力打击反人民反我队的反动头子、地方恶霸、首要特务，并消灭其武装组织及没收其财产，联合与中立不反对我队现行政策的地主、富农和一切可能联合与中立的社会力量。本队对蒋、李反动政府的文武人员依照：首恶者必办，胁从者不问，立功者受奖的原则处理，即使过去反对过我们的人员，只要他停止其反动行为，改邪归正，我们也宽大对之。

第三，一切"保安队"官兵，只要他放下武器，则绝不虐待伤害，宽予优待。

第四，本队目前的社会政策是反对三征，救灾救荒，适当地执行减租减息和生产合作。

第五，本队目前的社会政策的基本原则是合理负担，中农以下各阶层概不征收，地主、富农征其剩余部分（剩余部分是指除去生活费用以外，生活费用按照每人每月一百斤老秤谷计算），酌情征收，最高率不得超过其剩余部分百分之三十；不侵害工商家的利益，但对市场上的个别富商酌情征收，最高率不得超过利得的百分之五。

第六，除有反革命行为的确实证据必须受本队的肃反工作处理者外，任何人士本队均予保障其人权财权。

桂北人民翻身队翔云队印

中国人民解放军粤桂边纵队成立宣言

（1949 年 8 月 1 日）

中国人民解放军粤桂边纵队，奉命于八月一日正式成立，在这伟大庄严的人民解放军建军二十二周年纪念日，我们谨发布纵队成立宣言如次：

解放大军已在北起秦岭南迄东海的万里前线上向待解放区英勇进军，全华南和全中国的彻底解放即将实现。国民党反动残余及各地方反动力量，如不投降或依照国内和平协定最后修正案实行改编，就将被彻底、干净、全部地歼灭，全国革命高潮涌到华南，粤桂两省已面临全面解放的前夜。

粤桂边区人民在中国共产党的领导下，自日寇占领雷州半岛时起迄今进行了两年的抗日战争和四年的人民民主革命战争。六年来，几经艰苦曲折。但由于中国共产党的坚强领导，全体指战员的英勇奋斗，及广大人民的热烈支持，不但一次又一次的粉碎了敌人的进攻，在斗争中壮大了自己，创立了主力，打下了建立边区根据地迎接最后胜利的基础，而且作了三次历史性的远征，协助兄弟军开辟了新区。这是全党、全军及全体人民的光荣和胜利。

现在，边区各地革命武装已经统一编组，正式成立粤桂边纵队，加入了中国人民解放军的战斗序列。我们坚决执行毛主席和朱总司令四月二十一日的"进军命令"和四月二十五日的"约法八章"，拥护迅速召开新政治协商会议，成立民主联合政府，坚决执行中共中央华南分局五月八日对华南时局及有关政策的声明与"华南人民武装行动纲领"，奋勇前进，配合南下大军，解放两广，要歼灭一切拒绝投降及敢于抵抗的反动武装，逮捕一切怙恶不悛的战争罪犯。而为着提早结束战争，减轻人民痛苦，使人民祖国的财产避免不必要的损失，我们遵照毛主席及朱总司令的指示，愿意依照国内和平协定最后修正案，与边区境内一切国民党地方政府及军事集团，签订地方性的和平协定，以期早日实现边区的真正永久的和平。

本军目前的主要政策是：

第一，集中火力打击至死不悟、坚决反对人民及反对我军的反动头子、地方恶霸、首要特务，并消灭其武装组织；联合与中立不反对我们现行政策的地主、富农和一切可能联合与中立的社会力量。对国民党各级文武人员，依照"首恶者必办，胁从者不问，立功者受奖"的原则处理。即使过去反动作恶，只要决心改邪归正，向人民立功赎罪，确有事实表现者，我们决以宽大对之。这些人员今天必须服从解放军及人民政府的命令和法令，负责保护国民党反动政权中党、政、军、民、财经、文教各机关团体的一切资财、档案、建筑物，听候接收处理，保护有功者受奖，阴谋破坏者惩办！

第二，实行反三征、减租减息、调剂耕地、发展农村及城市的生产合作、赈灾救荒的社会政策。这些政策我们不仅在过去和现在都已坚决执行，而且准备在今后一两年内继续执行。土地改革工作只有在具备土改条件后，才能有步骤有计划的实施。

第三，实行合理负担、有借有还的筹粮筹款的办法，保障合法的财权，保护并扶助民族工、商、农、牧业，执行"公私兼顾，劳资两利，城乡互助，内外交流"的照顾四面八方的经济政策，以发展生产，繁荣经济。

第四，过去华南一些民主党派，激于义愤，曾组织武装反抗蒋匪统治，这种行为是完全正确的，但是，中国的社会条件与历史条件规定了只有中国人民解放军是中国人民唯一的革命军队；今天革命形势的胜利发展，又决定了一切革命武装必须统一在中国人民解放军的指挥之下，进行一定的革命工作。今年五月，中国国民党革命委员会及中国国民党民主促进会的负责人李济深、蔡廷锴两先生，已命令其所领导的武装，即交由华南各地的中国人民解放军接收改编。因此，今后除中国人民解放军外，不可能有别的武装部队，如有这种部队，竟敢假借民主招牌，实行招摇撞骗，企图浑水摸鱼，而不肯接受人民解放军的收编改造，我们将视为反动武装，坚决予以消灭。

以上各项政策，向为粤桂边区人民武装所执行，如有个别地区、个别部队，违反上述政策者，应即纠正，并向人民诚恳承认错误。

曙光在前，胜利在望，全边区的工人、农民、知识分子、工商业家、华侨、开明士绅、各民主党派、人民团体，紧急动员起来，团结一致，支援本军，为解放边区、解放两广、建立新民主主义的新中国而战斗！

本军全体指战员同志们！我们要唤起民众，提高技术，英勇战斗，消灭敌人，用胜利来接受纵队的光荣称号！坚决服从命令，执行政策，遵守"三大纪律八项注意"，努力加强军民合作，巩固部队团结，配合南下大军，完成解放粤桂两省，解放全中国的光荣任务！

中国人民解放军粤桂边纵队
司　令　员
兼政治委员　梁　广

副 司 令 员　唐才猷

政治部主任　温焯华

参　谋　长　杨应彬

暨全体指战员同启

一九四九年八月一日

中国人民解放军粤桂边纵队
政治部告国民党军官兵书

（1949 年 8 月 1 日）

国民党军队的官兵们：

你们现在正处在最危急的生死关头，我们为着你们的前途，特向你们发出如下的忠告：

强大的人民解放军在歼灭了国民党军队五百五十九万人之后，数百万大军又开始新的强大攻势。目前已到了最后肃清蒋介石匪帮反动残余力量，解放全中国的时候了，两广解放在即，你们已经面临着如不投降、不起义，就会被彻底歼灭的命运。很明显的现在摆在你们面前的只有两条路：第一条是站到人民方面来，戴罪立功，走向光明新生的道路；第二条是跟蒋介石反动到底走向毁灭死亡的道路。除此之外，你们是没有第三条路可走的。

我粤桂边纵队，坚决执行毛主席和朱总司令四月二十一日的进军命令，配合南下大军，奋勇前进，坚决、彻底、干净、全部歼灭一切敢于反抗的国民党反动军队，逮捕一切怙恶不悛的战争罪犯。不管他们逃到哪里，都要缉拿归案法办。同时对于边区境内的国民党地方政府和军事集团，凡愿意停止战争，用和平方法解决问题者，我们愿意根据国内和平协定最后修正案和你们签订地方性的协定，即使过去反对过我们，有过罪恶行为，只要决心悔过，有戴罪立功的行动表现者，我们决予宽大对待。我党我军对傅作义的宽大处理，就是最好的证明。如果你们真正决心寻求生路，立功自赎，脱离蒋介石匪帮，站到人民方面来，那么，你们就应该立即这样做以证明你们的真心诚意。

一、目前蒋介石反动政府已覆没，残余匪帮很快就会被肃清，再也没有任何危险和困难可以阻碍你们的行动。你们应该立即组织起来，实行自救，勇敢地行动，活捉或枪杀一切至死不悟和强迫你们执行反动命令继续屠杀人民的反动头子，把部队带到人民解放军来，陈一林将军就是你们行动的好榜样。

二、如果被迫与我军作战，则应向天打枪，并迅速停止抵抗，放下武器，或举行阵前起义，像张翰将军那样做。

三、坚决停止执行一切反动命令，停止扫荡、围捕、奸淫、抢掠、屠杀的罪恶行为，释放一切无辜被捕的人民。

四、如果你们要回家，则应迅速组织逃亡，我们愿给予你们必需的路费和各种方便，遣送你们返乡；如果你们愿个别参加本军，我们亦表示欢迎。

国民党军队的官兵们：枪是美帝国主义及其走狗蒋介石的，命是你们自己的，你们是继续卖命给蒋介石反动派做替死鬼来保护这班匪徒逃命呢？还是拿着他们的枪投到人民方面来，为争取自己的光明前途而斗争呢？时机紧迫，稍纵即逝，你们应该当机立断了。

桂北人民解放总队总队部公布
桂北局部和平条件

（1949 年 8 月）

中国共产党领导的人民解放军，自胜利的渡过长江后，第二个新的战略攻势已于七月十五日开始了，分三路大军（东路由江西进军，包围衡阳，中路由粤汉铁路南下，西路由湖北插进湘西）正以排山倒海之势，解放湖南，逼近广西，无论广西统治者如何死硬，也决不能阻挡解放军解放广西。本队为着减轻人民痛苦，避免人民生命财产的损失，特依据中共中央八条二十四款和平协定的精神，公布下列和平条件，以作桂北国民党各级政府及所属武装部队的局部和平解决方案。希望我桂北各人民团体、开明绅士、农工商学各界同胞，团结一致，督促桂北国民党各级政府，接收此项条件，为实现和平而奋斗。

一、桂北一切国民党军政机关的人员，不问何人，如果认清是非，翻然悔悟，出于真心诚意，确有事实表现，因而有利于人民解放事业之推进，有利于用和平方式解决问题者，准予减免罪过，或减轻罪名，给以宽大待遇。

二、桂北国民党军政机关的人员，不问何人，凡属怙恶不悛，顽抗革命，阻碍人民解放事业之推进，不利于用和平方法解决问题，或竟策动叛乱者，本队予以从严究办，其率队叛乱者，决予以讨平。

三、桂北国民党政府所属的一切武装部队（包括省保安队、县保安队、警察队、交通警察、自卫常备队及一切乡村反动武装），于接收〔受〕和平条件后，均应依法开赴指定地点，向本队实行和平移交，并应严格遵守纪律，不得破坏地方秩序。

四、桂北国民党政府所属一切武装部队，在其驻地之城市、乡、镇、村、街，交通要道，当本队尚未到达接收前，不许有任何破坏事件发生。

五、上述一切武装部队，经本队接收整编后，其官兵中老弱残废，经查验属实，确须退伍，并自愿退伍或转业者，本队均给予回家便利和生活的安置，务使各得其所，不致生活无着，发生不良现象。而改编为人民队伍后，应严格遵守人民解放军三大纪律八项注意，和本队的一切建制，忠实执行人民解放军和我队的军事、政治制度，不得违反。而退伍官兵应尊重当地人民政府，遵守当地人民政府法令。地方人民政府及当地人民，亦应对退伍官兵给予照顾，不得歧视。

六、桂北国民党政府所属一切武装部队，当本队尚未接收前不得再行征募兵员，对其所有武器、弹药及一切装备，一切军事机关设备及一切军事物资，均须负责保护，不得有任何破坏、藏匿、转移或出卖行为。

七、在本队尚未接收前，桂北国民党各级政府及所属的武装部队，应负责保护当地人民的利益，亦不得有摧残镇压危害等行为，并不得妨碍本队活动。

八、在本队尚未接收前，桂北国民党各级政府应负责保管一切政府机关、学校、国家企业（包括银行、矿山、铁路、邮电、公司、商店、仓库及一切交通设备）及各种属于国家的动产不动产，不许有任何破坏损失、迁移、藏匿或出卖。应将一切文件、图书、档案及一切产业资财，准备等候用和平方式向本队移交，并宣告自己的结束。当移交时，本队各部必须注意吸收其工作人员中一切爱国分子及有用人材，给以民主教育，并任用于适当的工作岗位，不使流离失所。

本和平条件公布后，不问何人，愿意停止战争，接收〔受〕上述条件解决问题者，均可派遣全权代表与本队接谈签字。

中国共产党柳北区工作委员会
柳北人民解放总队宣言

（1949 年 9 月 15 日）

今天，中国人民的解放战争，已即将在全国范围内获得胜利，一切残余的中国反动力量即将迅速肃清，中国人民的大翻身已在眼前！

由于南下大军的迫近和地方人民武装力量的迅速壮大，广西的革命斗争形势，即将出现大变化，柳北地区革命斗争形势也将出现大变化。柳北人民解放总队的前身——桂黔边人民保卫团正式成立不久，在七月份起以后的两个半月期间，只以一、二大队来说，已歼灭敌兵共约八十三名（最后战果正清查，此项未有确数），毙特务十六名，解放了七个伪乡公所，缴获轻机七挺，手提机一挺，步手枪七十七支，粉碎了敌人对融南区、融罗边每次动员四百人以上的两次"围剿"，使伪二区专署、伪十五区专署和融、罗、柳等县伪政府及一切反动派受了沉重的打击，使广大的人民欢欣鼓舞，并提高了斗争情绪，壮大了人民武装，更使数乡人民完全解除了国民党反动派三征毒政的压榨。而这一些只不过是一个开始，柳北区人民解放战争的更大胜利，必将继续出现，以至完全解放。如果任何反动派敢于再组织"围剿"，也必定要受到更大的痛击，以至于全部消灭。

在这里，我们再一次郑重宣告：本地区国民党反动派所属机关、部队人员，如果还敢怙恶不悛，继续进攻、屠杀、逮捕、掳掠、压榨人民和人民武装的，我们必定予以坚决消灭。如果真心悔悟，决然停止恶行，保护一切武器公物，和平移交本总队，或者戴罪立功，向人民赎罪的，就会得到宽恕或嘉奖。根据最近有些反动机关的负责人，在和我们进行谈判的时候，有拖延欺骗的迹象；有些一向为害人民的野心家，则一方面宣称维护人民利益，向我们要求联系和领导，一方面勾结和协助反动派进攻人民，现在我们特再提出警告：如果他们蓄意玩弄阴谋，不即改过，必定要受严厉惩办。

本委员会和本总队，将领导全区人民进行社会改革，减租减息，保护民族工商业，保障人权，维护少数民族利益，尽量减轻人民负担，使被剥削被压迫的万千人民，抬头翻身，建立独立、民主、自由、统一、富强的新民主主义社会。

受尽千痛万苦、挨冷挨饿的工人们，男女农民们，教师学生职员们，开明士绅们，民族工商业家们，苗、瑶、侗、壮等少数民族的兄弟姐妹们，组织起来，奋勇斗争，参加部队，支援前线，大步向前，迎接南下大军，解放自己，解放整个被压迫被剥削的阶级！

中国人民解放战争胜利万岁！

中国人民民主共和国万岁！

中国共产党柳北区工作委员会

柳北人民解放总队司令员兼政治委员　莫　矜

副 政 治 委 员　谢之雄

政 治 部 主 任　林润葱

中共粤桂边区党委
关于紧急动员起来配合大军作战
给桂中南地委的指示信

（1949 年 9 月 25 日）

桂中南地区诸同志：

彻底解放华南的大战，即将发动，可能大军解放广州、衡阳之后，即将进军广西，或同时进军，两者必取其一。到时大军会抵你区，那时边区主力亦将开向桂南推进，配合大军作战。

大军对衡阳发动进攻和解放衡阳之后，白匪残军会有很大部分退回广西，胜利前你们会更加艰苦，但是必须向全党、全军及广大群众讲明，胜利前的黑暗时间是很短促的了，解放军主力入桂彻底解放广西的时间很快就会到来，败退下来的敌人是不可怕的了。应立即号召党政军民紧急动员起来，支援大军，配合大军作战，歼灭敌人，解放桂中南。

你们在军事上应即发动全军积极进攻，大刀阔斧地推向邕、柳之间发展，歼灭地方反动势力，打开大路迎接大军，配合大军作战。支队司令部应马上成立，公开号召，扩大宣传，应放手扩大主力与地方部队。

目前地方党政民的中心任务是"动员一切人力、物力、财力，支援前线"。你们应该着手进行如下几件工作：

（一）发动群众，普遍组织民工团，准备好人〔员〕力量，俟大军进境，即刻调上前线随军服务（运输粮食、弹药、枪支，运伤员、打扫战场等）。应每乡组织一个民工连，每区组织一个民工营，每县组织一个民工团，每连百人，每团千人，编制应和武装部队相同，以便利管理指挥。组织民工团时防止强迫命令，从思想上、政治上去动员，做到群众自动自觉的参加，党员干部应起带头作用。应切实解决民工的家庭生活困难与生产困难，使他们安心上前线服务。应配备坚强的军政干部到民工团中工作，要使临时组织起来的群众能好好地在炮火下担任艰巨的任务，没有坚强的干部管理与指挥是办不到的。民工团组织好之后，应加强其政治思想教育与基本军事训练，听候命令调上前线。

（二）应全力把秋季征粮工作做好，把公粮债券的发行工作做好，储存大量粮食，供给大军。目前就要着手准备这两项工作，最好组织推销公粮债券委员会，筹划领导全区的推销工作，应根据征粮办法的精神，应即发动各级党委与各级政权机关讨论布置；征粮工作，最好能组织粮食保管委员会，有计划地保管粮食。应该加强对各阶层的政治宣传工作，号召各阶层多出粮食，多购公粮债券，支持大军，歼灭敌人，解放自己。

（三）应发动全党展开广泛的借捐运动，向各阶层借捐粮食，借款捐款支援前线。

（四）动员群众参军，大量扩大主力与地方部队。

（五）各县立即组织支前委员会，由县政府主持领导，由县长任主任，由党军民各机关派代表参加，统一领导筹划全县的支前工作。

秋收将至，秋冬之间是群众斗争的季节，不应因支前战争工作而忘记了或忽视了群众斗争，应把支前工作与群众斗争工作结合起来，不发动群众斗争，并从群众斗争中提高群众的觉悟程度与组织程度，支前工作的任务是不能彻底完成的。动员群众参军与参加民工团时，不要实行"拔根政策"，不要把骨干抽空，不要把基础拉空，影响群众斗争。

接收城市工作也要马上准备，应组织接收委员会（地委领导），在大军未到达之前完成各城市的接收准备工作：

1. 了解调查各部门的详细情况；

2. 配备好各部门各城市的干部；

3. 从事接收工作的同志，要研究学习有关政策与接收方法；

4. 做好一切物质准备，如：安民布告、传单、标语，毛主席、朱总司令肖像。……

应发动大规模的宣传攻势，以掀起群众迎接大军的热潮。应备大批宣传品，当大军进入广西后，立即展开大规模宣传攻势。我们正在准备印发大批大量宣传品，以供给各地区需要。

桂中区人民解放总队政治部
警告各乡村街甲长及顽固豪绅书

（1949 年 9 月 26 日）

各乡村街甲长及顽固豪绅们：

　　国民党反动派二十余年来独裁卖国内战的统治，造成了中国有史以来最黑暗最悲惨的局面。另一方面，中国人民在中国共产党领导之下，前仆后继地坚决地反抗国民党反动派这种罪恶滔天的法西斯统治。现在全国范围内基本上已经获得胜利，国民党反动派在经济上、政治上已经彻头彻尾的垮台了。军事上由于解放军最近猛烈的进展，在西北解放兰州，深入青海，歼灭马家军；在华南解放福州、长沙，下曲江广州，歼灭白家军。国民党反动军队，现在剩下的已经是残余之残余。最后的全部干净彻底肃清这些残余匪军，解放广西，解放华南，解放全中国，绝不是长久的岁月问题，只是个把两个月的时间罢了。

　　你们过去在国民党反动派欺骗宣传蒙蔽之下，或多或少，曾替他们做过一些坏事，论□□□，该当何罪？你们会说，我是奉命行事，何罪之有。或许又会说，我之所为是出之被迫，为着自己的生活和生存，不能不应付应付。这些想法都是愚蠢的欺人自欺。你们这种行为，对少数国民党反动派来说，是他们的好助手，对广大人民来说，是敌人的帮凶。例如最近广西国民党反动政府为着拖些活人来陪葬死尸，到处疯狂地向人民进剿，你们则奉命：

　　（一）帮助伪政府迫丁迫粮迫夫，支援伪进剿部队，向人民及人民解放军进攻。

　　（二）勾结土匪流氓，出团配合伪进剿部队烧杀奸淫，掳掠人民及人民解放军工作人员及其家属。

　　（三）替伪进剿部队放哨守卡，逮捕和阻难解放军工作人员及其活动。

　　（四）替伪进剿部队作侦探，送情报，造谣惑众等。

　　以上这些及类似这些行为，近在贵县、武宣、桂平、象县各地推行。你们凭着良心讲，这能说是无罪吗？你们为着生活和生存而危害人民，能说是无罪吗？

国民党反动派最后的任何挣扎，都挽救不了他们的死亡，这已经是中外公认，连反动派自己也默认了的。人民审办处决他们不久就要到来，你们这些帮凶要和主犯殉葬呢，还是要生存？放下屠刀，立地成佛，立即停止作恶，向人民悔过自新，立功赎罪，就是生路。否则，你们忠实于国民党反动派到底，本军必予以严办，绝不宽恕。

桂北人民解放总队命令

（1949 年 10 月 10 日）

桂北人民解放总队路东支队暨各大队基干队、武工队同志们；桂北人民解放总队路西支队暨各大队基干队、武工队同志们；桂北人民解放总队独立大队全体指战员同志们：我于八月间公布桂北地区的局部和平条件后，桂北国民党各级政府及其所属武装部队，已接受我局部和平条件进行谈判，准备和平移交者有之；动摇不定、模棱两可、保持观望态度者有之；企图反动到底、拒绝接受我局部和平条件、顽抗本队者有之。当中国共产党领导的人民解放军最后彻底歼灭国民党反动派残余势力的今天，我队为肃清桂北反动势力，配合解放军解放桂北、解放广西，我命令你们：

（一）奋勇前进，坚决彻底干净全部地歼灭桂北境内的一切敢于抵抗的国民党反动势力，解放桂北人民；

（二）奋勇前进，逮捕一切怙恶不悛的反动头子及战争罪犯；

（三）向桂北一切国民党地方政府、地方军队发出最后通牒，令其接受我局部和平条件并即实行移交；

（四）对于接受我局部和平条件者，令其按期移交。

总队长兼政治委员　吴腾芳

桂北人民解放总队最后通牒

（1949 年 10 月 10 日）

中国共产党领导的人民解放军已浩浩荡荡进入广西，继续追击国民党反动派的残余势力。广西反动统治者三大豪门已经完全崩溃，李、白、黄及其走狗们已到了最后死亡。本队为着减轻人民痛苦，避免人民生命财产的损失，曾于八月间公布桂北地区的局部和平条件，以作桂北国民党反动派各级政府及其所属武装部队的局部和平解决方案，不意你们竟敢观望漠视，甚或企图顽抗革命，阻碍人民解放事业之推进。现特严重发出最后通牒，限即答复，并即派遣全权代表与本队接谈移交。否则执行军事解决。倘胆敢顽强抵抗，则坚决予以全部消灭。

此致

桂北国民党反动派各级政府及其所属武装部队知照。

中国人民解放军粤桂边纵队司令部、政治部联合训令

（1949 年 10 月 13 日）

全军指挥员战斗员工作人员诸同志们：

中华人民共和国中央人民政府已经于十月一日在北京成立，从此中国人民真正当家作主，真正做了共和国的主人翁，五颗大小光耀夺目的亮晶晶红闪闪的五角星旗帜在世界上飘扬，普照着人类，中国人民热烈欢呼庆祝自己光荣的日子到来！

朱总司令于当日发出命令，我们坚决执行毛主席一切命令，坚决的迅速肃清一切尚不肯投降的反动残余力量、特务、匪徒，使全国早日获得全部解放。前月廿旬，大军便已打进广东，残敌已土崩瓦解，不是起义，便是被歼被俘或投降，两广全面解放很快就实现了！

我边区一切武装部队，当前的紧急任务即是紧急动员起来，

积极的大胆的向尚图抵抗的残敌展开猛烈的攻势，歼灭残敌以迎接与配合大军行动，解放全边区，并迅速恢复与发展生产建设，使边区人民早日享受共和国安定的幸福生活。对于接管城市、收缴敌军武器、改编敌军的准备工作，除另有专文指示及军事行动另有计划命令外，兹为使我军向正规化发展，以适应当前紧急任务的要求，特训示如下：

（一）各级部队应即依照本部最近颁布的暂行编制表及各种暂行纪律制度条令，迅速统一编制，充实组织，提高战斗力。对于各种人员的配备，应按战斗员为比例，先充实战斗员为原则（非暂行编制表所有人员应即裁撤）。至于武器弹药的配给，则以向敌人去解决为原则。

各种条例制度应迅速传达讨论，严格执行。过去所严重存在的无政府、无组织、无纪律状态，必须加以检讨与纠正。

（二）加强军事纪律制度、政策及整肃军容的教育工作。

1. 军事术科，每天至少有二小时以上的军事教练，以提高部队作战指挥技术与作〔战〕能力（除作战行军的紧急状况下，不得有任何藉口停止）。科目除了实际应用的科目，战士的如散开、利用地形地物、投掷、突刺、构筑工事等，连排班级的如指挥技术动作等，至于营级以上，则每周至少有四小〔时〕以上研究战术问题及总结战斗经验外，对于制式教练也不容忽视，以要求队伍整齐、动作一致。一方面进入城市时，表现着我们的雄姿，以壮观瞻，另一方面，作为战术教练的基础，而达到提高战力的要求。

2. 加强三大纪律、八项注意与约〔法〕八章及各种政策的教育。由各部队根据自己的实际情况与特点决定进度时间，订出自己短期的必要的教育计划，务使全体成员皆熟习三大纪律、八项注意及约法八章各种政策的要点与意义，并配合检讨过去实际行动中的表现，根据所得材料定出以后严格执行的方法。

3. 整肃军容。过去由于游击环境，各部队对于军容向不注意，尤其对于礼节方面，不但随便忽视甚至没有，缺乏尊重上级观念，这种无礼节的现象，在现在走向正规化的时候，应该终止了！今后，应即以支队（或团）为单位，严格整肃军容，尽可能做到有制服，并要尽可规定统一的着法（以取用方便确定、整齐为原则），讲究军风纪，对于礼节的动作，应于最短时间来演习，依照本部所颁发的礼节暂行条例认真实施，养成"军人礼节"的习惯，对于初时可能发生的"忸怩""怕羞"的不惯状态，要从思想上去纠正。

（三）对于即将颁发的"接管工作须知"及各种有关政策（如约法八章、工商业政策、俘虏政策、入城守则……），必要迅速展开有组织的热烈讨论研究教育工作，深入到全体指战员、工作人员的脑海中，体会力行，学会大军进入平津上海等大城市的严守纪律、保护人民利益、保护城市的精神。比如在上海战役中战斗结束后，狂风大雨之时，都绝不入民房商店躲雨，宁可在街头露宿，不犯人民一针一线，使中外人民交口称赞、极力拥护。这种秋毫无犯的优良传统，我们边区全军应发扬光大。兹郑重规定入城部队的守则如下：

1. 军队必须保护城市人民的生命财产，不许侵犯，对现状态，各机关部队不得自行更改。

2. 凡遵守人民政府法令的工商业，坚决予以保护，其有违反或破坏行为者，应报告上级及军管会处理，不得自行处理。

3. 为照顾群众利益，密切军政关系，部队在城市驻扎者，禁止强住及租住民房，非经上级许可，不得借用民众家私用具，以免引起城市居民的不便与不利，而应驻扎在兵房、公共机关、庙宇、祠堂、公所或会馆等场所，使用自备的或公共的家私用具。军人假日看戏、理发、洗澡、游览公共娱乐场所及乘公共汽车者，均须照章买票、照价付钱，不得要求免票或减价。部队担任守卫时，须认真执行职务，但对群众要和蔼，不得摆架子蛮横无理。

4. 为保护城市建设，部队对公共房屋建筑、公园及家具设备，不得移走拆毁或破坏。

5. 为保持部队公正廉洁，未经上级许可，不得接受人民的慰劳或邀请食饭赴家宴。

6. 为整顿军风纪，维持城市纪律，部队必须遵守纪律，提倡礼节。关于市内卫戍勤务，执行军风纪、交通规则、娱乐场所规定及公共卫生等，军队必须服从当地军管会、警备司令部及公安局之指挥，遵守规矩。军队应组织营房的文化娱乐活动，要严格执行请假制度，不准上街游逛，无故不许鸣枪，如须举行一些演习或试枪，应得警备司令部或最高军事指挥机关批准，并事先通知当地民众，在市郊举行。

以上所列各项，乃我部队准备进入城市与进入城市后最低限度的要求，我们命令你们立即具体布置，认真执行，并将实施计划及执行过程的优缺点经过情形，随时报告。

此令

司令员兼政治委员　梁　广
副　司　令　员　唐才猷
参　　谋　　长　杨应彬
政　治　部　主　任　温焯华
副　　主　　任　支仁山

粤桂边区党委关于扩大主力，配合大军，积极做好支前、迎军工作给桂中南地委的指示信（节录）

（1949年10月19日）

桂中南地委诸同志：

梁同志[①]带来高莫[②]同志的报告及两位学机要的女同志，均接妥。勿念！

大军新历十一月中旬可抵达广西，解放广州的大军已抵达阳江，不日抵南路，你们应迅速发动全党全军起来，进行一切迎接大军、迎接胜利的工作。

一、在军事上要集结主力向柳州发展，配合沿湘桂路前进的大军作战。这个方针要排除万难，坚决执行。高莫同志来此间，在斗争上消极退缩，是因为吕源同志回去后未能坚决执行区党委指示缘故。高莫同志回去后，按照区党委指示的精神去检讨工作，纠正偏向，具体执行区党委的方针，这是对的，应本此精神加倍努力，向柳州发展。

同时也要和南宁方面取得联络，配合工作，准备配合大军解放南宁。

向柳州发展过程中，应坚决歼灭一切能够歼灭的反动武装，摧毁一切能摧毁的反动据点。但你们那里敌人力量尚多，在前进中要戒骄戒躁，应谨慎小心，以避免过大损失。

二、应大量扩军，扩大主力，扩大区乡队、武工队，普遍组织民兵。大军到来时，没有足够的武装配合作战，会增加大军作战的困难；解放后没有足够的武装，则使警卫与剿匪遭遇困难；目前不大量扩军，大军到来后，缴获敌人的武器将无人使用。这点应大大注意。

三、应迅速做支前工作。普遍组织民工队，为大军运输粮食担架、当向导、打扫战场；发动广大妇女组织洗衣组、缝衣组，为大军缝衣、洗衣；动员广大群众，按家按户准备粮食、肉菜、柴草，慰劳大军。为使这些工作做好，各县应组织支前委员会。

尤其重要的是我们应把征粮筹粮工作做好，准备足够粮食供给大军。应进行普遍秋收，广泛发动各阶层献粮、捐粮，积极推销公粮债券。

四、胜利到来，适逢秋收季节，我们应掌握这个时机，普遍发动减租减息斗争（边纵政治部已颁布减租减息条例，区党委也另有关于减租减息与群众斗争的指示信），普遍放手发动群众斗争，把广大群众发动起来，支援战争。

各项具体工作已和梁同志谈过了，许多具体问题，由他口头传达。此致

布礼

粤桂边区党委
一九四九年十月十九日

注释：
① 梁同志即梁洁光同志。
② 高莫，即杨烈。

告左江人民书

（1949 年 10 月 22 日）

亲爱的左江同胞们：

人民解放军在本月九日解放了衡阳，打开广西的大门，广西反动头子李宗仁、白崇禧匪帮的仅有本钱号称"精锐"的第七军和四十八军在衡阳战役中已全部为人民解放军歼灭，国民党反动政府所在地的广州亦已于十四日获得解放，匪帮的"政府"现在已成了无主孤魂，它的大小喽罗们亦已纷纷作鸟兽散。这个形势说明了人民解放军的大军不日就要打入广西，加上广西人民武装的日益壮大，解放了从玉林、博白到桂滇边境，从十万大山、桂越边境到桂北之间的广大地区，并与粤、滇、黔等省的解放地区广泛地连成一片，人民解放军左江部队亦已与右江和十万大山的兄弟部队取得了密切联络，只要解放军打入广西，我们就要共同呼应进军龙州、南宁，配合打入广西的解放大军解放全左江，解放广西全境。

左江解放地区的同胞们：当此广西即将全部解放的前夕，我们应该紧急有组织的动员起来，支援解放战争，彻底扫除残敌，协助接管乡村和城市，建立革命秩序，恢复和发展生产，这就是我们的总任务。

左江待解放区的同胞们：你们现在正处在水深火热之中，但是苦难的日子不会很久了！团结起来，在本军未到之处，自动拿起武器，实行抗丁抗粮，利用敌人空隙，发展游击战争，争取自己的早日获得解放。

农民同胞们：组织起来，帮助解放军筹粮筹草，帮助运输，修桥补路。在解放后，则把大量粮食、燃料运到城市交换回日用必需品，使城乡生产品迅速交流。在乡村中则坚决肃清土匪、特务和进行反对恶霸的斗争，收缴反动武装，发展农村生产。

工人和技术职员们：组织起来，热情的支援人民解放军。在解放军未到之前，要很好地保护工厂、桥梁、公路、车船和各种器材，使国家的财富不受国民党匪军的破坏和搬走。在解放后，要帮助接管工作，肃清潜伏反动势力，迅速恢复与发展生产和交通。

革命的知识分子、学生、公教人员、医生、护士、编辑、记者们：很好地保护学校、机关、医院、报社、书店和其他文化公益事业机关，帮助接管工作，向群众宣传解释人民解放军的约法八章和人民政府的一切法令。凡在这些机关供职的人员，均得照常供职，人民解放军一律保护。

私营工商业的同胞们：人民解放军对于私人的工厂、商店、车船、仓库、农场、牧场等是一律保护，保证不受侵犯的，希望各业员工照常生产，各行商店照常营业。人民解放军和人民政府是忠实执行中国共产党的城市政策和工商政策的。

亲爱的左江父老兄弟姐妹们：人民政治协商会议已经成立，中华人民共和国已经诞生，强大的人民解放军正向着广西前进，我们正处在全部解放的前夕。帝国主义加诸我们的侵略，数千年来的封建压迫和数十年来官僚资本剥削，将要从中国的土地上永远地消灭了。让我们亲密地团结，勤劳地工作，早日肃清国民党匪帮的残余军事力量，建设新民主主义丰衣足食的新左江。

全力支援人民解放军！

解放左江，解放广西，解放全中国！

中国人民解放军万岁！

中华人民共和国万岁！

中国人民领袖毛主席万岁！

中 国 共 产 党 左 江 工 委 会
中国人民解放军滇桂〔黔〕边纵队左江指挥部

叶剑英方方给各地党委的指示

——在新解放地区建立接管机构

（1949 年 10 月 29 日）

各地党：

（一）最近我军前进，攻克许多小城镇，大多地方干部不能随部队同行，正式政权不能及时建立，往往因为没有一定的组织负责接管，维持治安，统一支前，以致部队供给困难重重，违纪现象屡屡发生（损坏公共建筑，破坏借粮及物价政策等），金融物价波动，经济死滞，人为不安心的现象延续很久，无法打破，给以后工作留下许多不良的后果。

（二）凡五万人以下的中小市镇与一般县城，不需要成立军管会组织，举凡物资接收、城市管制、支前工作均统一于当地政权，故负责接管地方，主观上要尽早准备，尽量做到随部队一起前进，一起入城，行进途中要帮助部队进行民运工作与动员工作，入城伊始，便要马上安下摊子，树立政权，执行一切职务。

（三）如因进军迅速攻占城市，地方干部不能赶来，政权暂不能建立，而部队又有相当兵力在该地担负防守任务时，应将团以上的政治机关为主，抽出专门班子组织军政委员会，为临时接管组织。其任务为看管敌人的企业物资，保护公共建筑，准备移交，有计划的统一筹借粮草，动员民夫，解决部队困难，镇压地方反动分子，清理散兵游勇，维持地方秩序，统一当地游击队及我党地下武装的指导与供给，监督部队严肃纪律，执行城市政策等。军政委员会主任由军队政治部主任或副主任担任，下设宣教、民运、接管等必须的机构。此外，指定适当兵力（例如一个营）为城内卫戍部队，担任市内警戒，实行纠查整饬军队纪律。如有随军前进的地方一般民运干部，本地游击队负责人及协助维持治安之当地民主人士，可以吸收参加军政委员会为委员，在用和平方式解决地方，并向以吸收起义军政人员中表现进步者参加军政委员会。对于一些重大问题的处理（如军需品的分配，征借粮食数量……），应经过上级机关批核，严格请示报告制度，涉及政策问题的掌握，一定集中于军或兵团政治部。

（四）在军队没有力量建立军政委员会的地方，为了顺利建立支前，保证供给，可在政治部发起与指导下，运用地方公正人士组成治安委员会，或临时支前委员会，令他们传达物价，号召商民开业，有秩序的进行借粮、购粮、借房、借东西、雇用民工等项动员工作，克服混乱现象。人选由当地公正又有资望的群众领袖、开明士绅、商人、教员中物色，反动分子绝不容参加。如在我入城前已经组织的治安会，则应加以审查改造，令其接受我之领导。这类临时维持性的组织，是军队进入新区，解决部队困难，取得群众支援，必不可少的桥梁，宜善加运用，给以适当职权，尽量发挥其作用。同时又要有所约束，防止其滥用职权，破坏政策，压制群众，反致成为我党我军与群众联系的阻力。为此，有必要在各界群众中讲明它的性质与任务，发动群众协助与监督，在秩序大体已安定后，即尽早结束。

（五）军政委员会或治安委员会、支〔前〕委员会的工作进行，到地方政府建立正式建制时为止。如部队继续前进，则接防部队应指定干部接替军政会，或负责继续指导监督治安会、支前会的工作，已经行布告之负责人名义仍暂用不变。结束时，军政机关要把一切接管物资、征借手续、社情了解、各界人物表现做详细负责的交代，不得简单推卸。政府对他们所经手的各种事项亦须一律负责承接，其有难于解决者，由军、政双方商讨，呈请上级处理之。

叶、方

十月二十九日

中国人民解放军粤桂边纵队政治部
关于印发迎军支前动员口号的通知

（1949 年 11 月 1 日）

南下大军于两阳地区歼灭残敌四个军之后，继续前进，业经进入我边区境内，与本纵队某部胜利会师，为迎接与配合大军，解放边区，我全体军民，应即紧急动员起来，做好迎军支前工作。除该项具体办法另行颁布外，兹特先行印发迎军支前动员口号一份，由我各级部队政权与人民团体，即依照普遍缮写张贴，或缮制墙壁标语，于各种群众动员大会上高呼，务使从这些口号中，群众了解目前迎军支前的具体任务，迅速组织与行动起来为要。

右通知

粤桂边纵队政治部

附：迎军支前动员口号一份：

迎军支前动员口号

1. 欢迎万里南征的解放军！
2. 欢迎劳苦功高的南下解放军！
3. 欢迎南下大军，解放边区！
4. 解放军是我们老百姓的救星！
5. 解放军是我们老百姓的队伍！
6. 拥护解放军！
7. 拥护毛主席！
8. 拥护朱总司令！
9. 组织民工队，帮助南下大军担架运输！
10. 踊跃捐借粮食，供应南下大军！
11. 捐献财物，慰劳南下大军！
12. 多设茶水站，招待南下大军！
13. 帮助南下大军做交通送情报！
14. 大家多出一分力，解放快一天！
15. 大家要解放，大家都出力！
16. 有力出力，有粮出粮！
17. 粮多多借，有借有还！

柳北人民解放总队布告

（1949 年 11 月 11 日）

解放大军进入省境，广西反动残余即将全部肃清，本总队逐步接管本区各城镇圩场，以使各该地人民，迅速从反动统治下解放。凡本总队所部进入城镇圩场时，希各该地人民安心从事原来事业，并协助本军维持该地公安，检举潜伏之反动分子，保护大众利益。至于残留各该地之反动分子，应即向本军报告投诚，不得再有丝毫妨害人民之行动，否则严惩不贷。至若本总队人员有违反中国共产党政策及中国人民解放军纪律时，均可向本军人员或领导机关报告，本军绝对查明办理，决不宽容。现订定本军进入城镇圩场规则，希我军民，一律遵照，此布。

司令员兼政治委员　莫　矜

副 政 治 委 员　谢之雄

中共广西省委组织部关于
广西工作队组成及干部任命的通知

（1949 年 11 月 13 日）

省委决定：

1. 由孙德枢同志为总队长、金泽霖同志为政委，并决定陈岸、王大中、孙德枢、金泽霖、丛振东、萧一舟、刘君达七位同志为总队党委会委员，以陈岸同志为书记。

2. 总队下分为四个大队，省委为第一大队，包括组织部（柳邑〔邕〕干部）、报社与文教接管部、秘书处、文工团等单位；桂林市军管会为第二大队，包括物质接管部、军政接管部、交通接管部、桂林市委（青委、职工、公安、省府、公安局均在内）；平乐〔地委〕为第三大队；桂林地委为第四大队。

3. 物质接管部。除前决定由李发南同志为部长、金泽霖为副部长，孙以瑾、侯昭炎两同志亦为该部副部长。

4. 桂林市委会由郭伟人为书记、段远钟为副书记、王全国为社会部部长、徐江萍同志为副部长，王全国同志为副市长，徐江萍同志为公安局长。

5. 病员、小孩及怀孕或带小孩之女同志均在武汉留守，组织留守处，由王劲同志为留守主任，陈业农、李士华等同志协助之。

除通知上列同志到职办公外，并通知全体人员以便商洽事务。

中共广西省委告广西人民书

（1949 年 11 月 15 日）

亲爱的广西同胞们！

国民党反动政府已宣告灭亡，中华人民共和国和中央人民政府已经诞生，人民解放军的胜利大军，在歼灭了蒋李白匪最后剩下的几个主力师之后，现在进入广西了，广西人民渴望已久的解放已经到来了！

二十多年来，在蒋介石、李宗仁、白崇禧匪帮统治之下，我们广西人民受尽了苦难，抽壮丁使我们多少人弄得妻离子散家破人亡；征粮征兵、苛捐杂税，滥发纸票，把我们老百姓的血汗吸个精光；许多工厂店铺被霸占、垄断，工商业被糟蹋得不像个样子；学生、公务员天天受失学、失业威胁，到处是特务横行嚣张；少数民族被当作奴隶牛马，许多人民被杀害，流离失所，惨不忍闻，痛心已极。广西人民在深痛的苦难日子里，看清了蒋李白匪帮是自己血海深仇的敌人，我们早已忍无可忍，正因为这样，广大的人民英勇的参加了二十年来的革命斗争，特别在三年来的解放战争中，我们的人民扩大了自己武装，和蒋李白匪帮进行顽强的斗争，创造了桂西、桂西南、桂粤南、桂北及广西各地之游击根据地。

亲爱的同胞们！为着迅速解放自己，大家紧急动员起来，支援自己的军队和解放战争，彻底肃清残匪特务，协助接管城市乡村，建立革命秩序，恢复和发展生产，这是广西人民当前的光荣任务。

工人们动员和组织起来！领导群众以无比的热情来支援人民解放军。在解放军未到的地方，要为保护工厂、矿山、铁路、公路、桥梁、机器及一切国家财产而斗争；在解放军到来后，要帮助接管，为肃清土匪特务，建立革命秩序，恢复和发展生产而斗争！

农民们动员和组织起来！帮助解放军筹粮、筹草、运输、修桥、补路、当向导、送消息，在乡村中坚决肃清土匪特务，反对土豪劣绅，收缴反动武装，发展农村生产，迅速沟通城乡贸易。

革命的知识分子、学生、公教人员、医生、编辑、记者、科学家、艺术家及民主人士们动员和团结起来！保护学校、医院、报社、通讯社、书店及一切科学文化等机关，帮助接管工作，向群众宣传解释人民解放军的约法八章和人民政府的各项法令。

工商业家们！安心的照常营业，恢复生产，人民解放军和人民政府一定坚决执行共产党的城市政策和工商业政策。

人民游击队员们！你们坚持多年敌后游击战争是辛苦了，现在全国胜利已经到临，你们全体指战员应更勇敢的起来配合解放军作战，消灭残敌，肃清匪特，安定社会秩序，遵守群众纪律，服从解放军的指挥，解放全广西。

各少数民族的同胞们！人民解放军和人民政府实行国内民族自治、民族平等、团结互助，使中华人民共和国成为各民族友爱的大家庭，大家动员起来支援解放军，打倒蒋李白匪帮的万恶统治，粉碎反动派一切压迫和分裂各民族团结的阴谋，为建设新民主主义的新社会而斗争！

国民党政府机关的职员们！站到人民方面来，好好保存文件、档案和财物，等待人民政府和解放军接管，人民政府和解放军实行首恶必办，胁从不问，立功受奖的政策！

最后，我们警告反动派残余军队中的军官们！人民的胜利是肯定的了，蒋李白匪帮的失败也是肯定的了，你们立功赎罪的机会不多了，但解放军仍给你们最后机会，赶快投向人民解放军来！

国民党官兵的家属们！你们不是希望和丈夫、儿子团圆吗？快快叫你们的丈夫、儿子放下武器，站到人民方面来！他们如仍执迷不悟，继续反对人民，就绝对逃不了人民的惩罚的。

亲爱的父老兄弟姐妹们！我们翻身的日子到来了，几千年的封建压迫，百年的帝国主义侵略，二十多年的官僚资本的压榨剥削，从此要在中国一去不复返了，让我们紧密地团结起来，为建设新民主主义的广西而努力吧！

全力支援人民解放军！

解放广西！解放全中国！

中国人民解放军万岁！

中华人民共和国万岁！

中国共产党万岁！

中国人民领袖毛主席万岁！

中国共产党广西省委员会

一九四九年十一月十五日

林彪等致华南分局、广西省委电

（1949 年 11 月 21 日）

华南分局、广西省委：

目前我军已开始进行广西作战，盼设法指示该地方党及地方武装进行以下配合：

（1）桂西区与〔桂〕中南区在西江、红江〔红水河〕、左江、右江、郁江北岸，望注意分散隐蔽一批船只防敌破坏或拉走，以备我军南渡之用。

（2）积极开展军事活动，阻塞敌人后方交通，扰乱敌人后方。

（3）帮助我军联系群众，使我军每到一地人民不避不怕，同时对抗敌之坚壁清野。

（4）主力到时帮助筹粮及掩护交通线，消灭散敌等。

林谭萧①

廿一日

注释：

① 林谭萧即第四野战军司令员林彪、政治部主任谭政、参谋长萧克。

中共广西省委、广西军区
关于目前征粮支前工作的指示

（1949 年 11 月 22 日）

一、我解放大军正在追歼蒋白残匪，解放全广西，所需粮草甚急，我广西党政军民目前支前的首要工作亦仍供应粮草修通道路以利运输。人民秋粮基本收完，秋征即应开始，稳定物价金融保证人民生活，恢复发展生产从事今后建设，均有赖于足够的粮食的支持，故今年秋征任务异常繁重，并为我党目前中心工作，各级党政人员必须积极努力完成此任务。据一般材料广西今秋收成中等，但连年被李白匪帮之剥削，最近匪帮又在到处要粮要款，人民负担是很重的，为达歼灭蒋白匪帮残余势力，就必须尽力迅速完成秋征任务。除我解放大军在前进途中就地筹借一部粮草外，我各地委、专署须即集中力量在交通干线上及产粮较多地区进行突击征粮工作。如当前有急需，可向粮多之地富借粮以应急需。

二、我们征粮标准，应按全年总产量征收百分之十二，负担比重必须贯彻中共〔央〕关于新区征借粮草的政策，即地主征借其粮食总收入量的百分之四十至五十，富农征借百分之二十五至卅五，中农征借百分之十至十五，贫农尽可能不征收，不得已时亦不得超过百分之五。负担面在土地分散地区可为百分之七十至八十，土地集中地区负担面以百分之六十至七十为宜，但最低不应低于百分之六十。免征户不得少于总户口百分之二十，也不得多于百分之四十。目前省委因对广西全省的地亩数与其总产量及各区具体情况，尚无确实材料，故未能确正全省征收公粮总数及各专区之应征数。现各地委、专署及主力部队与地方武装等立即按以上征粮原则，根据当地情况计算，拟定其征收总数或以县区为单位亦可，由上而下适当分配下去，特别应注意保甲的合理分配，同时亦应注意各地人口、产量及灾荒等不同情况而适当增减之。各专区或县所定之征粮数及其意见均须报告省委批准后执行。今年各地征粮任务，须于明年一月底全部完成。

三、征粮宣传口号是粮多多出、粮少少出、无粮不出的合理负担原则。因为各级尚无工作基础而需粮又紧急，所以应采取简便而为群众所易懂的办法，先除了免征户与确定大户的负担，其余可按六级至九级的互比分担，必须以各种大小会议及座谈等方式，广泛的宣传我党的征粮政策，使群众了解而起来与地富作斗争，完成征粮任务。

四、动员一切力量进行征粮工作。目前干部数目还是很小的，除必须依靠当地党政及地方军的力量外，必须充分利用乡保甲长为我征粮，如有个别坏乡长可适当更换之，一般不可更动，但对乡保甲长的利用必须与农民进行解释，并加以教育控制之，防其舞弊。农村的教职员学生与靠近我们的当地各种武装，及开明绅士也可吸收帮助我们征粮工作。在布置动员征粮支前工作中，必须分别召开区乡的各界人民代表会议、乡保甲长会议及农民代表会、村民大会等，宣传战争胜利形势及我党征粮政策，并在代表会议上宣布乡保甲长应受农代会的监督，由农代会组织评议小组或评议会，以便讨论公平负担，防止舞弊。这种动员与组织工作，必须发扬民主评议，走群众路线，一切账目要公开，上级要及时有重点的检查，表扬好的，分别轻重处罚坏的，这样才有保证征粮任务的完成。总合来说，通过行政、民主评议、账目公开、上级检查是完成征粮任务不可少的四个原则。

五、为了贯彻征粮政策的实施，必须短期集训在当地招收的大批革命知识分子及征粮的干部，深入政策教育，组织征粮工作队，选择产粮较多而又是交通要道的地区，加强领导集中力量加紧检查以便取得经验，推广全局。在思想领导上必须防止将一切负担加到地富身上，使地富受打击过重的过左思想，同时要防止一切平均摊派的国民党方法的右的思想。在征粮运动中，要注意地富隐瞒产量与隐瞒土地。只要我们掌握正确情况，就不会轻信地富叫苦而动摇，并严禁乱打乱杀现象。我们必须很好的了解情况，掌握政策，依靠群众，才能正确的执行党的政策，完成征粮任务。

六、各专区、各县均须组织支前委员会，并由专员、县长兼主任，认真讨论进行支前工作，有计划有步骤的完成修路、修桥、整理航运，并送粮运输等支前工作，并随时将工作报告省的支前委员会。

附：

一、凡以大米、杂粮交纳者，以中等大米七十斤折合稻谷一百斤。杂粮折合稻谷之折合率，由各专署根据当地比价统一规定，但只限收麦子、豆类、包〔苞〕谷、高粱。

二、柴草随粮附征，每稻谷三斤附征稻草一斤，每稻谷二斤附征柴一斤，以干木柴为标准。

柳北人民解放总队命令

（1949年11月24日）

本总队全体指挥员、战斗员、工作同志：

解放大军已在广西人民的渴望中进入柳北，疾扫广西反动派核心地区，广西即将全部解放，柳北地区革命高潮已经来临，群众情绪空前高涨，反动残余力量全部溃窜，现在我们命令你们：

（一）依照中国人民解放军命令，奋勇前进，消灭一切敢于抵抗的国民党反动军队，逮捕一切怙恶不悛的战争罪犯，在中国人民解放军第四野战军领导之下，严守纪律，解放全柳北地区。

（二）向本地区一切国民党反动残余武装或个别人员提出最严重警告：即依各所在地区向各大队缴械投降，依照中国人民解放军约法八章及本总队约法八章予以处理，如有违抗，依本命令第一项予以坚决消灭。

（三）向本地区一切非中国共产党领导之武装要求，即刻依照各所在地区向各大队接洽收编，服务人民。

（四）领导人民，在一切前哨工作、后勤工作上，尽全力协助解放军，全部消灭敌人，完成人民解放事业。

司令员兼政治委员　莫　矜

副 政 治 委 员 谢之雄

政 治 部 主 任 林润葱

桂东①一带情形

（1949 年 11 月 26 日）

军委并华中局：

据四一军廿一日报桂东一带情况转报如下：

（一）全县至兴安线敌人虽提出空室清野，但均未彻底实行，只有沿铁〔路〕公路线村庄群众因怕打仗而逃避，房子内用具、门板、稻草都为敌人抢用和破坏，离开公路两侧四五里则较好。

（二）我军经过后，群众已逐渐回来，公〔路〕铁路两侧过去有我游击队活动并与我取得联系，依〔靠〕他们动员群众回来更容易，全县及白沙铺、兴安等地正由他们筹粮并集中粮食，沿途村庄我们也可筹到一部分。

（三）桂北总队路东支队集中全县，路西支队集中兴安，由他们维持治安，沿公路附近较大铺〔圩〕镇亦有武工队活动，沿途帮助我军带路，对我帮助很大。

（四）敌人驻过的村庄破坏很利〔厉〕害，门板修工事及烧火，稻草满地，物具被抢光，锅碗等用具不是被敌打碎就是群众搬走，沿公〔路〕铁路村庄宿营困难较多。

林谭萧

廿六日

注释：

① 标题所称的桂东实际是桂东北。

中国人民解放军滇桂黔边纵队
桂西区指挥部紧急命令

（1949 年 11 月 29 日）

大军已到南丹，河池运输团已动员前往迎军。在此情况下，区属各县应即迅速执行下列任务：

一、立即发动群众舂米集中，派员点验，随时准备运往迎军。

二、召开群众迎军大会，进行政治动员，并在大会中检阅运输团，具体规定各运输部队起运之村屯。

三、各县独立大队应即开至县城附近（平治除外）监视敌人，随时准备歼灭弃城逃跑之敌军，并对县城加紧政治攻势，加紧进行调查研究，积极布置接收县城工作。

四、干校第五期暂缓调训。

此令

县　政　府
县独立大队

指　挥　员　赵世同
政　　　委　周中平
副　政　委　余明炎
政治部主任　黄　耿

桂林市军管会成立布告

（1949 年 11 月 30 日）

案奉中国人民解放军第四野战军司令部政治部电令："桂林市区及其近郊国民党李、白匪军业已肃清，为着保障全体人民生命财产，维护社会安宁，确立革命秩序，镇压匪特破坏活动，着令在前桂林市所辖区内，实行军事管制，成立桂林市军事管制委员会。在军事管制时期，该会为该区之最高权力机关，统一全区之军事、政治、经济、文化等管制事宜。任命陈漫远为桂林市军事管制委员会主任，何伟、钟伟为副主任。"本会遵于十一月卅日宣告成立，本主任亦于该日到职视事，谨遵行中国人民政治协商会议共同纲领，中央人民政府各项政令及中国人民解放军总部布告约法八章，实行军事管制。仰即周知，此布。

主　任　陈漫远

副主任　何　伟

钟　伟

中国人民解放军滇桂黔边纵队
桂西区指挥部政治部命令

（1949 年 11 月）

我人民解放大军，刻正向广西进兵，追歼桂系残敌，预计于最短期内，即可到达桂西，在此形势之下，接收国民党各级地方反动政府，实为本部当前重要之工作，特发出郑重的命令，仰所属本部管辖的国民党地方反动政府，认真督促所属各级人员，切实保护各县政府、学校、医院、文化机关及一切公共建筑，各项资料、公款、公物、武器、档案等，并派□□□□□前往接收，任何人不能破坏或偷藏，着即分别移交清楚。至于各县反动政府暨各级机关官员、警察、区乡镇村街甲人员，凡不执枪抵抗与阴谋抵抗，本军及民主政府决不加以俘虏和逮捕，并量材录用，切实遵照约法八章指示实行，着各安职守，勿听信谣言，自相惊扰，上令各点仰各地方反动政府官员切实遵照。如有违抗情事，即予依法严办。此令。

右令

县伪政府

指　挥　员　赵世同

政　　　委　周中平

副　政　委　余明炎
政治部主任　黄　耿

中国人民解放军滇桂黔边纵队
左江支队司令部、政治部命令

（1949 年 11 月）

　　一、匪徒姚槐、韦高振、赖慧鹏、伍宗骏、钟福标、王赞光、任敏、叶瑞廷、钟秀毅、杜光华、古兆璜、施世光等十二名，积极进攻残害人民，极尽其烧杀抢劫之战争，罪大恶极、死不容诛，成为左江人民的公敌，是左江地区的重要战犯。为此，我们责成全体指战员，务须把他们追拿归案，严予法办。

　　二、解放大军已进广西，全省就要解放，左江就要解放，一切曾经参加残害人民的作恶分子，应该当机立断，回头是岸，停止作恶，悔过自新，脱离反动阵营，回到人民方面来。本区各地部队，务须坚决执行中央"首恶必办，胁从不问，立功受奖"的政策，给予愿意回头的一切反动分子，有更多的自新机会。

　　三、解放大军猛烈追歼下，李、白、黄残匪更加疯狂残害人民，压迫群众"出安"，压迫群众参加做反动，我们全体指战员必须援助人民，把一切被迫"出安"与被迫参加反动的群众救出来。

　　四、我们的解放大军来了，我们号召全体指战员，坚持执行毛主席、朱总司令的命令，奋勇前进，英勇作战，配合解放大军，歼灭一切敢于继续抵抗的反动派，迅速解放全左江。

司　令　员　陆　华
政　　　委　黄　河
政治部主任　梁　游

桂西北人民解放军第五团奉令改编为
都宜忻人民解放总队成立宣言

（1949 年 11 月）

桂西北人民解放军第五团现奉令改编为都宜忻人民解放总队，特发表宣言如下：

本总队作战目的，在如〔于〕配合中国人民解放军第四野战军，摧毁国民党广西反动政府军队及地方反动势力，迅速解放广西，使广西人民翻身作主，为实现民主自由、丰衣足食的新民主主义而奋斗！

本总队目前的主要政策：第一，集中火力打击反对人民、反对我军的反动头子及地方恶霸、首要特务，并消灭其武装。一切赞助我现行政策的各社会阶层、民主人士，我们愿与之联合而奋斗；愿守中立的一切社会力量，我们当以友好态度对待之；对蒋及李、白、黄之各级军政人员，依"首恶者必办，胁从者不问，立功者受奖"原则处理之。故即使过去反对我们的人，只要他从新改邪归正，我们也宽大对之。第二，反对"三征"，实行减租减息、生产合作、救灾救荒的社会政策。第三，以合理负担原则，决定财政政策。此外，并忠实执行华南人民武装行动纲领。第四，一切遵守本军政策的人士，其人身财产俱予保障。

本总队接受中国共产党伶〔领〕导，服从中国人民解放军指挥，对中共每一主张，以及中国人民解放军每一指示，当具体而坚决执行。

在本总队活动地区，人民政权尚未正式成立之前，一切保卫人民的利益的行政事宜，以及本军活动地区内之接收工作及其他部队起义敌军之改造教育工作，概由本总队政治处处理。

桂西北人民解放军第五团，以艰苦奋斗之精神，一年中由小到大，在人民罪犯莫树杰、陈公展等不断进攻中，在广大人民支持维护之下，壮大起来。今年七月间，更以化整为零，敌进我退之方针，打破反动派之围剿，扩大地区，扩展队伍，迅速积聚了更壮大之力量。当兹奉令改编为都宜忻人民解放总队，负担起更重大战斗任务之时，决当发扬第五团爱护人民、英勇作战、严守纪律之传统精神，效忠于我本区之广大人民。第五团所建立之各种人民团体、武装工作队、民兵，概由本总队伶〔领〕导。第五团与各方面一切未完成之事务与手续，概由本总队负责进行。所发出的一切文告、单据，一切帐〔账〕目、物资关系，概由本总队负责。桂西北人民解放军第五团番号正式取消，其所属机关部队及番号，亦一律取消，另外命令颁发新番号，一切冒用其番号者，决予严办。

国民党反动派最后仅有一点残余力量，已被我大军歼灭干净。我大军现在从北东南绵长战线上，向广西大举进军，省内各兄弟部队如两〔南〕路之粤桂边从〔纵〕队各部、西部之桂黔滇等纵队各部、桂林以北之桂东北人民解放军总队、柳州以北之柳北人民解放总队，正以一日千里之速度在发展起来，各地人民也大量发动起来、组织起来，做翻身作主的最后斗争。反动之广西省政府已迁逃南宁、百色。今日人民力量已无比强大，任何的反动势力都可指日消灭。我们在解放大军、省内外兄弟军、广大人民配合支持下，完全有信心争取区、全省的迅速解放。

本区的工人、农民、知识分子、工商界、开明士绅、民主人士们！一致动元〔员〕起来，支援本总队活动，为彻底扫除李、白、黄三大豪门二十年来的血腥强盗统治，争取人民翻身作主，实现新民主主义而奋斗。

本总队全体指挥元〔员〕、战斗元〔员〕、同志们，必须以高度的政治觉悟与胜利信心去提高战斗能力，和坚决执行命令、执行政策，遵守三大纪律八项注意，以完成配合大军迅速解放广西的光荣任务。

中国共产党都宜忻工作委员会
都宜忻人民解放总部〔队〕
司令员兼政治委员　路　璠
副　司　令　员　覃宝龙
　　　　　　　　　周庭杨
副　政　治　委　员　吴师光

政　治　处　主　任　覃　展
政　治　处　副　主　任　陆昌荣

二野第四兵团司令员陈赓等致
粤桂边纵队司令员兼政委梁广函

（1949 年 12 月 10 日）

梁广将军：

此次围歼白匪战役中，粤中、粤桂边军民在人民政府领导下，全力支援前线，自动捐献粮草，抢修桥梁，许多地方县长亲率领部队到前线抢运伤员，沿途广大人民及党政部队同志皆以忘我精神日夜在伤员转换站服务，使伤病员及时得到治疗与热情照顾，隆情厚意，深为感动。粤桂边纵更主动配合战斗，充满手足情谊，大大减少了我们作战的困难，有力的保证了前线的胜利，特代表全军向你们及全区人民致以谢意。

陈赓　郭天民　胡荣贵
十二月十日

林彪　谭政　萧克
嘉奖桂粤战役各参战部队通令

（1949 年 12 月 18 日）

【新华社华南前线十八日电】12 月 18 日人民解放军第四野战军司令员林彪、副政治委员兼政治部主任谭政、参谋长萧克顷通令嘉奖桂粤战役各参战部队全体指挥员战斗员：
广西及粤南前线全体指战员同志们：

（一）我们在广西、广东的南路，业已赢得了具有历史意义的胜利。从十一月七日开始以来为期一个月的作战，为白崇禧匪部所指挥的张淦兵团、徐启明兵团、鲁道源兵团、黄杰兵团、刘嘉树兵团及广东残敌余汉谋所部，除一小部逃往海南岛、广西山地和越南法国占领区，一小部溃散尚待肃清者外，业已全部被我歼灭。我军俘获甚大，一个月时间我军解放了桂林、柳州、梧州、南宁和广西全境，及广东南路各城镇和全部海港，华中南所辖范围除海南岛一隅外，至此业已全部解放。为美帝国主义及其走狗国民党反动派所豢养并奉为王牌，在全国残余反动势力中经常在精神上、实力上起支持作用的白匪部队之被消灭，不但对以后的海南岛作战有着重要意义，即对邻省的解放和在全国范围内提早结束战争，亦具有重大意义。

（二）这次作战中，我第二野战军第四兵团与第四野战军各兵团协同甚为密切，高度地表现了团结友爱的精神。我各作战部队在进行大的迂回、包围和猛追、穷追的行动中，皆以奋不顾身的勇气，战胜了大山、河流、泥泞、饥饿和难以忍受的疲乏，神速前进，使敌人闻风丧胆，尽管他们狡猾，并逃得那样的快，但始终无法逃出我军各部的包围圈，而于最后悉数被歼。为着发扬这次作战的自觉精神和艰苦精神，特向我各部指战员致亲切的慰问与慰劳，向受伤的同志致敬意，向牺牲的同志表示吊唁，他们的精神永垂不朽！

白崇禧匪部被消灭了，但盘踞乡村的土匪反动武装尚待肃清，逃往海外的残敌尚待追捕，海南岛尚待解放，在休息一个时期之后，你们即须执行上项任务，并胜利地来完成它。我们的胜利是很大的，同志们的功劳也是很大的，但是决不可因此发生骄傲或在精神上、实际工作上松弛懈怠起来。须知我们的任务仍然是艰巨的，在战争全部最后结束以前，我们必须坚持作战，而在战争一经结束，我们即须转入整训，更高地、有步骤地提高我军军事与政治素质，提高文化，同时发展生产，以改善部队的生活与减轻人民负担。这里必须记着毛主席宝贵的指示，人民解放军永远是战斗队，人民解放军的指战员必须捍卫祖国，永远为祖国、为人民服务。

庆祝广西全省解放

（1949 年 12 月 25 日）

广西全省解放了！中国革命已经基本胜利了！这是中华民族有史以来的第一次大翻身，这是中国共产党和毛主席英明领导，人民解放军的强大无敌，全国人民与广西人民努力奋斗的结果。旧的广西，国民党反动派所代表的封建主义、官僚资本主义和帝国主义统治下的广西，从此一去不复返；新的广西，以工农为主体的，团结独立劳动者、知识分子、自由资产阶级和进步人士的、人民大众的、人民民主专政的广西从此诞生了。

广西虽有太平天国的革命传统，解放前又有许多优秀的广西人民在坚持斗争，写下了许多可歌可泣的壮烈革命行动，然而大多数人民是处于西南反革命营垒统治下，并且是与反革命罪魁蒋贼争雄的第二流反动丑角——李白匪帮的老巢，这些祸国殃民的匪徒，为了争权夺利，曾经伪装进步，欺骗过人民，但到了人民真正进行革命行动时，这些匪首便丑态百〔败〕露现出原形，搬用法西斯惨无人道的手段——屠杀和镇压，成千成万的革命人民被陷害、被杀戮，成千成万共产党员、工人、农民在敌人刑场上慷慨就义。人民在它抽丁、派款、招兵、买马、苛捐杂税种种压榨下，过着饥寒交迫的生活，陷于"求生不得，求死不能"的境地。但，不管反革命者如何屠杀镇压不能熄灭了广西人民的革命怒火，无数先烈前仆后继，牺牲流血，以求生存，现在终于胜利了。值此庆祝伟大解放之日，我们谨向英勇斗争的广西人民致崇高的敬礼！向在广西革命工作的中共地下党致敬！向遭受蒋李白匪帮迫害压榨的同胞致亲切的慰问；为革命而流血的烈士们与漓水长存，永垂不朽！

我强大人民解放军渡江作战以来，大军所至势如破竹，敌人土崩瓦解、望风披靡。为了迅速解放全国，在□□□□□□的指挥下，衡宝一战即歼灭了桂系的四个主力师，给李白匪帮以致命的打击，残兵败将，则狼狈退守广西，企图继续与人民为敌，负隅顽抗，事实上已成为螳臂挡〔当〕车而已。人民解放军当时为了给李白匪帮以最后悔悟机会，停止进军，等待二十多天，但毫无效果。当我解放军大举进军，为时仅一月，李白残余将近二十万兵力，全部在我雷霆万钧的威力面前，迅速崩溃，其盘踞山区的股匪，也在我政府宽大政策的感召下，纷纷向人民靠拢，受编或放下武器。如伪桂北军政区周祖晃先生率领五千之众来归便是一例，这正是□愿意站在人民方面的敌人，一个很好的示范。我们希望那些仍盘踞山中的匪军们，不要再徘徊观望了，更不要做李白匪帮卷土重来的迷梦，赶快打消所谓"打游击"的幻想，毅然决然地迅速来归，是会受到人民宽恕与欢迎的。我们郑重的警告那些顽固分子：你们如再继续与人民为敌，继续危害人民利益，广大受难人民是与你们誓不甘休的，人民解放军与你们也誓不两立的。不投降，只有被消灭！

另外，我们还要劝告那些隐藏在各种面目下的国民党一切反动特务分子，赶快悔过自新，自动到人民政府公安局登记，停止活动。除反动到底罪大恶极者外，只要能洗心革面，改邪归正，人民政府均予立功赎罪与自新之路。在"首恶必办，胁从不问，立功受奖"的原则下，宽大处理。另一方面，我们广西人民要千百倍提高警惕，严防少数反动分子戴着各色各样假面具活动，或者潜伏隐蔽下去，千方百计来破坏和阻挠我们的革命事业，我们应坚决与之进行斗争。

广西解放了！在军事、政治、经济上推翻了李白统治之后，我们全广西的人民应团结在毛主席的旗帜之下，在中央人民政府领导之下，恢复与发展广西的经济建设和文化建设，将落后的反动的广西，建设成人民的、进步的、民主的、繁荣的新广西。彻底摧毁李白匪帮过去为争取权利所倡导的危害革命团结的"大广西主义"和排外思想，与来自老解放区的干部亲密合作，迅速稳定社会秩序，恢复交通，肃清土匪。农村中广大人民应加紧生产、缴纳公粮公草、支援战争。城市中各公营企业员工应立即复工，私人工商业应了解人民政府"发展生产、繁荣经济、公私兼顾、劳资两利"的基本政策，而安心恢复与发展自己的事业，拥护与使用人民币，执行人民政府一切法令，为完成建设新广西的任务而奋斗！

四野发表解放广西战绩

（1949 年 12 月 31 日）

【新华社汉口三十一日电】人民解放军第四野战军司令部顷发表解放广西战役的战绩公报称：我军在二野兄弟部队一部及广西人民游击队的积极配合协同作战下，自十一月七日开始行动，至十二月十一日占领镇南关为止，业已将桂系匪军全部及其所指挥下的蒋匪军一部共十七万余，干净彻底地歼灭于粤桂边境（除小部窜入越南、云南及海南岛者外），解放了广西全省及粤南沿海部分，胜利地结束了华中南大陆作战的最后一役。兹公布解放广西战役的战绩如下：

一、歼匪十七万二千九百九十名

甲、歼匪数目：歼匪正规军十六万三千四百六一名，俘匪十五二九四四名，匪军投降者九四二名，起义者二千名；歼匪地方军九千五百四十三名，其中毙伤匪一九三名，俘匪四〇一六名，匪军投诚者五三三四名。

乙、歼匪番号：正规军：匪华中军政长官公署直属队（包括：炮一团、七团、十五团，两个工兵团，一个警备团，一个补充团，两个保安团）全部；三兵团部及其所辖之七军军部及二二九师、一七一师、二二四师，四十八军军部及一三八师、一七五师，一二六军军部及三〇四师、三〇五师全部，四十八军之一七六师大部；十兵团部及其所辖之四十六军军部及二三六师、一八八师、一七四师，五十六军军部及一七二师、三二九师、三三〇师全部（以上均系桂系匪军）；十一兵团部及其所辖之一二五军军部及三六二师、一八三师、新二师，五十八军军部及二六五师、二二六师、新一师全部；第一兵团部一部，七十一军军部及八十七师全部，八十八师大部，九十七军军部及暂一师全部，八十二师、三十三师大部，十四军之六十二师、六十三师大部，十师一部；十七兵团之一〇三军军部、三四七师全部、二三四师大部；四兵团部一部，一〇九军之三二一师全部，六十三军军部及一八六师、一五二师全部，六十二军一部，七十军军部及一三九师、九十六师大部，二十三军一部。

以上共歼匪正规军一个军政长官公署直属队（即白匪总部），三个兵团部，十二个军部，二十五个整师，歼匪九个师大部，二个兵团部和两个军另一师的一部。

地方军：匪粤桂东边十二纵队，粤桂交警纵队，桂北纵队，湘桂黔护路军，伪梧州、南宁、柳州专署部队，匪国防部突击一、二、三总队，桂中军〔政〕区司令部及保安团等全部。

匪军投诚者：五十六军之三三〇师一部，九十七军暂一师及三十三师各一部，一七四师五二一团一个营，输送团一个营，桂北军〔政〕区部队全部五千人。

起义者：湘南绥署及新七军共二千人。

丙：毙伤及俘虏匪将级军官共七十七名，名单如下：

（一）俘匪将级军官六十八名，计：正规军五十六名，其姓名为：匪华中军政长官公署副长官兼第三兵团中将司令张淦，副司令王景宋、参谋长李致中、副司令兼第七军军长李本一、副军长马展洪〔鸿〕，一兵团副司令兼七十一军军长熊新民，十一兵团少将高参李皎，九十七军副军长郭文焕、参谋长伍国光，四十八军军长张文鸿、参谋长陶衍江，一二五军军长陈开荣，一二六军副军长王卫仓，新七军军长阎〔颜〕仁毅，三兵团政工处长侯松亭，一〇三军高参高明钦，参议黄〔高〕如岳，八十七师师长吴涛、副师长刘珍汉、参谋长龚敬民，一七五师师长李映，二二四师师长刘昆阳、副师长李竹航，一八三师师长王光伦、副师长杨兴国、代参谋长段元悌，三六二师师长陈绍桓、参谋长鲍德英，二二九师副师长潘乔，三四七师师长潘汉逵、副师长张砥中、参谋长向日升，新二师师长杨文斋，三二一师师长陈植正，一七一师参谋长朱梦麟，三〇四师参谋长陈政，华中军政长官公署炮兵指挥官姚学廉，华中长官公署军事干部训练班中将主任刘振清，中将副主任吴世奇，少将班副孙春德、少将教育长段绿春、刘景宗，新兵训练处少将副处长刘达仁、参谋长陈雪风，高参常百川，华中军政补给区少将司令朱荣、参谋处长刘仲武，少将医务部长蔡善德，少将设计委员况汝林，伪国防部工校少将教育长李乐中，少将视察员林祖，华中后勤司令部少将补给司令莫御，特别党部组训处长高澜波，华中军政长官公署总务处少将部员陆廷远，华中长官公署少将部员王家本、余耀龙。

地方军将级军官十二名，计为：湘桂黔护路军中将司令莫德宏、少将参谋长周天柱，南宁专署少将专员莫蛟，粤桂东〔南〕边区司令喻英奇，粤桂东〔南〕边挺进第二纵队副司令雷英，广西保安纵队少将副队长兼保四团长张权，交警少将司令孙阜东，桂林绥署少将高参高义云，桂北纵队长蒋铁民，少将副纵队长刘金一，少将联队长龙超，交警纵队少将副队长廖彦生。

（二）毙匪正规军将级军官四名，计为：十一兵团副司令胡若愚，五十八军参谋长程学玉，二二六师师长王少才，一三八师师长张泽群。

（三）匪将级军官投诚的五名，计为：三三〇师师长秦国祥，柳州警备司令秦镇龙，桂林绥署第五纵队少将司令莫仲庆，桂北军〔政〕区司令周祖晃、副司令霍化〔冠〕南。另有前国民党湘南行署主任欧冠，又新七军副军长曹茂琮二人起义，未计入以上统计内。

二、解放城市八十座

计：贵州省之黎平、榕江、从江，湖南省之通道、靖县、道县、永明、江华、东安，广东省之灵山、钦县、防城、合浦、廉江、海康、徐闻。广西省省会桂林及南宁、柳州、梧州、三江、融县、罗城、宜山、思恩、宜北、河池、东兰、万冈、百色、田阳、都安、忻城、柳城、隆山、迁江、宾阳、来宾、武宣、象县、修仁、贵县、桂平、平南、藤县、蒙山、雒容、榴江、荔浦、阳朔、钟山、贺县、信都、昭平、富川、全县、兴安、灵川、龙胜、义宁、资源、百寿、容县、北流、博白、陆川、玉林、兴业、岑溪、横县、永淳、绥渌、思乐、上思、明江、宁明、凭祥、崇善、龙州。（按：广西全境均已获得解放，其余县城不在此次战役中解放者，未列入统计）

三、缴获

各种炮一千二百五十八门计：榴弹炮三十三门、野炮四十七门、山炮九十七门、平射炮六十四门、机关炮十一门、高射炮七门、步兵炮二十三门、战防炮三十九门、火箭炮四十四门、加农炮二十门、化学迫击炮二十一门、轻重迫击炮二百七十四门、六〇炮五百七十八门。另缴：掷弹筒三百零三个。各种枪五万二千六百二十五枝计：重机枪六百三十九挺、轻机枪三千六百二十二挺、高射机枪三十八挺、冲锋枪一千三百八十六挺、战防枪二十枝、卡宾枪一千零三十二枝、自动步枪三百九十支、步马枪四万三千零五十五枝、短枪二千二百八十八枝、枪榴筒一百三十三枝、信号枪三十二枝；刺刀一千七百零九把；各种子弹五百七十四万六千六百六十五发；各种炮弹五万六千二百五十九发，手榴弹一万七千六百二十一颗，枪榴弹九百三十六枚；汽车一千五百〔二〕十六辆，装甲车四辆；骡马二千一百四十九头；电台二百六十二部，电话总机八百三十五部，单机二千六百二十一部，无线电话六十三部，被复线一千四百七十五里；炮艇一艘，击落匪机两架；缴获其他仓库、卫生器材、通讯器材、火车头与车皮，以及兵工厂、被服厂等多所，物资堆积如山。

（原载《广西日报》1950 年 1 月 3 日）

第四野战军关于
广西战役经过及战果报告

（1950 年 1 月 20 日）

（甲）广西战役，自十一月六日我十三兵团两个军由湘西南武岗、洞口地区出动，至十二月十二〔十一〕日我三十九军一一五师占领镇南关①及一二九师于十四日在爱店北追歼一兵团后尾止，历时三十四天，在我二野及粤桂地区游击队之直接配合下，迅速的胜利结束。

（乙）此次战役，我参战部队计：南线有二野四兵团之十三、十四、十五军及十五兵团之四十三军共四个军十二个师，约十八万人；北线有十二兵团之四十军、四十一军、四十五军等三个军十个师，约十四万四千余人；西线担任战役迂回之十三兵团三十八、三十九军，共二个军八个师，计十余万人。我的总兵力共有二个兵团九个军三十一个师②约四十万人以上。

（丙）在这三十四天之战役中，将粤桂黔境内之白崇禧系统嫡系及其指挥的其他部队，约廿九个师全部或大部歼灭，毙伤俘敌约十七万人，胜利的完成了华中南地区之大陆作战，兹将其作战经过，分述如下：

（一）我在衡宝地区歼敌桂系主力四个师之后，白匪主力退至全县至桂林及以南地区。据四日得息，敌九十七军已由兴安撤至桂林，五十八军已撤至钟山，正续向昭平撤退，一二六军亦正向昭平撤退中，四十六军及一兵团所属各军，正对湘桂路进行大肆破坏与空室清野，准备南逃，其他各军亦均陆续向广西境内撤退。

（二）确定全盘作战部署：

我为求得切断敌西逃云南或南逃雷州之道路，决以十三兵团之三十八、三十九军于十一月六日出发，首先奔袭通道、靖县之敌十七兵团之一〇〇军、一〇三军，尔后经思恩、河池再直播百色、果德之线，完成战役迂回。以二野四兵团之先头军，于十日出动，第一步进至博白、郁林一线，断敌南退雷州之道路，尔后视情况再决定下一步行动，其兵团主力随后跟进。位衡宝、零陵一线之我四十、四十一、四十五军，仍在原地待机，并准备沿湘桂路，直出桂林、柳州。

（三）西路迂回部队开始前进，湘桂路正面我军作前进部署调整。

我西路之十三兵团三十八、三十九两军之先头师，均于十一月六日由武岗、洞口一线出动（其主力随后跟进，并于八日出动完毕），奔袭通道、靖县之敌十七兵团残部。两军之先头一五一、一一六师，均于十日先后袭占通道、靖县，除收降敌靖县保安队200余外，余敌均于日前西逃榕江、梅寨地区。我两军之先头，即续向河池、思恩地区前进，其一五一师十三日进占黎平，十四日夜进占榕江，敌十七兵团续向西逃。我一一六师于十二日进占永从，于十三日十四时进占从江，并在途中歼敌黔保独二营一部。

湘桂线之敌四十六军，于十日撤出全县，我四十一军侦察队，于十日进入全县，该军主力亦于十四日移东安、新宁、全县一线待机。四十五军亦于同时移东安以东地区，四十军于十一月六日由祁阳移零陵、道县地区。

（四）由于情况变化，布置粤桂边地区作战，并调整整个作战部署。

十二日得息 [悉] 白匪主力三、十一兵团，向容县、岑溪一线开进，企图首先打击我南线西进之四兵团，并将一兵团（黄杰部）由桂林以东北地区向南丹地区调遣，阻我迂回部队南下。

我为击破白匪企图与聚歼桂系主力于粤桂边境，故决以四兵团主力进至信宜、茂名、廉江地区，并以一个师位廉江构筑工事，担任阻击，并将位曲江、广州、新会一线担任剿匪之十五兵团四三军西调罗定地区参战，另以零陵、道县地区之四十军，于十五日向梧州前进，策应南线之四兵团作战。

由于白匪主力向粤桂边集结与敌人有逃入雷州半岛之可能性，同时从整个敌我态势，以时间计算，白匪西退云南之可能已相对减少。故我担任战略迂回之十三兵团两个军，于十五日进入桂〔西〕北后，除以三十八军之先头师继续向百色前进外，其军主力转向德胜前进，三十九军即改向柳州、宜山前进，以湘桂线之四十一、四十五两军于十八日先后出动奔袭桂林，以将停滞于湘桂线上之徐启明、黄杰两兵团，截歼于柳州、桂林附近地区。

（五）北线、东线我军开始向广西境内作全面之出击。

十一月十八日，我住东安、新宁之四十一军，开始向桂林前进，其先头一二三师于十九日在兴安东之八家设、光华铺一线，与敌四十六军一七四师打响。该师于击溃四十六军一七四师之阻击后，于廿日进占兴安。敌四十六军向梧州方向撤退，以七十一军及暂一师作正面之节节抗击。我四十一军先头一二三师连续在兴安、西岩关口、大溶江等地，突破敌人之抵抗后，于廿日占领小溶江，廿二日晨续占灵川，在追击中，歼俘暂一师八百余人。同日晨，其先头在甘棠铺击破敌之阻击后，于廿二日十四时解放桂林市，迫使暂一师千余人投降。其一一二师在湘桂路以南与一二三师并肩追击中，亦追歼暂一师八百余人。

该军进占桂林后，即以一二二师、一二一师并肩由桂林向阳朔、荔浦、蒙山前进，跟追南逃之四十六军。

我四十军于十五日由零陵、道县一线分两路出发，其先头一一九师于十九日进占钟山，廿三日占领珊瑚煤矿。同日其一一八师占领贺县，先头于廿五日占领梧州，敌二二九师渡江南逃。

西路我三十八军先头一五一师，于廿一日占宜北，廿四日占领思恩，廿五日占领思恩西之东江、金城江两车站，并截获由柳州西逃之列车一列，汽车及物资一部。

三十九军先头——六师，于廿三日占领罗城，廿四日占领柳州西之三岔，直插柳州以南。其——五师于廿二日占领融县，并于廿五日占领柳州，歼俘敌一千余人。同日其——七师占领柳城，其——六师占领柳州南之大荣圩，并在前进途中，在洛满圩，追歼南逃之敌六十二师一八四团一个营。

敌一兵团十四军、七十一军、九十七军及五十六军，由桂林经柳州向南丹前进途中，于柳州以西地区被我截击后，该敌即迅速向红水河以南撤退，企图凭红水河之险，阻我南进，以掩护其整个作战，我各军继续尾敌，向南追击。

（六）粤桂边之桂系主力三、十一两兵团，于二十三日在郁林、博白、容县、岑溪地区集结完毕，并于二十四日开始向茂名、信宜、廉江等地攻击前进。其鲁道源兵团主力由岑溪向信宜攻击，张淦兵团主力由郁林、博白地区向茂名、化县间攻击，沈发藻兵团则由合浦、石确地区，向廉江进击。

我四兵团主力及四十三军，于二十三日始赶至信宜、茂名。当时拟以十三军箝〔钳〕制沈发藻、张淦兵团，以四兵团主力及四十三军，首先击破比较薄弱之鲁道源兵团。二十五日敌七军主力两个师，已迫近信宜以西北地区，四十八军两个师，进至信宜以西〔一〕带地区，五十八军进至信宜以北。当时即根据敌我态势，四兵团再北去打鲁道源已来不及，即决定以四兵团主力首先歼灭突出之七军两个师，以四十三军向五十八军攻击前进，并令进占梧州之四十军迅速南渡西江向岑溪开进。

二十六日向南攻击前进之敌七军、四十八军，均与我四兵团各军伸出之小部队打响，其七军先头进至宝圩与我十四、十五军伸出之营打上，四十八军进至合江圩与我十三军伸出之部队打上。

二十七日，七军、四十八军续向茂名前进，其七军先头进占宝圩东之岭顿后，即连续向我十四、十五军之前沿阵地攻击。我于是日（二十七日）十五时，按先歼七军之部署，全线出击。敌七军发现我出击之后，在我十四、十五两军未合围之际，向宝圩回窜，是日仅俘敌四百余人。同日我四十三军向进至信宜以北，安峨桥头堡之五十八军向我出击〔原文如此〕，我将五十八军二二六师击溃，俘敌七百余人，余敌向西北溃逃。经二十七日作战后，白匪之进攻作战计划，迅速为我击破，敌三兵团与十一兵团主力，向博白、郁林地区收缩，企图经合浦、廉江缩入雷州半岛。粤系沈发藻兵团，则继续向廉江前进。

我四十三军先头一二九师，于二十八日晨在追击北撤之敌五十八军，于早晨六时在罗渤口与敌接触，并于十七时攻占容县，沿途追歼敌二二六师及二六三师大部，并将西逃之十一兵团部击溃，俘千余人，击毙十一兵团副司令胡若愚、参谋长等以下三百余。是日二十三时，该师先头续占北流，并配合一二七师在北流东北地区，再度追歼西逃之十一兵团部，俘三千余人，缴获汽车七十余辆。其一二八师于二十九日进占郁林，并于三十日夜直趋博白，于是夜二十一时我四十三军一二七、一二八师各一个团并肩突入博白，将敌三兵团司令部全歼，生俘兵团司令张淦。一日晨，七军、四十八军均先后回援博白，经我四十三军抗击后，均被我击溃。

由茂名、化县、廉江地区出击之十三军主力，于二十八日在石甬抓住西逃之四十八军三〇四师四个团后，即于是夜二十四时，发起攻击，战斗至二十九日晨结束，该敌大部逃窜，我仅俘四百余人。同日，十四军先头在石甬圩、乌石圩，追上四十八军，激战至三十日，歼敌三〇四师及一七一师各一个团，并俘敌千余。十五军于二十九日追击至陆川，一日晨，其先头追击至博白，与我四十三军会师于博白，当即分头追歼被我击溃于博城郊附近之七军、四十八军，战斗至二日午间结束。粤桂边境聚歼桂系主力三、十一兵团之战斗，自十一月二十七日至十二月二日，经过六天之激烈战斗，告一结束。这一带决战性质的战役，取得胜利后，广西全境作战急转直下，敌人全面走入崩溃状态，向钦州、南宁间及以西地区溃退。

粤系四兵团残部，于二十九日午间，在我前线出击下之空隙中，乘隙袭占廉江。我十三军主力即行回击，包围廉江，于十二月一日结束战斗，歼敌二十三军及一〇九军之三二一师等大部，俘敌近六千余人，余敌退入雷州半岛。

此时南线溃散之敌，夺路向钦州、防城退却，北线之敌迅速向红水河以南撤退。

（七）我全线向广西西南地区追击，最后将敌主力围歼于南宁、钦州地区。

（1）由红水河以北向南撤退，企图凭红水河之天险阻我南进之黄杰兵团，在我猛烈追击下，撤到红水河南岸者，所剩无几，又遭我红水河两岸之游击队不断袭扰，红水河之防线迅速崩溃，我各路先后突过红水河继向敌纵深（南宁）追击。

由思恩西插之三十八军先头一五一师，于二十五日袭占东江之后，即以缴获之汽车奔袭河池，当于二十六日占领。二十七日由河池向东兰前进途中，在白残浦与由南丹南撤之十七兵团遭遇，当即将该敌切断，并跟踪追击，至长坡圩附近，终将三四七师大部歼灭，俘师长以下一千五百余，并在我连续追击中。在红水河北岸之拉州圩，又追歼一〇三军直大部，俘高参以下七百余人，于二十九日十四时抢占红水河渡口，渡过红水河，于当日十九时，占领东兰，在途中追歼二三四师七百团大部，俘三百余人。一日晨，在万冈北之那基，又追歼二三四师一个营，并于是日占领万冈。敌十七兵团残部续向百色逃窜。我正继续向其追击，其一百军被我切断于河池西北地区，向云南方向窜去。

我三十九军于二十五日占领柳城、柳州后，即向忻城、上林方向前进，以一部向南宁前进。其先头一一六师，于二十八日占领忻城，二十九日在渡口圩抢渡红水河。红水河南岸守敌九十七军一部，在我正面压迫与游击队之不断袭扰下，迅速崩溃，向南宁逃窜。十二月一日，该师先头占领上林。二日，该师先头进占宾阳，堵歼由贵县西逃之十一兵团部及九十七军八十二师等残部各一部，并生俘十一兵团参谋长李致中。

一一七师二十七日由柳城向西南开进途中，于是日十七时，在浦门与南逃之六十二师遭遇，歼俘一八五团副团长以下六百余；二十八日又在上博追上该敌，再歼其一八六团一个营；二十九日在上博西南之苇林，再歼其一八四团直及一个营，三天中该师共追歼六十二师达一千二百余。十二月一日，该师先头一举攻占迁江，歼八十二师、六十三师及湘江纵队各一部，并截获南逃之汽车三百余辆。

（2）我四十军先头，于二十五日占领梧州后，于二十六日渡过西江，当日在梧州南之戎圩击破二二九师及二二四师之阻击。

二十九日该军先头进至岑溪西南地区，并拟经兴叶〔业〕追击西逃之一二五军及四十六军等部。

我四十一军于解放桂林后，其先头一二二师于二十五日解放阳朔，击溃敌四十六军一七四师一部，歼其一个营，并于二十六、二十七两日中，先后解放荔浦、蒙山。该师并于二十五日追歼阳朔保安队一部，二十七日又在花奔圩追歼保安队一部。其一二三师于二十九日在水路以东地区，与敌一七四团遭遇，激战三小时，将其击溃于大山中，我俘敌三百五十余人。其先头于三十日进至蒙江地区，渡西江南进。

（3）由桂林靠四十一军右侧南进之我四十五军先头一三三师，自二十七至三十三天中，先后解放修仁、象县、武宣，并以连续两日两夜之追击，将南逃之三二九师大部歼灭，俘三千余人。

（4）粤桂边敌我主力会战结束后，敌人已成全部溃败，失掉指挥掌握，夺路向钦州、龙州方向，混乱逃窜，我军分路向敌穷追。四兵团之十三军由廉江经合浦向钦州急进，以十四军与四十三军，由陆川、博白地区向钦州急进，以十五军及与由蒙江渡江南下之四十一军，打扫战场，搜捕溃敌。以四十军由岑溪以西地区向灵山、石利圩急进，堵歼由南宁南进之敌，以三十九军改向南宁前进，四十五军即经横县向钦州急进，跟追南逃之四十六军，三十八军除以一个师继续直插百色外，主力即改向果德前进。

我由廉江西进之十三军三十九师，三十日西追逃敌，在龙潭圩追歼六十三军一六三师大部，俘千余，并于三日占领合浦，歼敌二百余，该师一部于五日占领北海市，歼俘敌千余。同日，该师西追主力在那丽圩追歼逃敌八百余人。

由博白西进之十四军四十二师，于五日在平银渡追歼六十三军一部，俘二千余人，并于七日占领钦州，歼灭由南宁南逃之白匪总部直属队炮一团、七团、十五团，及二个工兵团，一个警卫团，一个补充团等全部。缴获汽车四百余〔辆〕，榴、野、重迫炮四二门。同日晨，四十二师与我一二七师、一三三师均同时追至钦州西北之小董圩，将敌十一兵团部残部及四十六军及国防部突击一、二、三纵队及交警三纵队各一部全歼，俘近万人，缴获汽车一百六十余辆。

由岑溪以西地区西进之四十军先头一一九师，于五日占领灵山，追歼六十二师一个营，六日在大桐圩追获大小汽车百余辆。其一二〇师于五日晨在灵山以北截击南逃之一二五军，激战至深夜，将该敌全歼，生俘正副军长及三个师长以下近万人。

由武宣渡江南进之我四十五军先头一三三师一部，于三日占领贵县，并在贵县西南之大岭圩追歼逃敌一二六军三〇四师一个营。该师主力于三日在贵〔县〕西之三里圩，与南逃之一七四师遭遇，歼俘敌一千三百余人。四日，在云表圩又追上该敌，再歼俘其团长以下一千二百余，并于是日占领横县。五日，渡过郁江。六日在灵山以西地区追二三六师一部，并在上井圩追歼逃敌千余。七日，与西进之十四军四十二师及四十三军一二七师会师于钦州西北之小董圩，歼俘二千余人。

由宾阳南进之我三八〔九〕军一一六师，于四日进占南宁，于五日渡过郁〔邕〕江，沿邕钦公路南追逃敌。六日，在塘报圩追歼南逃之敌一个炮兵营，缴获野炮九门，汽车〔一〕百三十余辆。同日二十一时，其先头追至大塘圩，堵歼西逃之十一兵团直属队一部及七十一军八十七师大部，俘正副师长以下四千余人，并于七日占领那晓圩，堵歼五十六军一部，俘达千余人。

我三十八军先头一五一师一部，于四日夜，占领田州，师主力于五日十六时，占领百色。敌十七兵团残部西逃云南，我仅俘十余人。至此，敌西退云南之道路已被我切断，企图由钦州从海上逃走之唯一生路，亦于七日为我南线之四兵团切断，并截获敌南运之大批物资，歼敌达四万人。残余之十兵团及一兵团残部，与各军之零星溃兵，续向西逃窜。

我为追歼西逃之敌及肃清被我击散溃乱之敌，即以防城、东兴线之十三军由钦州向西北前进，堵击企图逃入越南之敌；以三十九军之一一七师、一一五师由南宁以南地区向龙州、明江攻击前进；以一二九师并附一二七师一个团，由钦州以北地区尾追西逃之敌；其余各军即位现地停止，打扫战场，搜剿散敌。

由南宁以南地区西进之三十九军一一七师，于八日占领上思，歼保安团一部，并在上思、黄平地区，堵歼西逃之七十一军直大部及从师直〔原文如此〕与二六二团等部，共俘三千余人。敌七十一军长熊新民率残敌百余西逃，九日为我一一五师全部截获。

同日，该师先头在思乐东北之那隆圩，追歼六十三师一八七团五百余人，并于十日夜占领宁明，十一日六时，在宁明西之马塘，追上三三师后尾一部，并于是日十八时占领凭祥。其另一个团于同日占领新圩，追歼逃敌一部，其先头团于十二日占领镇南关。①除以一部控制该地外，主力即转向思陵、等〔峙〕浪急进，以配合一二九师，堵歼逃敌。

我尾敌西追之四十三军一二九师，于十日进至思乐东之迁隆冈，追歼十一兵团部及二二六师等部，共俘敌一千余人。同日，追至思乐附近，又歼十一兵团部七百余人，并于十二日进至那纱，于十四日十四时，在隘〔爱〕店北之公田〔母〕山追上一兵团后尾及九十七军直及三十三师、八十二师各一部，歼俘九十七军副军长以下四千余人。同日，由镇南关向思陵前进之我一一五师，于是日在隘〔爱〕店北与一二九师会合。

我十三军三十八师于十一日在公安圩追歼残敌十一兵团一部后，因山路难走，故即于现地停止追击，返回南宁西南地区，集结休整。至此除一兵团残部约八千余人，及四十六军之一七六师及其他各兵团残余之敌，约两万人，在法帝武装保护下，陆续乘隙窜入越南外，余敌全部就歼。

我留于博白、郁林地区之四十一军与十五军，自三日起至十八日止，搜捕七军长李本一、一二六军长以下敌八千余人。成股溃敌已基本被肃清。

至此，广西全境作战，全部结束。敌主力几被我全歼②，我各军随即铺开，继续清剿散敌，发动群众，以巩固新的占领区。

注释：
① 解放镇南关日期实为 12 月 11 日。
② 应为 4 个兵团、30 个师。

广西省人民政府成立布告

（1950 年 2 月 8 日）

奉中央人民政府电令："中央人民政府委员会第四次会议通过任命：张云逸为广西省人民政府主席，陈漫远、李任仁、雷经天为副主席"；附发铜质印信一颗，文曰："广西省人民政府印"。云逸等遵于一九五零年二月八日在南宁就职视事，启用印信；今后遵循人民政协共同纲领，团结广西全省人民，为建设人民的新广西而努力奋斗；希我全省人民一体知照。此布。

主　席　张云逸

副主席　陈漫远

李任仁

雷经天

附录二 解放战争时期中共广西地方组织和地方武装概况

中共广西省工委

1940 年 12 月，中共广西省工委在桂林重建，钱兴任书记，苏蔓任副书记兼宣传部部长，黄彰任组织部部长，黄书光任青年部部长，罗文坤任妇女部部长。1942 年 7 月 9 日，桂系当局制造"七九事件"，苏蔓、罗文坤、张海萍（省工委交通员）等被捕后壮烈牺牲。广西省工委和广西党组织遭到严重破坏。危难时刻，广西省工委发动全省党组织深入农村，坚持斗争。省工委机关几经辗转，1945 年 8 月中旬由钟山县英家迁至昭平县黄姚，继续领导全省的革命斗争。1946 年 10 月，根据中共中央香港分局的指示，广西省工委要求全省党员认清时局，坚定信心，放手发动群众，开展武装斗争。1947 年 4 月 7 日，广西省工委在横县陶圩乡六秀村召开了广西党的主要干部会议，确定了广西党的工作中心是广泛发展游击战争，创建根据地，摧毁反动政权，建立解放区。在广西省工委的领导下，广西各地党组织迅速传达贯彻"横县会议"精神，在全省各地先后发动武装起义。同年 5 月下旬，经中央批准，撤销中共广西省工委，相继成立粤桂边工委、粤桂湘边工委和桂林工委（沿称桂柳区工委），并迅速接收了所辖的广西党组织，继续领导开展以武装斗争为中心的革命斗争。

中共桂柳区工委

中共桂林工委成立于 1947 年 7 月，沿称桂柳区工委，代号昆仑山，陈枫任书记，由中共中央香港分局城工委管辖，负责领导桂林、柳州、南宁、梧州四市城市工作和桂北、柳北、桂西北及桂中的象县、修仁等地区的农村武装斗争。工委机关初设在桂林，10 月迁至柳州。7 月和 10 月，桂柳区工委先后作出《七月决议》

和《十月决议》，提出发动武装斗争和群众斗争，巩固发展党与群众组织，迎接全国大反攻的任务。1948 年 2 月，陈枫在柳江县成团乡水灵村主持召开桂柳区工委工作会议，提出"一切工作布置都是为了发动武装斗争，迎接解放军南下"的口号，要求已有武装的地区坚持斗争，巩固与扩大部队，依靠山地建立据点，动员少数民族参加解放斗争。1948 年 12 月，中共中央香港分局决定撤销中共桂柳区工委，分别成立广西省农村工作委员会（简称广西省农委）和广西省城市工作委员会（简称城工委）。

中共广西省城市工作委员会

1948 年 12 月，中共中央香港分局为了加强对城市工作和农村武装斗争的领导，把城市工作和农村工作分开，决定撤销桂柳区工委，分别成立广西省城市工作委员会和广西省农村工作委员会，分别隶属香港分局城委和香港分局领导。广西省城工委机关驻地设在柳州市区西大路（今中山西路 63 号），下辖桂林城工委、柳州城工委、南宁城工委、梧州城工委，陈枫任省城工委书记。广西省城工委成立后，即作出 1949 年《一月决议》，提出"大胆放手打开各阶层关系，有计划有步骤地建立各阶层的群众组织及党的组织，集中力量组织城市群众主力军，深入进行调查研究，赶快做好迎接解放军入城的里应外合的工作"的中心任务。到解放前夕，广西省城工委领导四市的党员共有 418 名，团员 259 名（均不含调往农村工作部分人员）。党、团员带领群众反对国民党反动统治，打击和分化敌特，开展护厂、护校、护路斗争，为迎接解放、接管城市做准备。1949 年 12 月，广西省城工委工作结束。

中共广西省农村工作委员会

1948 年 12 月，中共中央香港分局决定撤销桂柳区工委，分别成立中共广西省城市工作委员会和中共广西省农村工作委员会，原桂柳区工委所属的桂林、柳州、南宁、梧州四市党组织归广西省城工委领导；所属的农村地区的党组织以及原来由香港分局领导的桂中党组织、桂东党组织归广西省农委领导。李殷丹任省农委书记，路璠、黄传林为委员。1948 年下半年至 1949 年，在省农委领导的桂北、桂中、柳北、桂东、都宜忻 5 个地区（共 40 多个县），先后建立了桂北地工委、桂中地工委、柳北地工委、桂东地工委和都宜忻工委以及柳（江）来（宾）象（县）边区特支；在农村发展党组织，建立秘密农会和解放委员会、解放同志会、兄弟会等组织；游击武装亦不断发展壮大，先后建立了桂北人民解放总队、柳北人民解放总队、桂东人民解放总队、都宜忻人民解放总队和桂中区人民解放总队（10 月改称中国人民解放军桂中支队）等 5 个总队（支队）和柳来象边区解放独立大队，共计 1.6 万多人枪，活动于广西的 40 多个县，积极配合南下的人民解放军围歼逃敌，攻占城镇，为解放广西作出了重大贡献。1949 年 12 月，广西省农委工作结束。

中共粤桂边委员会

1948 年 4 月，中共中央香港分局为加强对粤桂边区革命斗争的领导，决定成立中共粤桂边委员会，书记梁广，组织委员黄其江，宣传委员温焯华。同时成立边区党委临时军委，主席梁广。广西的桂南（部分）、桂中南、郁林五属地区以及广东的钦廉四属地区归粤桂边区领导，粤桂边区党委下辖高州、雷州、桂中南、粤桂南、十万山、六万山等地委。1950 年，中共粤桂边委员会撤销。

中共滇桂黔边区委员会

1948 年 12 月 27 日，中共中央电复香港分局，同意成立桂滇黔边纵队，庄田为司令员，周楠为政委，工作重心放在云南，边工委、边纵队领导机关设在滇东南。1949 年 7 月，经华南分局报请中共中央同意，将桂滇边工委与云南省工委合并，成立中共滇桂黔边区委员会，桂滇黔边纵队随之改称滇桂黔边纵队，林李明任边区党委书记、边纵政委，庄田任边纵司令员。边区党委制定了"放手发动群众，开展游击斗争，打下农村基础，以农村包围城市，建立与提高主力，巩固与扩大解放区，坚决歼灭与阻击残敌，以配合南下大军解放全境"的工作方针。边纵增派干部到右江地区工作，并派技术员帮助左江部队建立收报电台。边纵下辖12 个支队，其中在广西活动的为左江支队、桂西区指挥部（即右江支队）。

中共粤桂湘边区工作委员会

1947 年 7 月，根据中共中央香港分局的指示，成立中共粤桂湘边区工委，由梁嘉（原珠江纵队政委）、钱兴（原中共广西省工委书记）、李殷丹（原中共香港市委书记）、王炎光和周明等五位同志组成，以梁嘉为书记，钱兴为副书记。边区工委下辖连江、绥江、桂东三个地（工）委。同时成立边区部队指挥机构，以梁嘉为代司令员兼政委，钱兴为副政委，李殷丹为政治部主任。1948 年 4 月，边区工委成立连江支队、绥贺支队、桂东独立团，稍后又组编两支队伍。至此，粤桂湘边区党委和边纵部队已形成规模。1949 年 7 月，中国人民解放军粤桂湘边纵队正式成立，边纵部队根据中共中央香港分局发动春季攻势的指示，主动出击，全面作战，取得了新的胜利。截至解放前夕的不完全统计：边纵部队有战斗部队 1.9 万多人，武装民兵 1.93 万多人，战斗在粤桂湘三省边区 50 多个县的土地上。在整个解放战争中，在中共粤桂湘边区工委领导下，边纵部队牵制和消耗了敌人的军力，支援了正面战场的决战，最后配合南下大军作战，解放边区全境，为新中国的建立作出了贡献。

中国人民解放军粤桂边纵队

1949 年 8 月 1 日，中国人民解放军粤桂边纵队在广东廉江县鲫鱼塘村成立，司令员兼政委梁广、副司令员唐才猷、参谋长杨应彬、政治部主任温焯华。纵队前身是广东南路、钦廉四属的人民抗日武装。至 1949 年 10 月 19 日第八支队成立，全纵队共辖 8 个支队，31 个团，主力武装发展到 2.5 万人，活动于粤桂两省边区的 39 个县。1949 年冬，粤桂边纵队配合南下野战军围歼国民党残部，解放了粤桂边区。1950 年 4 月，粤桂边纵队撤销，所属部队划归广东、广西两省军区。

中国人民解放军粤桂边纵队第一支队

中国人民解放军粤桂边纵队第一支队由广西桂东南地区的陆川、博白、北流、容县、郁林及广东南路地区的廉江、化州、吴川、梅茂等县的武装整合组成。1949 年 8 月 1 日，中国人民解放军粤桂边纵队宣布成立。其后，陆川独立第四营改为边纵第一支队第二团，团长巫德椿，政委谢应昌（先）、何奎（后），参谋长刘棠华，政治部主任陈湛才；博白独立第三营改为第一支队第三团，团长梁祖泽，政委熊福芝，副团长温科英，副政委刘明荣，参谋长张春霖。属桂东南地区的还有容县两个独立大队及郁林县武工队。

到解放之日，郁林地区各县武装共有脱产武装 1975 人，党员 811 人，至 1949 年底共有武装 2445 人。在四年多的解放战争中，大小战斗 42 次，歼敌 3800 余人，缴获炮 37 门、机枪 280 挺、长短枪 4147 支，游击区人口 62 万多人，战斗中 200 多名指战员英勇牺牲。

中国人民解放军粤桂边纵队第三支队

1948 年 1 月，中共粤桂边地委为粉碎敌人对高雷部队的"围剿"和巩固发展十万山区游击根据地，根据中共中央香港分局指示，整合原有的游击武装，成立粤桂边区人民解放军第三支队，司令员谢王岗、政治委员陈明江、副司令员黎汉威（后为朱守刚）、参谋长陆新（后为朱守刚、沈鸿周）、政治部主任陈华（后为李超、王次华）。支队下辖第十八、二十、二十一、二十四团和上思独立营、高雷新一团，横县十九团亦暂属该支队指挥。1949 年 8 月，第三支队正式编入中国人民解放军粤桂边纵队建制，下辖第二十、二十一、二十二、二十三等 4 个团及邕江挺进大队、扶绥独立大队、钦防沿海大队，共 3000 余人枪，活动于广东省的钦县、防城（今属广西）和广西省的上思、思乐、明江、宁明、崇善、邕宁、扶南、绥渌、南宁市郊等地区。1950 年 4 月，第三支队所属团队分别整编为广东军区第二十五团和广东、广西所在地军分区和县大队的武装。

在四年多的解放战争中，第三支队（包括之前的游击队）对敌作战 600 余次，毙、伤敌 2000 余名，俘敌 3000 余名，策反瓦解敌 2500 余名，缴获火炮 30 余门、轻重机枪 150 余挺、长短枪 3000 余支，战斗中 900 余名指战员光荣牺牲。

中国人民解放军粤桂边纵队第四支队

六万山游击区北临郁江，南濒北部湾，东邻博白、廉江，西接十万山，其活动范围为合浦（包括现合浦县、浦北县和北海市）、灵山、兴业（现属玉林市）3县和钦县东部，永淳（现属横县）、横县、贵县南部，郁林、博白西部地区，人口约100万，占该地区总人口的70%。1949年8月中国人民解放军粤桂边纵队成立后，根据中共中央香港分局指示，整合原有的游击武装，成立中国人民解放军粤桂边纵队第四支队，司令员符志行，政治委员陈华，参谋长陆新（后涂沙），政治部主任谭俊，后增任莫平凡为副司令员。同时成立六万山地委，陈华为地委书记。到解放前夕，第四支队拥有主力武装2000多人（不含拨归粤桂边纵第七支队的一个独立营）。在四年多的解放战争中，第四支队（包括之前的游击队）进行大小战斗130多次，毙伤敌1430人，俘敌630人，缴获轻重机枪46挺、长短枪1953支，战斗中250多名指战员牺牲。

中国人民解放军粤桂边纵队第七支队

1949年9月下旬，根据中共中央香港分局指示，中国人民解放军粤桂边纵队决定从第三支队抽调2个团、第四支队抽调1个团组成边纵第七支队，并任命原第三支队副司令员黎攻（黎汉威）为第七支队司令员，原第三支队第二十一团政委卢雄声（卢文）为第七支队政委，随后又任命黄志光（廖庆）为政治部主任、庞殿勋为参谋室主任。第七支队成立后，按边纵统一编制，下辖第十九团（原第三支队第二十六团），团长陈生、政委沈耀勋；第二十团（原第三支队第二十八团），团长曾保、政委罗北；独立营（原第四支队独立营），营长李子汉（因伤未到职）、教导员朱光。全支队1600多人，其中党员300多人。支队和各团、营成立了党委，连建立了党支部。全支队武器装备良好，计有八一迫击炮1门、六〇炮6门、火箭筒4具、重机枪7挺、轻机枪50多挺、长短枪1000多支。

粤桂边纵队第七支队成立后，转战于高雷和合灵地区，行程7000多里，前后作战数十次，歼敌2000多人，缴获八二迫击炮1门、轻重机枪20余挺、步手枪300多支，其他物资一大批。副团长孙文信等50多名指战员在战斗中献出了宝贵的生命。

中国人民解放军粤桂边纵队第八支队

中国人民解放军粤桂边纵队第八支队是解放战争时期活动于桂中南游击区的一支人民武装。桂中南游击区包括横县、永淳、宾阳、上林、迁江以及贵县、武宣、来宾等县的部分地区。经过两年多艰苦卓绝的斗争，几支规模不大的游击队发展成拥有2个主力团、4个县团、3个独立营（大队）、4553人、步炮5门、重机枪13挺、轻机枪160挺、冲锋枪28挺、步枪3095支的支队级武装。支队司令员兼政委杨烈，副司令员韦盛经，副政委陈清源，参谋长韦质彬，政治部主任刘一桢，第二十二团团长韦广培、政委张声震），第二十三团团长兼政委梁德。

据不完全统计，粤桂边纵队第八支队和敌人进行了70多次较大的战斗，毙、伤敌900余人，俘敌1400余人，最后配合野战军解放了整个桂中南地区和南宁市。

中国人民解放军滇桂黔边纵队

1949年1月1日，中国人民解放军总司令部发布命令，成立中国人民解放军桂滇黔边纵队。同年8月，桂滇黔边纵队与中共云南省工委领导的游击队合并改为中国人民解放军滇桂黔边纵队，司令员庄田，政委周楠（后为林李明），副司令员朱家璧。纵队的基础是广东南路老一团、新一团，广西左右江，黔西南、黔西和云南省的人民武装。到1949年冬，边纵活动遍及滇桂黔3省边境的147个县，建立了12块游击根据地，主力部队12个支队，2个独立团，共4.5万余人。1950年1至7月，边纵各部先后编入中国人民解放军云南、广西和贵州省军区的17个军分区。

中国人民解放军滇桂黔边纵队左江支队

1947年八九月间，中共左江工委分别在龙州县大青山、宁明县爱店、镇边县平孟发动武装起义，建立了3支共260人枪的游击武装。1948年1月，成立中国人民解放军左江部队指挥部。1949年1月，左江部队编入中国人民解放军滇桂黔边纵队；同年10月，滇桂黔边纵队左江部队指挥部改为中国人民解放军滇桂黔边纵队左江支队，司令员莫一凡、政委黄嘉、参谋长王平（蔡乃昌）、政治部主任梁游，下辖第三、第七十四、第七十五等3个主力团和龙州县独立营、上金县独立营、凭祥县独立营、雷平县独立营、养利县独立营、龙茗县独立营、左县独立营、同正县独立营、万承县独立营、镇边独立营、龙湖县独立大队、向都县独立大队、隆安独立大队、隆安县第二独立大队、镇结县独立大队、天保（南）独立大队、天保（北）独立大队、靖西县独立大队、敬德县独立大队，共5000余人枪，活动于上金、凭祥、雷平、养利、万承、龙茗、左县、同正、向都、隆安、天保、靖西、镇边、敬德等地区。

在两年半的游击战争中，左江支队进行大小战斗260余次，毙敌510余人，俘敌720余人，争取投诚起义54起、2100余人，缴获轻重机枪78挺、炮5门、步枪3068支、手枪266支。解放大军入桂前攻克3座县城，解放大军入桂后解放11座县城，另配合南下大军解放5座县城，120余名指导员在战斗中牺牲。1950年4月，左江支队编入龙州军分区独立团及各县的县大队，左江支队工作结束。

中国人民解放军滇桂黔边纵队右江支队（桂西区指挥部）

1949年9月，根据滇桂黔边区党委的指示，中共右江地委将桂西区人民解放军司令部改为中国人民解放军滇桂黔边纵队右江支队（桂西区指挥部），司令员赵世同、政委区镇（周中平）、副政委余明炎、参谋长姚冕光、政治部主任黄耿，下辖第八十三团、八十五团、八十八团等3个主力团和平治县独立团、武鸣县独立团、都安县独立团、河池县独立营，东兰、万冈、凤山、天峨、西山、田东、凌云、乐业、那马、隆山、果德等县独立大队以及3个直属武工队等。

在两年多血与火的斗争中，部队作战300多次，共歼敌3900多名，缴获轻机枪50挺、重机枪6挺、步手枪2500多支、八二迫击炮20门、六〇炮4门、汽车36辆、电台一部，共有430多名指战员英勇牺牲。到解放前夕，全支队脱产武装约5800人。1950年1月，桂西游击武装编入百色、武鸣、宜山3个军分区独立团和各县县大队、区中队。

桂东人民解放总队

1949年6月，经中共广西省农委同意，桂东人民解放总队正式成立，黄传林任司令员兼政委、吴赞之任副司令员兼副政委、马伟任参谋长、陈钜任政治部主任。总队下辖贺（县）信（都）怀（集）边区游击大队、钟山第一游击大队、钟山第二游击大队、贺（县）东第五游击大队、贺（县）东第六游击大队、贺（县）东第七游击大队、贺西游击大队、贺（县）信（都）梧（苍梧）边区游击大队、贺（县）钟（山）昭（平）边区第三游击大队、贺（县）钟（山）昭（平）边区第七游击大队、贺（县）连（县）人民解放大队、湄江人民游击大队、抚河人民游击大队、阳朔第三游击大队、阳朔第五游击大队、荔浦第八游击大队、平（乐）恭（城）阳（朔）边游击大队、平（乐）恭（城）钟（山）边游击大队、平（乐）南游击大队、望高白沙独立大队、富川人民解放总队等，共4000余人，其中中共党员350人，武器有迫击炮4门、轻重机枪80余挺、长短枪3000余支，活动于贺县、平乐、信都、怀集、钟山、富川、昭平、恭城、荔浦、阳朔、修仁、蒙山、苍梧、藤县及湖南江华、道县、广东连山县等17个县。桂东人民解放总队共作战36次，歼敌2000余人，缴获各种武器2058件和物资一批。1949年12月，桂东人民解放总队与南下解放大军会师后，正式编入中国人民解放军。

桂北人民解放总队

1947年7月下旬，以中共桂北特派员肖雷为组长的中共桂北武装起义领导小组组织发动了桂北起义。11月，起义队伍正式命名为桂北人民抗征队。1948年3月，改名为桂北人民翻身队。1949年7月23日，桂北人民翻身队改名为桂北人民解放总队。吴腾芳任总队长兼政治委员、全昭毅任副总队长、阳雄飞任副政治委员、傅一屏任参谋长、陈亮任政治部主任。总队下辖路东、路西两个支队，路东支队辖第一、二、三、五、六、七大队，路西支队辖第九、十、十一、十二、十三、十五大队，共计12个大队，总队共有4000人，拥有轻重机枪210挺、迫击炮8门、冲锋枪150支、步枪5300多支、手枪300多支。

桂北人民解放总队活跃在国民党广西省省会桂林市周围的灵

川、临桂、义宁（今属临桂县）、全县、灌阳、兴安、永福、龙胜、资源、阳朔（东北部）等10个县的广大地区，与敌进行大、小战斗300余次，歼敌7000余人（含毙、伤、俘及起义、投诚、改编），我方牺牲300多人。最后配合中国人民解放军第四十一军等部队解放了桂北各县和桂林市，为桂北和广西各族人民的解放作出了重要的贡献。1950年1月，总队奉命整编为桂林军分区独立团和各县大队、区中队、公安队。2月，桂北人民解放总队撤销。

中国人民解放军桂中支队

1949年5月，中共广西省农委批准成立中共桂中地工委，随即把桂中地区的人民武装工作队统一组成桂中区人民解放总队，由廖联原任司令员兼政委、韦志龙任副司令员、韦纯束任副政委兼政治部主任。1949年10月，桂中人民解放总队改名为中国人民解放军桂中支队，下辖第一团、第八团、第十五团、第二十九团和第三大队、第十大队、第十六大队等和1个独立营以及修雒榴武工队，支队共4000余人。

桂中支队活动于贵县（郁江北部）、桂平、武宣、来宾、平南、象县、修仁等县，游击队及革命组织经常活动的地区有98个乡（镇），面积约7500平方公里，人口约90万。部队先后作战90余次，歼敌2800余人，缴获各种武器1640件（其中各种炮12门、重机枪8挺、轻机枪53挺）。在对敌作战中，99名指战员牺牲。1950年1月，中共广西省委和省军区决定，将桂中支队主力部队整编为梧州军分区独立第八团。

柳北人民解放总队

1949年4月，根据中共广西省农委的指示，中共融县工委将所辖武装工作队合并组成桂黔边人民保卫团。1949年9月，改编为柳北人民解放总队，莫矜任司令员兼政委，谢之雄任副政委，林润葱任政治部主任。到柳北地区解放前夕，总队下设6个大队和1个文工队、4个妇工队，脱产武装约2000人枪，民兵2500多人。

柳北人民解放总队活动的地区包括原融县（现分为融水、融安两县）、罗城、柳城、三江、中渡等县。柳北人民解放总队在一年的时间里，进行大小战斗100余次，共歼敌900余人，其中毙敌

221 名，俘敌 71 名，起义投降 634 人，解放 1 座县城（融县）、29
个乡。解放大军入境后接收 16 个乡，根据地和游击区人口约 90
万。1950 年 3 月，柳北总队奉命编入柳州军分区（其中第一大
队编入宜山军分区），柳北人民解放总队结束。

都宜忻人民解放总队

1947 年 8 月，中共上忻工委（都宜忻工委前身）成立后，即
着手创建农村游击队根据地。1949 年 10 月，根据中共广西省农
委的决定，中共都宜忻工委正式成立，同时将桂西北人民解放军
第五团扩大，于 1949 年 11 月改建为都宜忻人民解放总队，路璠
任司令员兼政委，覃宝龙、周廷扬任副司令员，吴师光任副政委。
总队下辖 4 个联队，共 2000 多人。

都宜忻人民解放总队活动于都安、宜山、忻城、柳江、罗城
等县，主要在黔桂铁路及柳（州）邕（南宁）、柳（州）宜（山）
公路沿线开展游击战，经历大小战斗 90 多次，歼敌 1270 多人
（其中起义、投诚的 650 人），缴获迫击炮 2 门、重机枪 13 挺、轻
机枪 48 挺、步手枪 860 多支，摧毁国民党区、乡公所 20 个，两次
攻占忻城县城，解放国民党广西第十专署所在地宜山县城。1949
年 12 月，总队与中国人民解放军第三十八军会师，随后总队各部
分别编入宜山军分区独立营和县大队、公安队及区中队。

在近一年艰苦卓绝的游击战争中，团政委莫江白（壮族）等
87 名指战员英勇牺牲。

柳来象边独立大队

1949 年春，原桂北区特派员肖雷受中共桂柳区工委的派遣到
柳来象边区来宾县大湾乡开辟新游击区。7 月上旬，肖雷在大湾乡
东番村召开全体党员会议，成立中共柳来象边区特支，肖雷为书
记。8 月初，中共柳来象边区特支在大湾乡甘苗村狮子岩开办了游
击队骨干训练班，决定以学员为骨干，成立柳来象边区人民解放
武装工作队。9 月，柳来象边独立大队正式成立，大队长肖汉祖、
政委肖雷，由中共广西省农委直辖的柳来象边特支领导。独立大
队下设四个中队，有指战员一百多人，活动于柳江、来宾、象县
三县边界地区，范围大致包括来宾县的大湾、正龙、北五、牛岩、

古昔，柳江县的穿山，象县的石龙镇以及迁江县的莲洞等乡镇。柳来象边独立大队成立后，前后作战 7 次，歼敌 170 多人，缴获各种枪 400 多支、炮 30 门。

中国共产党广西省委员会

1949 年 9 月，中共中央批准成立中共广西省委员会，张云逸任书记，陈漫远、莫文骅、何伟、李楚离任副书记。10 月在汉口筹备设立省委机关。11 月 15 日发表《告广西人民书》，号召各地游击队和全省紧急行动起来，积极配合支援解放军作战，彻底消灭残敌。11 月 30 日，省委机关随军进驻桂林市。省委机构初期设有秘书处、组织部、宣传部、政策研究室。12 月 3 日，省委机关报《广西日报》在桂林创刊。1950 年 1 月，增设办公厅、纪律检查委员会、统一战线工作委员会和党报委员会，秘书处归办公厅领导。3 月设社会部和外事委员会，5 月成立省委党校。

附录三　广西解放战争历史大事记

（1945 年 8 月—1950 年 2 月）

1945 年（8 月至 12 月）

8 月 15 日　日本天皇发布《终战诏书》，宣布无条件投降。

8 月 25 日　中共中央发表《对目前时局宣言》，阐明中国共产党争取和平民主、反对内战独裁的方针。翌日，中共中央向党内发出《关于同国民党进行和平谈判的通知》，阐明党中央关于和平谈判的方针，告诫全党不要放松对国民党反动派的警惕和斗争。

8 月　桂系集团忠实执行蒋介石的内战政策，调其全部正规军开往解放区抢夺胜利果实，同时阴谋"消灭"中国共产党领导的广西抗日武装。中共广西省工委指示桂东北、柳北等党领导的抗日武装分散隐蔽，已暴露的党员转移到外地活动。

8 月　中共广东区委委员、粤桂边特委书记黄松坚派特委常委魏南金前往广西工作。此后，魏南金在桂林、柳州、贺县、平乐陆续建立党组织，积极领导群众开展反内战反独裁、争取和平民主的斗争。

9 月 2 日　日本天皇和日本政府以及日本大本营的代表在投降书上签字。中国人民抗日战争取得完全胜利。

9 月 20 日　中共广东区委发布《对广东长期坚持斗争的工作布置》，要求坚持保存武装、保存干部、长期打算，准备将来合法、民主的斗争。

9 月　中共南路特委指示钦廉地区人民抗日武装，以武工队形式分散活动；合（浦）灵（山）独立营、博白独立营（白马营）分别自遂溪、廉江返回原籍活动。

9 月　中共南路特委派林克武等十多名党员干部回广西工作。

9 月　准备开往广州、海南岛接收政权的国民党新一、四十六、六十四等军进入广东南路地区，叫嚣"依限肃清"中共领导的抗日武装。

10 月 10 日　国共双方代表签署《国民政府与中共代表会谈纪要》(即"双十协定")。

10 月上旬　中共广西省工委书记钱兴偕政治交通员庄炎林到达重庆，向中共中央南方局汇报、请示工作。

10 月　南路人民抗日解放军第一团（沿称"老一团"）700 多人奉命自雷州半岛突围西进十万山。该团经遂溪、廉江、博白、合浦、灵山、钦县于 12 月中旬到达防城，沿途歼敌 130 多名，完成战略转移任务。

10 月下旬　国民党粤桂两省当局在广州召开绥靖会议，随即纠集重兵联合"围剿"中共领导的高雷、钦廉和桂东南地区的抗日武装。

11 月至翌年初　钱兴先后到桂林、柳州、融县向各地党组织负责人传达中共中央南方局的有关指示，部署各地党组织发动群众开展反对内战独裁、争取和平民主的斗争，同时继续以农村为工作重点，打下坚实的工作基础。

12 月　钱兴任命肖雷、曾金全为中共桂北区正、副特派员，领导全县、灌阳、恭城、阳朔等县党组织的活动。

1946 年

1 月 10 日　中国共产党代表同国民党政府代表签署"停战协定"。按照上级指示，中共广西地下组织采取隐蔽、分散、坚持斗争的方针，保存干部和武装力量，等待时机。

2 月　钱兴任命张祖贵为中共郁林五属地区特派员。该地区党组织恢复活动。

2 月　中共广西省工委任命吴赞之为中共桂东区特派员。

春　"老一团"在防城县游击大队配合下，粉碎敌人的"围剿"，打下一批据点，成立十万山第一个人民政权——峒中乡人民政府。

2 月至 3 月　国民党正规军第一五六旅四六七团、广东省的两个保安团和地方反动武装再次对十万大山地区发动"围剿"。为执行"停战协定"和保存力量，经越南共产党同意，"老一团"于 3 月转至越北解放区休整。

4 月　中共中央华东局决定继续执行中共中央的指示，派廖联原、黄传林返回广西工作。黄传林于5月回到家乡贺县，利用各种社会关系对国民党平乐专员等上层人物进行统战工作。廖联原于6月回到家乡贵县，发动群众开展"反三征"斗争。

4月至6月　中共广西省工委积极发动群众开展反饥饿、求生存斗争。

4月4日至15日　全县数千饥民多次进入县城，开展阻米外运斗争，拦夺外运的粮食数万斤。5月7日，柳江县的300多名饥民向国民党柳江县政府请愿，强烈要求桂系当局大量裁军，赈济饥民。6月12日，灌阳县的大批饥民进入县城，夺下载船待运的粮食数万斤。在此期间，贺县、钟山、横县、来宾、万冈、镇边、龙州、融县等县的一些乡镇的饥民开展了反征粮、反高利贷，强行开仓借粮，驱赶、袭击征粮、征税人员的斗争。

6月26日　国民党军开始围攻中原解放区，内战全面爆发。

7月20日　中共中央发出《以自卫战争粉碎蒋介石的进攻》的指示，号召全党和解放区军民团结一致，彻底粉碎蒋介石的进攻。

8月　中共右江领导小组决定以革命同盟会为主要形式，组织群众开展"反三征"斗争，并发动群众买枪筹粮，建立秘密武装，准备开展武装斗争。

8月　魏南金因受国民党广西省政府的注意而撤回广东。中共广东区委农村工作委员会书记黄松坚任命陈枫、李福海为桂柳区正、副特派员，到广西接替魏的工作。

9月　钱兴通过黄松坚介绍，赴香港向华南党组织负责人方方汇报、请示工作，正式恢复广西省工委和上级党组织的直接联系。

11月6日　中共中央发出《对南方各省工作的批示》。指出：各地党组织凡有条件者，应立即建立公开游击根据地；条件尚未成熟的地区，则采取隐蔽待机方针，积极创造建立游击根据地的各种条件。其后钦廉四属和博白、陆川等县逐步恢复公开武装斗争。

11月　中共广东区委任命陈华为钦廉四属特派员，陈华接收了钦廉四属的党组织关系，领导该区积极开展武装斗争。

11月至次年春　钱兴先后到桂东、桂北和柳州、融县、来宾、横县等地，向当地党组织负责人传达中共中央和方方关于准备开展武装斗争的指示，广西各地党组织普遍进行武装斗争的准备工作。

1947 年

2 月　中共钦廉四属特派员陈华决定调合浦、灵山两县游击队主力 300 多人西进，配合钦防游击队建设十万山游击根据地。

3 月 8 日　中共中央发出《中共中央关于在蒋管区发动农民武装斗争问题的指示》，要求蒋管区的各地党组织"胆大心细地发动群众，既勇敢又谨慎地领导斗争"。

4 月 7 日至 14 日　钱兴在横县陶圩乡六秀村召开各地区党组织的主要负责干部会议（沿称"横县会议"）。会上作出了在全省发动武装起义的决策，提出了"积极准备武装起义，广泛发动游击战争，创造游击根据地，摧毁反动政权，建立新解放区"的总任务、总方针，并对起义的重点区域，部队的组织形式、斗争方式和斗争策略作了具体部署。

4 月上旬　中共粤桂边地委成立，温焯华任书记。

4 月 29 日　方方批准成立粤桂边区司令部，司令员庄田（未到职）、政委温焯华。粤桂边地委及边区司令部成立后，整编本地游击队，建立主力团，积极发展游击斗争。

4 月底　中共桂越边工委改建为左江工委，书记黄嘉。工委决定扩大农会组织及其基干武装，准备发动起义。

5 月 6 日　中共中央正式批准成立中共中央香港分局，书记方方，副书记尹林平，负责领导华南党的工作。

5 月 14 日　中共钦防特派员谢王岗和刘镇夏、苏就芳等领导防城县三波、光坡、企沙的地下武装举行起义，占领上述 3 个乡镇，成立防城县农民翻身独立大队。

5 月 24 日　中共中央发出《关于华南工作的指示》，要求华南于本年底建立起三四个成块的游击根据地，准备迎接与配合 1948 年人民解放军的全面进攻。其后，中共中央香港分局着手组建粤桂边工委、粤桂湘边工委（沿称西江工委）和桂林工委（沿称桂柳区工委），同时撤销广西省工委。原广西省工委管辖的左右江地区及桂中南地区党组织划归粤桂边工委（桂中南党组织实际上由该工委下辖的钦廉四属特派员陈华领导），桂东南地区党组织划归粤桂边地委，桂林、柳州地区党组织划归桂柳区工委，桂东地区党组织划归粤桂湘边工委领导。

5月　陈华根据中共中央香港分局关于在粤桂南地区建立十万山、六万山、镇龙山3块根据地的指示，决定合灵部队自十万山返回合灵地区，建设六万山根据地。其后，将钦廉四属的游击队逐步整编为粤桂边区人民解放军第十八（灵山）、二十（防城）、二十一（钦县）、二十四（合浦）团。

5月下旬至6月　中共组织发动民主人士和进步学生开展反饥饿、反内战、反迫害运动。广西大学、桂林师范学院等学校学生举行示威游行。

6月5日　中共钟山英家特支发动英家起义。起义队伍袭击英家乡公所和粮所，缴获长短枪12支，并破仓分粮。17日，又攻入公安乡公所，缴获长短枪19支。

6月上旬　钦防农民翻身总队成立，全总队1500人。中旬，"农总"接连攻占东兴、扶隆、茅坡、洞利等据点，歼敌一部。

6月25日　中共富川古城支部发动古城起义。起义队伍袭击下城头，收缴了几户地主家里的武器，获长短枪5支。

6月30日　刘伯承、邓小平率晋冀鲁豫野战军主力强渡黄河，揭开了人民解放军战略进攻的序幕。中共广西地下组织和各族人民深受鼓舞，加快了武装起义的步伐。

6月下旬　中共中央香港分局派广东区委委员林美南到粤桂边地委帮助工作。7月上旬，钱兴赴廉江，协助解决粤桂边地委与桂东南党组织相互关系中的一些问题。

7月4日　国民党政府颁布《戡平共匪叛乱全国总动员令》。桂系当局随即在桂林、南宁、贺县、钟山等20多个县、市逮捕中共党员、革命群众100多人。

7月8日至9日　中共桂柳区工委在桂林市成立，书记陈枫，组织委员李福海，宣传委员路璠。工委制定了今后的工作任务、方针，在农村武装斗争方面，强调"开始小搞，准备大搞"，依靠山地，依靠人民，建立广大的回旋区域，随后选派一批党员到农村参加武装斗争。

7月中旬　中共粤桂湘边工委在广东省广宁县成立，书记梁嘉，副书记钱兴，委员李殷丹、王炎光、周明。边工委制定了

"大胆放手，发动群众开展武装斗争"的总方针。

7月下旬　中共桂北正、副特派员肖雷、曾金全，中共桂林市工委负责人阳雄飞等在桂北发动武装起义。23日，灵川县灵田乡的起义队伍智取灵田乡公所，俘敌40多人，缴获各种枪20多支。翌日，全县、灌阳两县7个乡（村）的起义队伍攻占了石塘乡公所，收缴了当地反动地主的武器，破仓分粮几十万斤。

7月　中共桂西南特派员覃桂荣和左江工委书记黄嘉到中越边境，向粤桂边工委书记周楠汇报工作并交接组织关系。周楠向他们传达了中共中央香港分局关于"放手小搞，准备大搞"的方针，指示左右江地区迅速举行武装起义，指定黄嘉、覃桂荣分任边工委左、右江特派员；并先后派一批干部到左右江工作。

7月　中共粤桂边地委将博白、陆川两县游击队整编为粤桂边区人民解放军新编第十二、十四团。两团分别在博（白）廉（江）边、陆（川）化（县）边开辟新区。

8月19日　黄嘉等率左江人民解放军龙州县大队突袭大青山林场警察队，举行武装起义。

8月25日　林中等组织明江县爱店地下武装秘密夺取爱店自卫队的武器，缴获轻机枪2挺、步枪7支。翌日，成立左江人民解放军思（乐）明（江、宁明）游击大队。

8月31日　中共右江地委在万冈县西山弄甲屯成立，书记区镇。地委决定举行大规模的武装起义。

8月下旬　粤桂边区第十八团挺进横南，策应桂中南起义。该团和横南独立大队在横南作战近4个月，大小战斗数十次，摧毁4个乡公所，毙伤俘敌700多人，缴获轻重机枪11挺、长短枪220多支。

9月4日　杨烈、陈清源、刘一桢等领导800余名农民武装，在横县的上西、下西、上北、上南等区接连举行起义，攻下13个乡公所，歼敌县警察队一个班、民团一部。11日成立横县人民解放军司令部（后改为粤桂边区人民解放军第十九团）。

9月5日　龙胜县地下党员组织小江起义，起义队伍袭击了田城村和小江村公所，收缴了20多支枪。

同日　覃桂荣、区镇、黄耿等领导桂西人民解放军东（兰）万（冈）支队1200人举行万冈起义，6日占领万冈县城和万冈、田东、凤山县的 14 个乡公所，俘敌 40 余人，缴枪 300 多支。中旬，敌进行反扑，东万支队 20 多名指战员牺牲，覃桂荣被俘（1949 年初获释，后回融县参加武装斗争）。敌于 15 日重占县城。

9 月 7 日　中共靖（西）镇（边）工委领导当地农会武装伏击镇边县平孟乡警察队。次日，攻占平孟乡公所，随后成立左江人民解放军靖镇大队。

9 月 15 日　中共凤山县工委代理书记韦芳等率数百名农民武装攻占凤山县城。随后，凤山之敌进行反扑，于 21 日重占县城。

9 月 16 日　中共上林县支部领导古蓬、思吉两乡百余名农民武装举行起义，歼俘敌 20 名，缴枪 8 支。

9 月 17 日　中共那武特支组织那马、武鸣、果德、隆安 4 县边界群众武装 200 人举行四坡起义，攻打四坡据点，敌依据碉堡顽抗。18 日下午，敌援兵赶到，起义队伍分散返回原籍活动。

9 月 18 日　余明炎、陆明才等率群众武装 1000 多人举行果德起义，进攻果德县城，守敌顽固抵抗。20 日，隆安县及武鸣之敌来援，起义部队当即撤退。在围攻县城的同时，起义部队一部攻占感圩、新圩、德旺 3 个乡公所，缴获武器一批和 20 万斤粮食。

9 月 29 日　廖联原、韦志龙等联合韦敬礼部共 500 余人在贵县达开乡举行"中秋起义"。经两个多月的作战，毙、伤敌 160 多名，缴枪 30 多支，一度占领了贵县、武宣、桂平、来宾 4 县边境的 10 多个乡。

9 月下旬至翌年 5 月　敌百色区少将保安副司令兼万冈县县长蒋晃指挥省保安第四、五、九团各一部及右江上游区 6 县民团接连向西山根据地发动了 13 次进攻。游击队在群众的支持下，利用有利地形截击、伏击敌军，毙伤俘敌 109 名，缴获各种枪 30 支，彻底粉碎了敌人的"围剿"，随即成立西山县临时民主政府。

9 月　粤桂边区新十四团粉碎郁林保安大队、化县自卫队及廉江钱石乡地主武装 2000 余人的进攻，毙、伤敌 24 名。

9 月　六万山区第一个县级革命政权——合灵南区军政府在合浦双埠口成立。其辖区包括合浦中部、南部、灵山南部 10 多个乡。军政府成立后，积极开展减租减息、筹粮支前、维持治安等工作。

10 月 10 日　白崇禧发表动员"戡乱"的《告广西父老书》。

其后，国民党广西省政府及省保安司令部增编四个保安团，命令各区县举行"剿共"宣誓大会，各乡、镇、村、街构筑据点、工事，拼凑民团武装；将全省划分区域，成立"剿匪指挥所"，"督剿"起义队伍。

10月22日 桂北游击队攻打灵川灵岩乡公所，俘敌20余名，缴枪20余支。

10月24日 中共上思县党组织在粤桂边区第二十一团的帮助下，举行上思起义。起义部队编为第二十一团独立营。其后第二十一团接连出击，摧毁了上思县的9个乡公所，开辟了十万山北麓游击根据地。

10月 中共中央香港分局发出《为迎接大反攻加强农村斗争的指示信》，要求各地党组织猛烈开展群众斗争和游击战争，创造出广大农村据点与武装组织，更好、更稳固地奠定根据地的基础。

11月6日 黄嘉率一小分队化装突袭凭祥县上石乡公所，夺取步枪11支，后成立凭祥县游击大队。

11月7日 靖镇大队协同桂滇边部队先遣队全歼驻果梨村的镇边县民团，毙伤俘敌百余人，缴枪上百支。

11月9日 根据中共中央香港分局的指示，撤销粤桂边工委，成立桂滇边工委，改向桂滇黔边发展。工委由12名委员组成，其中广西左右江方面5人，即覃桂荣、黄嘉、区镇、余明炎、林中，周楠为书记。会议制定了"利用时机，创造时机，到处发动人民，组织武装，以建立大小据点，公开或半公开的根据地"的工作方针。

11月上旬 周楠及桂滇边部队司令员庄田率桂滇边工委领导机关及第一团（原南路"老一团"）从中越边境分批挺进靖（西）镇（边）区。

11月中旬至12月中旬 "老一团"在靖镇部队配合下，于百合、弄逢、果利三战三捷，共歼敌364人，俘靖西县民团副司令张焯然，解放靖镇区7个乡。其后又组织数十次小的战斗。到1948年2月，共歼敌517名，缴获轻机枪8挺、长短枪200多支。

12月11日 广东吴（川）化（县）党组织派到北流县南部开辟新区的一支武工队在豆豉河吴屋遭敌260多人围攻，9名指战员英勇抗击，拒不投降，全部壮烈牺牲。

12 月 28 日　凤山县游击大队在久隆坳伏击凤山县警队，缴获重机枪 1 挺、步枪 9 支。

12 月 30 日　杨烈等率粤桂边第十九团的主力约 300 人自横县上灶村一带偷渡郁江，南下广东廉江休整。

12 月　左江第一个县级革命政权——靖镇区民主政府筹办处成立。其后在 15 个乡建立政权，普遍开展减租减息工作，建立农会、妇女会、民兵团、儿童团等组织，并进行土地改革试点工作。但在土改、肃反中犯了某些"左"的错误，给斗争造成了一些困难。

12 月　根据中共桂滇边工委的指示，成立中共靖镇区工委，书记郑敦（后梁家、邓心洋）。

是年　通货膨胀加剧，全省开始发行万元面额大票，净发行额比上年增加 4.8 倍，全省水、虫、旱、风灾并发，震惊全国。

1948 年

1 月 1 日　左江人民解放军指挥部于凭祥县隘口乡弄怀屯成立，指挥员莫一凡，政委黄嘉。

1 月上旬　国民党广西省政府、省保安司令部派第七区（龙州）专署保安副司令阳丽天、广西全边对汛督办吴助之赴越南，与侵越法军谅山司令部签订"会剿"桂越边境中越两国人民武装的密约。在此前后，国民党广西当局与湖南、广东、云南、贵州等省头目密商后，成立"湘桂联防指挥部""粤桂南区清剿指挥部""滇黔桂联防指挥部""粤西桂东联剿指挥部"，加强对五省边区革命武装的镇压。

1 月 14 日　桂北游击队袭击兴安县金石乡公所，毙、俘敌人多名，缴枪 17 支。

1 月　为发展十万山游击根据地，中共粤桂边地委决定成立钦廉四属分委（同年 7 月改为十万山区地工委），书记陈明江。同时成立粤桂边区人民解放军第三支队，司令员谢王岗，政委陈明江。

2 月 14 日至 3 月 5 日　陈枫和路璠在柳江县成团乡水灵村主持召开桂柳区各地组织负责干部会议。会议强调"一切工作的布置都是为了发动武装斗争，迎接解放军南下"，要求各级党组织"大胆放手，面对农村"，"注意正确执行少数民族政策，动员少数民族参加解放斗争"。

2月中旬　粤桂边区第三支队司令部率新一团和十九团西征十万山。部队自廉江出发，经博白、合浦、灵山、钦县、上思，于3月中旬抵达防城。其后配合边区第二十、二十一团转战十万山，开辟了大片新区。

2月下旬　桂系当局令回桂整补刚完毕的正规军第一七四旅的主力分赴左右江及十万山地区，配合当地反动团队，对游击队进行"围剿"。

2月　中共中央香港分局发出《中共中央香港分局关于粉碎蒋宋进攻计划，迎接南征大军的指示信》，对军事斗争、群众斗争以及政权、统战、整党工作作出全面部署，强调要以武工队的形式"普遍发展，到处生根"。广西各地党组织认真传达贯彻这一指示，总结斗争经验教训，采取分散小搞的方针，从而推动了群众性游击战争的发展。

3月7日　梁游率左江主力大队一部开进上金县科甲，收缴5乡联防队长短枪43支。同日，上金县农会武装收缴武德街自卫队和地主的长短枪30余支。次日，农会武装集中科甲，宣布起义，成立上金县游击大队。

3月8日至15日　中共桂滇边工委在镇边县北斗村召开第一次扩大会议，总结靖镇区斗争的经验教训，制定了军事上"大股插出，小股坚持"的方针。其后，边工委领导机关率主力第一支队移驻中越边境，伺机进入滇东南，第二支队（靖镇地方部队）留下坚持斗争。

3月9日　黄嘉率左江主力大队一部打下上金县金龙乡公所，缴枪19支。12日，进军雷平堪圩乡，策应国民党雷平县党部书记长农忠卫和堪圩乡乡长率部26人起义。14日成立雷平县游击大队。

3月15日　平治县游击队毙敌三县联防办事处主任黄永祥。

3月　中共中央香港分局任命杨应彬为中共粤桂边区委军事特派员、李超为政治特派员，到十万山游击区帮助工作。

春　六万山游击队为了粉碎粤桂之敌的联合"围剿"，实行"敌进我进"的方针，主力部队分散活动，部分部队转入灵山、横县、贵县、博白、合浦、兴业6县边境开辟新区。

4月　中共中央香港分局为加强对粤桂边区革命斗争的领导，

决定撤销粤桂边地委，成立中共粤桂边区委员会和临时军委，调分局委员梁广任书记兼军委主席，黄其江为组织部部长。翌年3月，任温焯华为宣传部部长。

4月　中共粤桂湘边工委抽调200余人组成桂东独立团，由李殷丹、林锋、黄传林等率领，自广东广宁县四雍挺进桂东。该团进入怀集后为强敌所阻，后奉命撤销，改将干部分期分批秘密输送回桂东开展斗争。

4月　粤桂南之敌重点"围剿"十万山区，时间长达9个月，前后出动正规军一七四旅一个团，粤桂两省的5个保安团，加上各县反动武装，总兵力达1万人。十万山游击队开展艰苦的反"围剿"斗争，到1949年1月，作战130多次，歼敌540多人，缴获轻机枪9挺、长短枪350多支，粉碎了敌人的"围剿"。

5月中旬　都（安）宜（山）忻（城）地区成立第一支武工队加马武工队，开始武装斗争。5月贵（县）桂（平）武（宣）来（宾）地区人民解放工作委员会成立（翌年5月改称桂中区人民解放工作委员会），主任廖联原。下辖县、区、乡人民解放工作委员会，村为小组。到解放前夕，会员发展到1万多人。该会发动组织群众，为游击队输送兵员，提供情报，筹集粮款，维持地方治安，行使了部分政权职能。

6月20日　桂滇边第一支队的一个连袭击龙州县水口汛署，全歼汛署主任以下40余名，缴获轻机枪4挺、步手枪30多支、电台2部。

7月26日　中共贵县中心县委改建为桂中南地工委（1949年9月改为地委），书记杨烈。地工委制定"挖塘养鱼"的方针，部队以武工队形式分散活动，打下扎实的工作基础。

7月至8月　中共桂滇边工委在河江（河阳）召开第二次扩大会议，进行整风总结，肯定了成绩，检查了在靖镇区执行政策和工作上的失误，进一步落实了纠正措施。会议确定了"有重心和有配合的向前发展，打下各地党的群众基础，从创造若干个在敌人空隙中的游击区来逐步形成一个比较巩固的根据地"的工作方针。

8月24日至9月14日　路璠和谢之雄在融县永乐乡溪滨寨举办桂柳区武装斗争干部研究班。研究班讨论了陈枫起草的关于武装斗争经验总结和今后意见的文件，提出今后的斗争必须遵循"从无到有，从小到大"的发展规律，依靠人民，依靠山地，处理好重点经营和普遍发展的关系。

8月下旬　桂北游击队主力自灵川北上。部队冲破敌人的围追堵截，于9月上旬抵达全县，随即在全县、灌阳、兴安一带展开，开创了桂北游击战争的新局面。

8月　中共中央香港分局发出《半年工作总结和今后方针任务》的文件，要求各地在军事上要从普遍发展中组织主力，从推进发展中配合有利条件的跃进，有方向地扩大游击区，造成边区山地的割据局面，在斗争策略上强调要有步骤、有计划地削弱封建势力，联合与中立不反对我当前政策的地主、富农与一切可能联合与中立的社会力量。

8月　桂东贺县里松组建武工队，并开始恢复武装斗争。

9月　陈枫、路璠、阳雄飞、莫矜、肖雷、莫江白等到香港，参加中共中央香港分局书记方方主持的武装斗争干部训练班学习。

11月上旬　中共粤桂湘边工委副书记钱兴在广宁、怀织边界的仕儒村附近山区突围时牺牲。

11月　中共桂北地工委在全县外建乡成立，阳雄飞任书记（翌年3月，省农委调吴腾芳到桂北任地工委书记，阳雄飞改任副书记）。

12月3日　柳北地区的第一支武工队"江猛队"在融县南区北山村成立，开始公开的武装斗争。

12月下旬　中共中央香港分局决定撤销中共桂柳区工委，分别成立中共广西省城市工作委员会和中共广西省农村工作委员会。省城工委书记陈枫；省农委书记李殷丹，委员路璠、黄传林。

12月　粤桂边区第十九团自十万山区返回横县活动。翌年1月14日，十九团和横县两个武工队在龙平乡庚孟村伏击前来"扫荡"的敌人，歼敌近40人，缴获轻机枪3挺、步枪30多支。

1949年

1月1日　经中国人民解放军总司令部批准，中国人民解放军桂滇黔边纵队成立，司令员庄田，政治委员周楠，副司令员朱家璧，副政治委员郑敦，政治部主任杨德华。广西右江地区和左江地区的游击队编入桂滇黔边纵队序列。

1月21日　蒋介石宣告"引退"，把"总统"职务名义上交给"副总统"李宗仁"代理"。

1月26日　中共中央香港分局向各地党组织发出指示，强调要深刻揭露国民党"和平"建议的虚伪性和反动性，树立把革命进行到底的决心与信心；迅速扩大主力部队和民兵，展开有战略意义的地区的工作；迅速建立农会、妇女会、青年团；大量吸收和训练知识青年，为接管政权准备干部。

1月31日　人民解放军开入北平城内，历时4个多月的辽沈、淮海、平津三大战役胜利结束。

2月中旬　中共河池县特支发动光（隆）下（坳）暴动。2月下旬至5月，河池游击队粉碎敌人的"围剿"，共歼敌120多人，袭占了7个乡公所。

3月6日　中共都安县夷江支部领导群众举行暴动，先后攻占3个乡公所，缴枪70余支，随即成立桂西北人民求生三六支队，后改名为桂西北人民解放军第五团。

3月13日　桂北南锋部队袭击灵川县甘棠火车站，歼守敌一个班。

3月21日　博白游击队夜袭黄凌乡公所，毙、俘乡警10余人，缴枪10余支，开仓济贫稻谷3万余斤。

3月27日　粤桂边区第三支队副司令员黎汉威率部突袭侵越法军重要据点芒街市，毙俘法军、伪军191名，缴获轻重机枪16挺、手枪100多支、迫击炮1门、火箭筒3具、电台3部。

3月30日　果德县游击大队在那马县伏击敌那马县自卫总队，击毙中校副总队长古典昭等9人。

3月下旬　中共靖镇区工委改建为右江上游区工作委员会，书记刘包。

3月　中共广西省农委发出《关于武斗的几个问题》《关于开辟与发展新区的问题》《在各种不同地区中的党与群众组织问题》三个文件，对桂北、桂中、桂东、柳北和都宜忻五地区的武装斗争作出具体部署。这些文件强调当前武装斗争的方针是"在普遍发展与广泛发动群众的基础上，放手小搞，到处活动，到处生根，打下大搞的基础"；"主要组织形式是武工队……作为我搞武斗的基干，以促成大规模的独立自主武装的建立"。

3月　中共粤桂南地委及粤桂南地区人民行政督导处成立，地委书记黄明德，督导处主任周斌（后林克武），辖区为广东的廉江、化县、吴川及广西的陆川、博白、北流、容县、郁林共8个县。

3月　中共十万山地委决定将板贞干训班改为十万山公学，作为常设的干训机构。同年8月，中共右江地委将右江干训班改为右江干校。在此前后，各游击区也以轮训班、学习班等方式大力培训军政干部。

3月至5月　国民党广西省保安部队4个营及地方团警约3500人，向我红水河上游区根据地发动"围剿"。乐业、天峨、凤山、万冈等县游击队紧密配合，前后作战21次，毙伤敌240多人，瓦解其地方武装480余人，粉碎了敌人的"围剿"。

4月1日　中共中央华南分局（原香港分局）向粤桂边、桂滇黔边、粤桂湘边等部队领导人发出祝捷电，表扬上述部队在1949年春积极向敌人发动进攻，取得攻占大批据点和10多座县城的重大胜利。

4月11日至18日　中国新民主主义青年团第一次全国代表大会在北平召开。中共广西地方组织按照中共中央及华南分局的指示，积极发展团员，建立团组织。

4月21日　毛泽东主席、朱德总司令发布向全国进军的命令。23日，人民解放军占领南京，宣告国民党在大陆地区22年反动统治的灭亡。

4月22日　果德县游击大队伏击敌果德县警及自卫总队，击毙县自卫总队副总队长覃树皎等9人，击伤县长李祖唐等30多人。

4月下旬　中共广西省农委领导成员李殷丹、路璠、黄传林在罗城县木偶村举行会议，对如何进一步开展游击战争，迎接大军南下和各项有关政策问题进行了深入的讨论，并决定成立各地地工委和人民解放总队以加强领导。

4月　中共六万山地委和粤桂边区人民解放军第四支队在合浦县公馆六湖洞山塘口村成立，地委书记陈华，支队司令员符志行，政委陈华。

4月至6月　粤桂边区人民解放军第三支队发动夏季攻势。前后作战 29 次，歼敌 500 余名，缴获轻机枪 32 挺、炮 1 门、长短枪 625 支，击毁敌海上运输船 2 艘，解放了防城钦县的大部分地区。

5 月 1 日　区镇等率桂西第十五大队攻占都安县都阳区署，毙俘敌区长以下 70 多名，缴枪 90 多支。

5 月上旬　中共龙胜县支部先后在镇北、镇南、小注、马堤、坳头等地发动起义。起义部队攻入镇北、瓢里乡公所，缴获轻机枪 3 挺、步枪 100 余支。

5 月 11 日　中共中央华南分局作出迎接大军南下的工作部署，要求各游击队在大军到达以前将农村完全解放，并将各游击区完全打成一片，建立边区、县、区、乡各级政权。

同日　中共桂中地工委、桂中人民解放总队成立，廖联原任地工委书记、总队司令员兼政委。

5 月 17 日　都宜忻游击队攻占忻城县城，缴重机枪 3 挺、步枪 10 多支及大批医药物资，破仓分粮 40 多万斤。次日，游击队主动撤出县城。

5 月中旬到 6 月 2 日　中共养利县特支经过统战工作，先后争取县自卫大队及 3 个乡自卫中队约 500 人枪起义、投诚。

5 月 22 日　中共地下党员在义宁县（今属临桂县）宛田发动武装起义，攻占宛田乡公所，俘乡自卫队 30 余人，缴枪 30 支。

5 月下旬　中国人民解放军粤桂边区第一支队成立，司令员兼政委黄明德。

5 月至 8 月　桂西第二十八大队接连出击，共歼敌 120 多名，缴枪 171 支，瓦解地方武装 260 多名，解放了乐业、天峨、凤山 3 县的 6 个乡。与此同时，东兰县游击队也解放了 6 个乡。

6 月 1 日　粤桂边区第十九团教导连会同宾（阳）贵（县）永（淳）边武工队，在宾阳登子华罗村伏击省保安第一团一部，歼敌 70 多人，缴获轻重机枪 5 挺、步手枪 50 多支。

6 月初　左江雷平县独立大队争取国民党雷平县自卫总队副总队长卢锦荣及其所率县特编队和 3 个乡自卫队共约 200 人投诚。

6 月 10 日　龙津县独立营在越南人民军的协同下攻占下冻区公所。13 日，攻占广西全边对汛督办署水口分署。20 日，又在独山围歼省保安第六团第三营。三战共毙俘敌 190 余名，缴获轻重机枪 13 挺、八二炮 1 门、长短枪 70 余支。

6月上旬　李殷丹到桂北游击区检查、指导工作，指示桂北游击队放手向平原推进，形成包围桂林的态势，并相机切断湘桂铁路交通，以策应解放大军南下。

6月17日　凭祥县大队击溃凭祥县城守敌，占领县城。

6月25日　左江部队主力第三团在养利县独立营配合下，攻克养利县城，缴枪50余支。

6月27日　中国人民解放军总司令部批准，成立中国人民解放军粤桂边纵队，司令员兼政委梁广，副司令员唐才猷，参谋长杨应彬，政治部主任温焯华，副主任支仁山。8月1日，粤桂边纵队正式成立，原粤桂边区所属各支队均编入边纵序列。

6月29日　都宜忻游击队第二次攻占忻城县城。

6月下旬　国民党第五十六军三二九师在广西省保安第六团、第五团的两个营和各县乡自卫队的配合下，对桂北游击队进行"围剿"，6月底至7月底，桂北游击队多次打垮敌人的进攻。7月19日，翔云部队和南俸部队在全昭毅的指挥下攻占敌灵川县潭下乡公所、蔡岗村公所，并解除公平乡公所的武装，共缴获轻机枪6挺、长短枪200余支。

6月　中共桂东地工委和桂东人民解放总队在贺县公会成立，黄传林任地工委书记、总队司令员兼政委。其后，桂东各县普遍建立农会、武工队，广泛开展"反三征"斗争和游击战争。

7月1日　左江部队指挥员莫一凡率龙津、凭祥、宁明县游击队，在越南人民军协同下攻占宁明县城。

7月5日　粤桂边纵第四支队司令员符志行率新六团围攻钦县那丽据点，经两日战斗，歼灭钦县保警第一营营部及第三连和区、乡公所员警，共毙伤敌30人，俘营长以下官兵87人，缴获各种枪125支。

7月12日　在灵山地下党的发动下，伯劳进步人士陈学海等组织270余人，携机枪10余挺和长短枪一大批起义，成立伯劳独立大队。

同日　中共左江工委副书记梁游指挥主力第三团及养利、万承县游击队在养利县天宝乡八万桥一带歼敌20名，俘敌多名，俘五县联防主任冯夷惠，缴获枪约200支、子弹一批。

7月12至22日　柳北游击队第一、第二大队分别袭击融县永乐东阳粮仓及永乐、潭头、高街乡公所，柳城县龙头乡公所，缴获轻机枪 3 挺、长短枪 50 支、粮食 8 万余斤。

7 月 16 日　毛泽东致电林彪、邓子恢、萧克等，指出对白崇禧部作战"应采远距离包围迂回方法，方能掌握主动，即完全不理白部的临时部署，而远远地超过他，占领他的后方，迫其最后不得不和我作战"。这一战略决策奠定了广西战役胜利的基础。

7 月中旬至 9 月上旬　桂西武鸣县人民抗征团接连袭占 3 个乡公所，共毙伤俘敌 120 多名，争取敌起义、投诚 50 多名，缴获轻机枪 9 挺、步手枪 70 多支。

7 月 21 日　象县武工队首次出击，袭占中兴乡公所和粮所，缴枪 15 支，破仓分粮 4 万余斤。

7 月 23 日　桂北人民解放总队成立，总队长兼政委吴腾芳。

同日　中共桂中南地工委组织部部长陈符隆等 6 名指战员在永淳县泽卢乡牛栏村（现属宾阳县）作战中牺牲。

7 月下旬　粤桂边区第三支队第二十八团攻占龙门港，全歼钦县水上联防中队官兵 70 余名，截获广东省保安第二团运输船 1 艘，俘该团政工室主任以下官兵 48 名，缴获长短枪 100 多支、子弹 9 万余发及军用物资一批。

7 月下旬至 10 月上旬　桂黔边人民保卫团粉碎敌人对柳北游击区发动的 4 次"围剿"，歼敌 130 多名，缴获各种枪 122 支（挺），摧毁了敌人的 9 个乡政权。

7 月至 8 月　中共桂滇边工委与云南省工委在滇东南砚山阿猛召开联席扩大会议。会议根据中共中央华南分局的决定，将两工委合并，成立中共滇桂黔边区委员会，书记林李明，副书记周楠、郑伯克。会议总结了两年来开展武装斗争的经验教训，制定了"放手发动群众，展开游击战争，打下农村基础，以农村包围城市，建立与提高主力，巩固与扩大解放区，坚决歼灭与阻击残敌，以配合南下大军解放全境"的工作方针。与此同时，桂滇黔边纵队改称滇桂黔边纵队，领导成员调整为司令员庄田，政委林李明，副司令员朱家璧，副政委郑伯克，参谋长黄景文，政治部主任张子斋。边区党委和边纵还决定左江工委改为地委，左江指挥部所属部队改为左江支队。

7 月至 9 月　中共粤桂边区委员会和军委组织粤桂边纵队主力

第六支队及第三、第四支队共 9 个团，发起打通高雷至六万山区、十万山区走廊战役。参战部队在前线指挥委员会（书记沈汉英）统一指挥下，共进行了 20 多次较大的战斗，攻克合浦、灵山、钦县、防城的 10 多个重要据点，毙伤俘敌 1074 名（其中营级军官 7 名），缴获轻重机枪 22 挺，冲锋枪、卡宾枪、步手枪共 668 支，胜利地完成了预定任务。

8 月 1 日　中共中央决定组成新的华南分局，任命叶剑英为第一书记，张云逸为第二书记，方方为第三书记。

8 月 13 日　在中国共产党的推动下，黄绍竑、刘斐、李任仁等 44 名原国民党高级军政人员在香港发表声明，严斥蒋介石反动集团祸国殃民的罪行，表示坚决拥护中国共产党领导的新民主主义革命。

8 月 19 日　为破坏白崇禧集团的兵员调动和军需补给，桂北人民解放总队第九大队烧毁了灵川、甘棠渡两座铁路桥，使湘桂铁路交通中断半个月。

8 月　中共滇桂黔边区罗盘地委派党员到桂西的西林、西隆活动，成立中共林隆区工委，后成立林隆游击大队，在桂黔边开展游击活动。

9 月 1 日至 2 日　桂西北人民解放军第五团在转移途中遭敌重兵包围，牺牲指战员 20 余人，被俘 31 人。中旬，中共广西省农委委员路璠进入都宜忻游击区，加强对游击队的领导，继续开展斗争。

9 月 4 日至 22 日　桂中人民解放总队副政委韦纯束等组织第八大队及象县、修仁两县民兵进行百丈、屯鸾（均属象县）反"围剿"战斗，毙敌 1 人，伤敌数十人，缴获粮食 1 万余斤。

9 月 8 日　毛泽东致电叶剑英、方方等，对四野及二野第四兵团向华南进军作出进一步的部署，并指出方方等同志领导的华南分局及华南各地党委和人民武装有很大的成绩。新的华南分局和即将进入华南的人民解放军主力应对此种成绩有足够而适当的估计，使两方面的同志团结融洽，互相学习，互相取长补短，以利争取伟大的胜利。

9 月 10 日　滇桂黔边纵队桂西区指挥部（即右江支队）于都安县都阳成立，指挥员赵世同，政委区镇。

同日　中共柳北地工委、柳北人民解放总队在融县永乐成立，莫矜任地工委书记、总队司令员兼政委。

9月上旬　李殷丹到达桂东。9月、10月，李殷丹和黄传林先后在大河水、洪明召开桂东各地的主要干部会议并举办训练班，对桂东的工作进行具体指导。此后，桂东游击队得到迅猛发展。

9月15日　粤桂边区第十九团在横县龙平乡快龙村伏击该县"扫荡"大队，歼敌60多名，缴获轻重机枪5挺、步枪26支。

9月22日　中共中央批准成立中共广西省委，由张云逸任书记，陈漫远、莫文骅、何伟、李楚离任副书记。

9月25日至30日　中共广西省城工委书记陈枫在柳州市郊召开全省城市工作会议，对护城迎军工作进行具体部署。桂林、柳州、南宁、梧州四市地下党放手发动群众，建立武装和非武装的护厂、护校、护路队伍。同时，积极开展统战策反工作，在南下大军临境时共争取了敌军3000人起义、投诚，为四市的解放作出了重大贡献。

9月　中共广西省农委领导的柳（江）来（宾）象（县）人民解放独立大队成立。在其后的两个多月中，该大队作战7次，歼敌170余人，缴获各种枪400多支、炮30门。

9月　粤桂边纵队第七支队成立，司令员黎汉威，政委卢文。

10月1日　中华人民共和国成立。

10月6日　粤桂边区第十九团在横县六庙坳歼敌横县"扫荡"大队第二中队，毙俘少校大队长以下官兵79名，缴枪64支（挺）。

同日　经中共隆山地下党长期教育争取，国民党隆山县尚贤、加福、乐善三乡联防大队及一个县常备中队共200多人在古零起义。次日拂晓，起义部队配合隆山游击队主力及上林县游击队一部，向驻古零附近的隆山县另一个常备中队发起猛烈进攻。该中队于当天下午被迫投降，缴枪130多支。

10月8日　粤桂边纵队颁布《纪律制度暂行条令》，以加强部队的正规化建设。14日，边纵政治部颁发《入城纪律》，要求各部队"保证'打好仗'，'守护好'，'交接好'，争取军政两胜"。

10月10日　桂北人民解放总队发布总攻击令，命令所属各部队主动向敌人发起攻击，以策应解放大军南下。同日，该总队第十五大队在兴安、资源间的三千界进行伏击，毙伤敌 40 余人，活捉"兴（安）全（县）资（源）联防办事处"少将主任王彝以下 100 余人，缴枪 60 多支。

10 月 16 日　粤桂边纵队第四支队司令员符志行率第十团及独立营在合浦县黎屋坡伏击敌船队，翌日又将敌尖兵连歼灭，此战共毙伤俘敌营长以下 140 多人，缴获轻重机枪 14 挺、其他枪 39 支、六〇炮 1 门、掷弹筒 3 具、电台 1 部及大批军用物资。

10 月 18 日　白崇禧在桂林召集国民党高级军政人员会议，布置反共"总体战"计划。

同日　桂北人民解放总队副总队长全昭毅率部 200 余人在灵川县七里店伏击白崇禧总部车队，击毁汽车 2 辆，毙俘敌官兵多名。

10 月 19 日　粤桂边纵队第八支队在横县龙平乡成立，司令员兼政委杨烈。

10 月中旬　中共粤桂边区委、粤桂边纵队司令部作出配合南下大军作战的部署，同时指导各地普遍成立支前委员会、民工队，积极筹集粮秣和做好其他支前工作。在此前后，中共滇桂黔边区委、广西省农委也分别作出迎军支前的部署。

10 月 20 日　桂东总队阳朔第三大队一部在天顺乡歼灭敌 3 县联防队 1 个排。

10 月 20 日至 28 日　柳北人民解放总队司令员兼政委莫矜率部解放罗城县龙岸、黄金、寺门等乡，歼敌近百人。

10 月 23 日　平治县独立团及右江支队主力八十五团一部解放平治县城榜圩。中共右江地委随即决定成立武鸣人民专员公署，专员姚冕光。

10 月 26 日　中共都宜忻地工委、都宜忻人民解放总队在宜山县马泗乡成立，路璠任地工委书记、总队司令员兼政委。

10 月 29 日　桂北人民解放总队第十五大队一部在资源县沟塘湾全歼国民党国防部独立工兵第十八团一个连，毙俘敌营长以下 10 余人，缴枪 62 支。

10 月 30 日　粤桂边纵队第八支队司令员兼政委杨烈、副政委陈清源率第二十三团于横县陶圩福龙村围歼国民党广西省保安队的一个营，毙伤俘敌近 120 人，缴获轻重机枪 11 挺、步手枪 100 余支。

10月下旬　敌三二一师一个连在广东化县平定被我粤桂边纵队第一支队第二团包围而投降，缴枪8支。随后第二团又迫使陆川县清湖守敌投降，缴获步枪50余支、驳壳枪2支。

10月下旬　桂中支队第十五团及第三大队解放武宣县9个乡。至此，武宣县农村已基本解放。

11月4日　第四野战军根据中央军委制定的战略方针，作出围歼白崇禧集团的具体部署，决定以第十三兵团所辖的第三十八军、第十四兵团所辖的第三十九军10万余人为西路军，沿湘黔边境迂回桂西，切断敌逃往云贵的道路；以第二野战军第四兵团所辖的第十三、十四、十五军18万余人为南路军，从粤西秘密进入粤桂边的廉江、茂名、信宜地区，防敌向海南岛逃窜；以第十二兵团所辖的第四十、四十五军，第十四兵团所辖的第四十一军14万余人为中路军，集结于湘桂边境，抑留白崇禧集团于桂北，待西、南两路大军断敌后路，形成钳形合击态势时，即自北向南发起攻击，围歼敌人。7日起，西、南、中路的3个兵团、10个军共40多万大军先后行动，揭开了广西战役的序幕。

11月6日　经乐业县游击队4个多月的围困，乐业县城守敌弹尽援绝，于是日弃城逃跑。8日，乐业县独立大队一部进驻县城。

11月7日　根据中共粤桂边区委的指示，杨烈、陈清源等率第八支队司令部及第二十三团自横县向柳州方向挺进。进军途中，解放了永淳、宾阳、武宣3县的7个乡镇；截击了国民党军第七十四师的后勤车队，击毁汽车2辆，缴获大批军用物资。

11月上旬　国民党兴（安）灵（川）龙（胜）资（源）4县联合办事处主任曾碧林在兴安县金石乡率100余人向我桂北人民解放总队投诚。

11月12日　柳北人民解放总队于柳城大埔镇外杨柳桥与国民党柳城自卫总队激战，俘其副总队长甘达霖以下20余人。

11月15日　中共广西省委发表《告广西人民书》，号召各地游击队和全省人民紧急行动起来，积极配合、支援野战军作战；号召国民党军政人员当机立断，迅速投向人民。

11月17日　桂西主力第八十五团及第三支队各一部进攻那马县龙口据点，毙敌30多名，俘敌县自卫总队副总队长谢良彪以下95名，缴枪近百支。

同日　粤桂边纵队第七支队在第一支队一部的配合下于广东吴川县龙头圩围歼该县自卫大队，经一昼夜激战，俘国民党吴川县县长郑维楫以下 400 余人，缴获轻重机枪 12 挺、步手枪 300 多支。

11 月 20 日　左江人民行政专员公署成立，专员梁游。

同日　桂北人民解放总队第十二大队在义宁县城附近包围敌九十七军一个连，敌 107 人投诚。

11 月 21 日　林彪、谭政、萧克致电中共中央华南分局及中共广西省委，要求华南分局和广西省委指示广西地方党组织和人民武装配合野战军作战。主要任务是：在各主要河流北岸隐藏一批船只，供大军渡江使用，并阻塞敌之交通，扰乱其后方；做好群众工作，挫败敌之坚壁清野政策；大军到达时，协助筹粮，保卫交通线及消灭散敌。

同日　桂东人民解放总队贺西大队在贺县马鼻村松虎岭阻击南逃的敌平乐专署保安营，经 6 小时激战，敌营长被迫率部 120 多人投降。

11 月 22 日　人民解放军第四十一军一二三师解放广西省会桂林市。

11 月 25 日　人民解放军第三十九军一一五师、第四十军一一九师分别解放柳州、梧州市。

同日　桂西河池县独立营及三十四大队在拉友、板庆、长坡一带阻击敌第一〇三军三四七师。27 日，四野第三十八军一五一师赶到，共同将该敌歼灭，俘其副军长、师长潘汉逵以下 1400 余人。

11 月 25 日至 12 月 1 日　人民解放军南路军在粤桂边纵队第一、二、五、六、七支队的积极配合下进行粤桂边大围歼战第一阶段作战，基本歼灭白崇禧集团第三、十一兵团及余汉谋集团第十三兵团，击毙其第十一兵团副司令胡若愚，生俘华中军政长官公署副长官兼第三兵团司令张淦、第十一兵团参谋长李致中等高级军官多名，解放了粤桂南区各县，彻底粉碎了白崇禧集团南逃海南岛的计划。

11 月 27 日　粤桂边纵队第八支队二十二团在上林县周安、北栏一带阻击敌第九十七军三十三师，与其激战近一昼夜，俘敌 100

余人，缴获武器 100 余件。

11 月 30 日　廖联原率桂中支队主力在象县二塘风门坳堵截南逃的敌五十六等军残部，后配合野战军歼灭该敌 1000 余人。同日，溃逃之敌 200 余人在武宣妙王乡（今属象州县）被桂中支队第三大队妙王中队和民兵包围，敌师副参谋长被迫率部投诚，交出轻重机枪 16 挺、长短枪 90 余支。

11 月下旬　粤桂边纵队第三支队司令员谢王岗、政委陈明江率支队主力在小董南北邕钦公路两侧拦截南逃之敌，同时，调集钦县、防城两县支前民工共 3500 人破坏公路、桥梁。在第三支队的有力牵制、阻击下，自南宁向钦县溃逃的国民党败军 1 万多人、数百辆汽车被阻滞于小董附近地区，从而使南下大军得以追上这股敌人，于 12 月 7 日将其全歼。

11 月下旬　滇桂黔边纵队司令员庄田、政委林李明等率 4 个团自滇南、黔西南向桂西挺进，阻敌经百色向云南溃逃及迎接野战军入滇作战。12 月 13 日，部队到达百色，与四野一五一师及桂西区指挥部会师。

12 月 2 日　都宜忻人民解放总队解放广西省第十专署所在地宜山县城。在广西战役期间，广西游击队共解放 30 座县城。

同日　武鸣县腾翔民兵大队在邕武公路高峰至米花圩一带截击敌车队，俘敌官兵及家属 300 余人，缴获汽车 36 辆及大批军用物资。

12 月 2 日至 8 日　人民解放军进行粤桂边大围歼战第二阶段作战。自 12 月 2 日起，南路、中路人民解放军各军在粤桂边纵队第三、四、七支队的积极配合下，向钦廉地区追击南逃之敌。6 日，攻占钦县县城，歼敌 1 万余人。7 日又在钦县小董围歼国民党军 1 万余人。与此同时，人民解放军各部队分别于合浦、灵山、防城及桂中南歼灭溃散的残敌。至 12 月 8 日，共歼敌 4 万余人，解放了钦廉及桂中南地区的 10 多个县。

12 月 4 日　人民解放军第三十九军一一六师解放南宁。

同日　桂中支队第二十九团配合人民解放军一三三师围歼溃逃于贵县少村乡之敌，毙伤敌 300 多人，俘桂中军政区中将司令王景宋以下 900 多人。

12 月 5 日　人民解放军第一五一师解放百色。

12 月 9 日　中国人民解放军广西军区宣告成立。司令员兼政委张云逸，副司令员黄永胜、李天佑、彭明治，副政委莫文骅、吴法宪（兼政治部主任），参谋长曾国华。随后相继成立桂林、柳州、平乐、宜山、宾阳、梧州、龙州、武鸣、郁林、百色等 10 个军分区。

12 月上旬　田阳县篆虞游击队组织田阳、田东两县边界的民兵在合好村一带截击敌凤山专署少将专员阳丽天所部 300 多人，迫其投诚，缴获各种枪炮 134 支（挺、门）。

12 月 11 日　人民解放军第三十九军一一五师三四三团占领中越边境要塞镇南关，标志着广西战役结束，广西全省解放。

12 月 13 日　国民党桂北军政区中将司令周祖晃接受《和平解决方案》，其所辖部队 5000 余人接受人民解放军改编。

同日　国民党广西省第六区（靖西）专署专员赖慧鹏在靖西率部 3700 余人起义。

12 月 26 日　国民党养利县县长许可绥和雷平县代县长黎庚尧率两县军 300 余人向雷平县独立营缴械投降，雷平县城解放。

同日　左江支队第七十四团第一营在万承县武工队、民兵配合下于万承县布泉拦截逃敌，歼敌第五十八军一个整营，并迫使随后跟进的武鸣专署保安司令韦宝新所率的保安团 500 余人折返隆安向我驻军投降。

12 月 27 日　国民党黔桂边区中将司令张光玮在西隆县率部 2000 余人起义。国民党残存的另一股较大的广西地方武装——桂西军政区所部 2300 余人在其中将司令莫树杰率领下，于 1950 年 1 月 22 日在南丹县宣布投诚。

12 月 30 日　中国人民解放军第四野战军司令部发表广西战役战绩公报。公报称，第四野战军在二野兄弟部队一部及广西人民游击队的积极配合协同作战下，自 11 月 7 日开始战役行动，至 12 月 11 日占领镇南关止，共歼敌 172990 人，毙伤俘敌将级军官 76 名，解放城市 80 座，缴获各种炮 1258 门、各种枪 52625 支、汽车 1516 辆、炮艇 16 艘、电台 262 部，击落飞机 2 架。

广西各地相继解放后，中共中央华中局、华南分局及中共广西省委从野战军、南下工作团、广西工作团以及地下党、游击队中抽调大批干部，参加接管城镇和建立（充实）各级人民政权，领导各族群众肃清匪特，安定社会秩序，恢复、发展生产。

1950 年

1月12日　中共广西省委暨广西军区发出整建地方武装工作的指示。其后，全省以游击队为基础，组建了7个独立团、2个独立营、1个独立支队、99个县大队，每区还有一个区中队，建立了一支强大的地方武装力量。

1月15日　广西剿匪作战全面展开。

2月8日　广西省人民政府在南宁正式成立，主席张云逸。

3月1日，解放西隆县。至此，广西所有县份全部解放。

附录四　广西各市县解放时间一览表

县、市	解放日期	说明	县、市	解放日期	说明
平治县	1949.10.23	今属平果市	信都县	1949.11.24	今属贺州市八步区
乐业县	1949.11.8		思恩县	1949.11.24	今属环江毛南族自治县
全县	1949.11.17	今为全州县	柳州	1949.11.25	今为柳州市
三江县	1949.11.18	今为三江侗族自治县	柳江县	1949.11.25	今为柳州市柳江区
灌阳县	1949.11.19		梧州	1949.11.25	今为梧州市
资源县	1949.11.19		苍梧县	1949.11.25	
富川县	1949.11.19	今为富川瑶族自治县	阳朔县	1949.11.25	
兴安县	1949.11.20		荔浦县	1949.11.26	
义宁县	1949.11.20	今属桂林市临桂区	河池县	1949.11.26	今为河池市金城江区
融县	1949.11.20	今分属融安县、融水苗族自治县	修仁县	1949.11.27	今属荔浦县
宜北县	1949.11.20	今属环江毛南族自治县	岑溪县	1949.11.28	今为岑溪市
钟山县	1949.11.20		蒙山县	1949.11.28	
龙胜县	1949.11.21	今为龙胜各族自治县	容县	1949.11.28	
贺县	1949.11.21	今为贺州市八步区	北流县	1949.11.28	今为北流市
桂林市	1949.11.22		郁林县	1949.11.29	今为玉林市玉州区
临桂县	1949.11.22	今为桂林市临桂区	东兰县	1949.11.29	
灵川县	1949.11.22		凤山县	1949.11.29	
永福县	1949.11.23		象县	1949.11.29	今为象州县
罗城县	1949.11.23	今为罗城仫佬族自治县	雒容县	1949.11.30	今属鹿寨县
柳城县	1949.11.24		陆川县	1949.11.30	

続表

县、市	解放日期	说明	县、市	解放日期	说明
来宾县	1949.11.30	今为来宾市兴宾区	灵山县	1949.12.4	
上林县	1949.12.1		隆山县	1949.12.4	今属马山县
博白县	1949.12.1		永淳县	1949.12.5	今分属横州市、上林县、宾阳县
兴业县	1949.12.1		百色县	1949.12.5	今为百色市右江区
万冈县	1949.12.1	今为巴马瑶族自治县	田阳县	1949.12.5	
武宣县	1949.12.1		田东县	1949.12.5	
迁江县	1949.12.1	今属来宾市兴宾区、合山市	西林县	1949.12.5	
金秀设治局	1949.12.1	今为金秀瑶族自治县	都安县	1949.12.5	今为都安县、大化瑶族自治县
宾阳县	1949.12.2		平乐县	1949.12.6	
榴江县	1949.12.2	今属鹿寨县	防城县	1949.12.6	今为防城港市防城区
宜山县	1949.12.2	今为宜州市	养利县	1949.12.6	今属大新县
合浦县	1949.12.3	今分为合浦县、浦北县	绥渌县	1949.12.6	今属扶绥县
平南县	1949.12.3		钦县	1949.12.7	今为钦州市钦北区、钦南区
南宁	1949.12.4	今为南宁市	果德县	1949.12.7	今属平果市
武鸣县	1949.12.4	今为南宁市武鸣区	那马县	1949.12.8	今属马山县
邕宁县	1949.12.4	今为南宁市邕宁区	上思县	1949.12.8	
横县	1949.12.4	今为横州市	思乐县	1949.12.9	今属宁明县
北海	1949.12.4	今为北海市	扶南县	1949.12.9	今属扶绥县
贵县	1949.12.4	今为贵港市港北区、港南区、覃塘区	宁明县	1949.12.10	
桂平县	1949.12.4	今为桂平市	明江县	1949.12.10	今属宁明县

县、市	解放日期	说明	县、市	解放日期	说明
恭城县	1949.12.11	今为恭城瑶族自治县	镇边县	1949.12.25	今为那坡县
凭祥县	1949.12.11	今为凭祥市	南丹县	1949.12.26	
隆安县	1949.12.13		雷平县	1949.12.26	今属大新县
同正县	1949.12.14	今属扶绥县	上金县	1949.12.29	今属龙州县
龙茗县	1949.12.15	今属天等县	中渡县	1949.12.30	今属鹿寨县
百寿县	1949.12.16	今属永福县	敬德县	1949.12.下旬	今属德保县
昭平县	1949.12.17		靖西县	1950.1.7	今为靖西市
龙津县	1949.12.19	今属龙州县	向都县	1950.1.3	今属天等县
崇善县	1949.12.19	今为崇左市江州区	凌云县	1950.1.5	
田西县	1949.12.22	今属田林县	左县	1950.1.14	今为崇左市江州区
万承县	1949.12.22	今属大新县	天峨县	1950.1.20	
镇结县	1949.12.23	今属天等县	天河县	1950.2.11	今属罗城仫佬族自治县
天保县	1949.12.25	今属德保县	西隆县	1950.3.1	今为隆林各族自治县

附录五　广西新旧县名对照表

永淳县　现并入横州市，部分并入宾阳县

隆山县　现并入马山县

那马县　现并入马山县

同正县　现并入扶绥县

扶南县　现并入扶绥县

绥源县　现并入扶绥县

镇结县　现并入天等县

向都县　现并入天等县

龙茗县　现并入天等县

敬德县　现并入德保县

天保县　现并入德保县

龙津县　现并入龙州县

上金县　现并入龙州县

明江县　现并入宁明县

思乐县　现并入宁明县

崇善县　现并入崇左市

左　县　现并入崇左市

万承县　现并入大新县

养利县　现并入大新县

雷平县　现并入大新县

迁江县　现并入来宾市

思恩县　现并入环江毛南族自治县

宜北县　现并入环江毛南族自治县

天河县　现并入罗城仫佬族自治县

榴江县　现并入鹿寨县

中渡县　现并入鹿寨具

附录六 广西武装部队序列

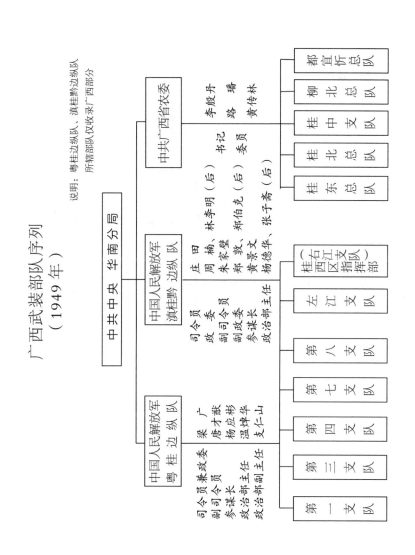

广西武装部队序列
（1949年）

说明：粤桂边纵队、滇桂黔边纵队
所辖部队仅收录广西部分

中共中央 华南分局

中国人民解放军
粤桂边纵队

司令员兼政委 梁 广
副司令员 唐才猷
参谋长 杨应彬
政治部主任 温焯华
政治部副主任 支仁山

第一支队
第三支队
第四支队
第七支队
第八支队

中国人民解放军
滇桂黔边纵队

司令员 庄 田
政 委 周 楠
副司令员 朱家璧
副政委 郑 敦、林李明（后）
参谋长 黄景文
政治部主任 杨德华、张子斋（后）

（右江区指挥部）
左江支队
桂西

中共广西省委委

书记 李殷丹
委员 路 璠、郝伯克（后）
黄传林

桂东总队
桂北总队
桂中支队
柳北总队
都宜忻总队

附录六 广西武装部队序列　261

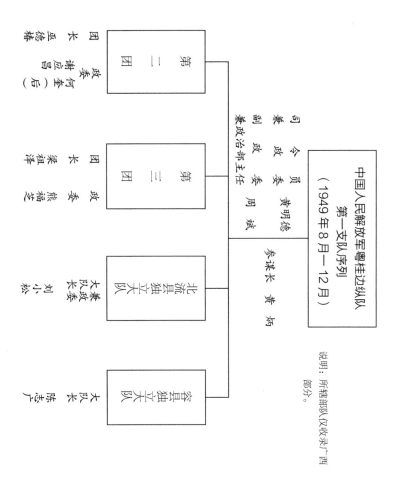

中国人民解放军粤桂边纵队
第一支队序列
（1949年8月—12月）

司令员　黄明德
兼政委
副政委
参谋长　黄　炳
兼政治部主任　周　斌

第二团
政委　谢应奎
团长　巫德春（后）

第三团
政委　熊福祥
团长　梁祖泽

北流县独立大队
大队政委　刘小松
兼政治大队长

容县独立大队
大队长　陈志广

说明：所辖部队仅收录广西部分。

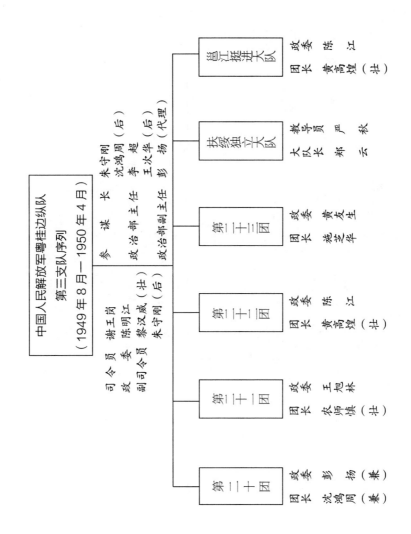

中国人民解放军粤桂边纵队
第三支队队序列
（1949年8月—1950年4月）

司令员　谢王岗
政委　陈明江（壮）
副司令员　黎汉威（壮）
　　　　　朱守刚（后）

参谋长　朱守刚
　　　　沈鸿周（后）
政治部主任　李超华（后）
政治部副主任　王次华（后）
　　　　　　　彭扬（代理）

第二十团	第二十一团	第二十二团	第二十三团	扶绥独立大队	邕江挺进大队
团长　沈鸿周（兼）	团长　农师愼（壮）	团长　黄高煌（壮）	团长　施芝华	大队长　郝云	团长　黄高煌（壮）
政委　彭扬（兼）	政委　王旭林	政委　陈江	政委　黄友生	教导员　严秋	政委　陈江

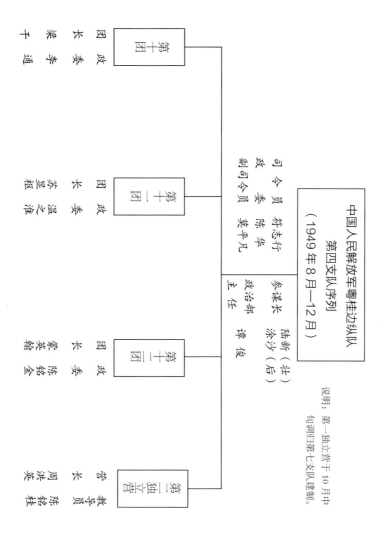

中国人民解放军粤桂边纵队
第四支队序列
（1949年8月—12月）

司　令　员	符志行	参谋长	陆新（壮）
政　委	陈　华		添沙（后）
副司令员	莫平凡	政治部主任	谭　俊

第十团
团　长　梁李
政　委　李　通

第十一团
团　长　温之
政　委　苏昱根淮

第十二团
团　长　陈英翰金
政　委　莫绪

第二独立营
教导员　周洪英桂
营　长　陈绍柱

说明：第一独立营于10月中旬调归第七支队建制。

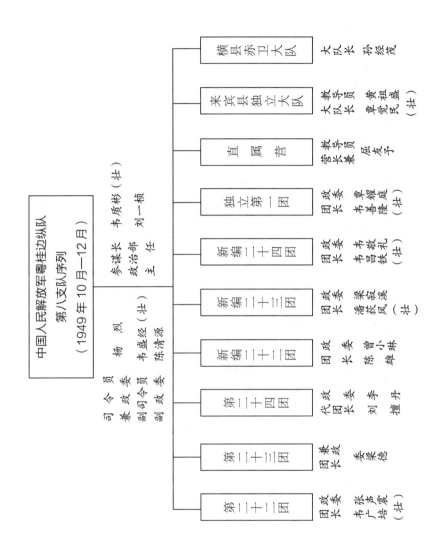

中国人民解放军粤桂边纵队
第八支队序列
（1949 年 10 月—12 月）

司 令 员 杨 烈
兼 政 委
副 司 令 员 韦盛经（壮）
副 政 委 陈清源

参 谋 长 韦质彬（壮）
政 治 部 刘一桢
主 任

第二十二团	团 政 委 张声震培（壮）韦广
第二十三团	团 兼 政 委 梁德长
第二十四团	代 团 政 委 李擅丹长刘
新编二十二团	团 政 委 陈小雄珠长曾
新编二十三团	团 政 委 潘荻凤（壮）长梁寂溪
新编二十四团	团 政 委 韦冒铁礼（壮）长韦敬
独立第一团	团 政 委 韦善耀庭（壮）长韦隆
直属营	营 长 兼 屈友子教导员
来宾县独立大队	大队长韦觉民（壮）教导员黄祖盛
横县赤卫大队	大队长孙经茂

中国人民解放军滇桂黔边纵队左江支队序列

（1949年10月—12月）

司令员　覃一凡
政委　黄嘉
参谋长　王平
政治部主任　梁溪
副参谋长　梁玉金（壮）
政治部副主任　丘冰

右江上游区指挥部
指挥员兼政委　刘包
政治部主任　吕剑

所属部队

- 第三团
  政委　黄甘苦
  团长　覃国翰（壮）
- 第七十四团
  政委　项林伯（壮）
  团长　李俊琪
- 龙州县独立营
  营长兼政委　梁富廷（壮）
- 祥（样）县独立营
  营长兼政委　何家延（壮）
- 上金县独立营
  营长兼政委　陈汉枢（壮）
- 雷平县独立营
  营长兼政委　黄国欧（壮）
- 养利县独立大队
  大队长兼政委　赵少强（壮）
- 万承县独立营
  营长兼政委　李荫丰（壮）
- 龙茗县独立营
  营长兼政委　陈中拱（壮）
- 左县独立营
  营长兼政委　农陆培（壮）
- 同正县独立营
  营长兼政委　赵地（壮）
- 龙湖县独立大队
  大队长兼政委　吴谋美（壮）
- 天保两路独立大队
  大队长兼政委　王杨少青（壮）
- 向都县独立大队
  大队长兼政委　农陆焕（壮）
- 隆安第一独立大队
  大队长兼政委　黄锋昌（壮）
- 隆安第二独立大队
  大队长兼政委　张林昭（壮）
- 镇结县独立大队
  大队长兼政委　贺化洪（壮）
- 第十五团
  政委　何建武
  团长　黄光平
- 镇边县独立营
  营长兼政委　李与样（壮）
- 靖西县独立大队
  大队长兼政委　隆建南（壮）
- 敬德县独立大队
  大队长兼政委　梁柳松（壮）
- 天保北路独立大队
  大队长兼政委　赵斯（壮）

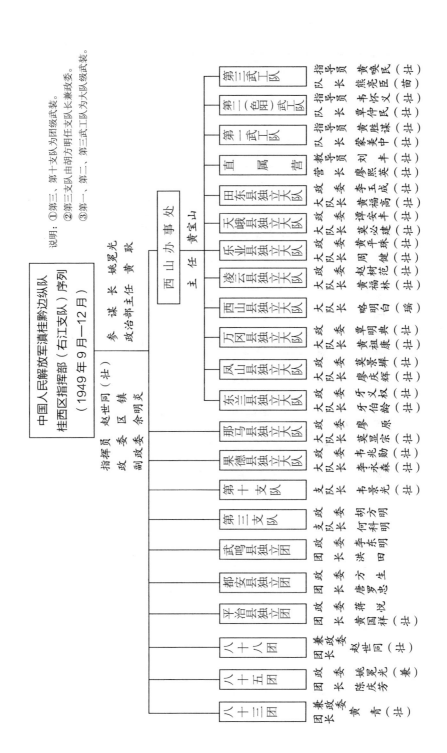

说明：①第三、第十支队为团级武装。
②第三支队由胡方明任支队长兼政委。
③第一、第二、第三武工队为大队级武装。

中国人民解放军滇桂黔边纵队
桂西区指挥部（右江支队）序列
（1949年9月—12月）

指挥员　赵世同（壮）
政　委　镇　区
副政委　佘明炎

参　谋　长　姚冕光
政治部主任　黄　脉

西山办事处
主任　黄宝山

第三武工队　指导员　黄焕民（壮）
第二（色阳）武工队　指导员　韦怀义（壮苗）
第一武工队　指导员　黄胜谋（壮）
直属营　教导员　廖熙丰（壮）
田东县独立大队　大政大政委　李玉成（壮）
天峨县独立大队　大政大政委　黄福高（壮）
乐业县独立大队　大政大政委　谭安丰（壮）
凌云县独立大队　大政大政委　黄平建（壮）
西山县独立大队　大政大政委　赵树珠（壮）
万冈县独立大队　大政大政委　黄福林（壮）
凤山县独立大队　大政大政委　略明白瑶
东兰县独立大队　大政大政委　韦明康（壮）
　　　大队长　黄祖典（壮）
　　　大政委　廖庆辉（壮）
那马县独立大队　大政大政委　牙伯龄（壮）
果德县独立大队　大政大政委　韦显宗（壮）
　　　大队长　李永森（壮）
第十支队　支队长　韦景光（壮）
第三支队　支政委　何东科明方明明
武鸣县独立团　团政委　李明田（壮）
都安县独立团　团政委　洪方忠（壮）
平治县独立团　团政委　唐罗生（壮）
八十八团　团长兼政委　蒋国祥（壮）
八十五团　团长兼政委　赵世同（壮）
八十三团　团政委　姚冕光（兼）
　　　团长兼政委　陈庆芳（壮）
　　　黄青（壮）

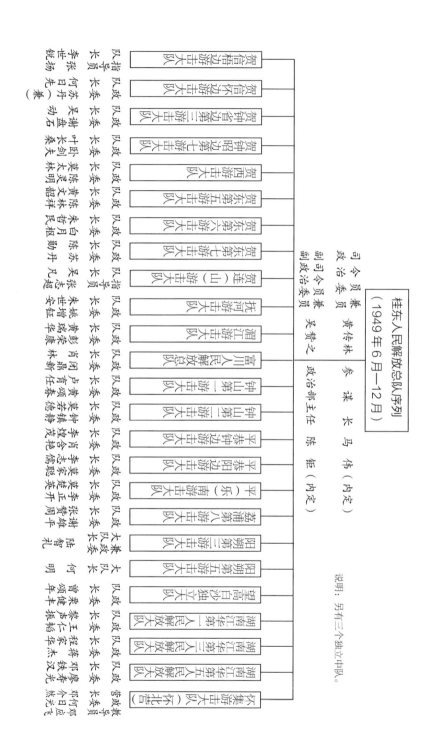

桂东人民解放总队序列（1949年6月—12月）

说明：另有三个独立中队。

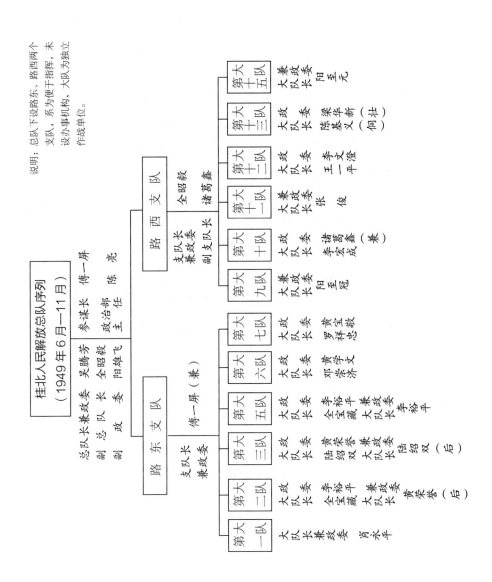

说明：总队下设路东、路西两个支队，系为便于指挥，未设办事机构，大队为独立作战单位。

桂北人民解放总队序列
（1949年6月—11月）

总队长兼政委 灵腾芳
副总队长 全昭毅
副政委 阳雄飞

参谋长 傅一屏
政治部主任 陈亮

路东支队
支队长兼政委 傅一屏（兼）

第大一队	第大二队	第大三队	第大五队	第大六队	第大七队
大队长兼政委 肖永平	大队长 全宝藏 大兼政委队长 黄荣誉（后）	大队长 陆绍双 大兼政委队长 陆绍双（后）	大队长 全宝藏 大兼政委队长 李裕平	大队长 邓崇文 大队长 黄学济	大队长 罗祥忠 大队长 黄宝叔

路西支队
支队长兼政委 全昭毅
副支队长 诸葛鑫

第大九队	第大十队	第大十一队	第大十二队	第大十三队	第大十五队
大队长兼政委 阳至冠	大队长 李发成 大兼政委队长 诸葛鑫（兼）	大队长 张俊	大队长 王一平 大队长 李文澄	大队长 陈基义 大队长 梁华新（侗、壮）	大队长 阳至元

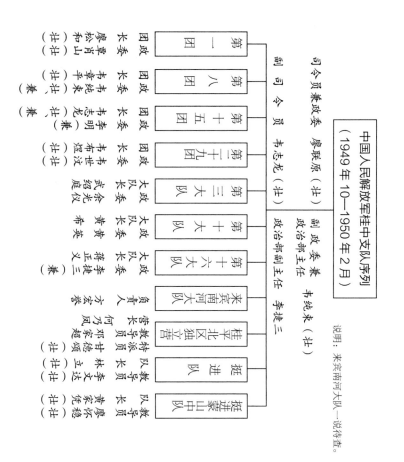

中国人民解放军桂中支队序列
（1949年10—1950年2月）

说明：来宾南河大队一说待查。

司令员兼政委　廖联原（壮）
副政委兼政治部主任　韦纯束（壮）
副司令员　韦志龙（壮）
政治部副主任　李捷三

第一团
团政委　廖松青（壮）兼
团长　和松山（壮）兼

第八团
团政委　韦世遐（壮）兼
团长　韦志明（壮）兼

第十五团
团政委　韦布壮（壮）
团长　武余光

第十九团
大队政委　邓绍延
大队长　黄布英

第三大队
大队政委　蒋正捷
大队长　李义三

第十大队
大队政委
大队长

第十六大队
大队政委　方玄誉
负责人

来宾南河大队
负责人

桂北区独立营
教导员、特派员　甘家超
营长　何乃颂

挺进山队
教导员　林文达
队长　邓五庭（壮）　黄怀凭（壮）

挺进山甲队
教导员　李凤（壮）
队长　廖家稳（壮）

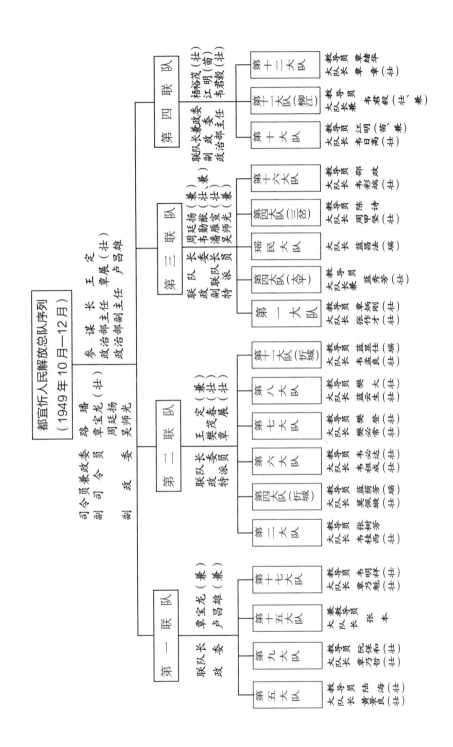

都宜忻人民解放总队序列
（1949 年 10 月—12 月）

司令员兼政委　路璠
副司令员　韦宝龙（壮）
副政委　周廷扬
　　　　吴师光

参谋长　王定
政治部主任　韦展（壮）
政治部副主任　卢昌雄

第一联队
联队长　韦宝龙（兼）
政委　卢昌雄（兼）

第五大队
大队长　黄寒度（壮）
教导员　陆海（壮）

第九大队
大队长　韦乃明（壮）
教导员　阮保哲（壮）

第十五大队
大队长　张本
兼教导员

第十七大队
大队长　韦万魁（壮）
教导员　韦乃祥（壮）

第二联队
联队长　王定（兼）（壮）
政委　樊茂春（壮）
特派员　韦展（壮）

第三大队
大队长　张桂芳（壮）
教导员　韦树西（壮）

第四大队（忻城）
大队长　蓝佩琼（壮）
教导员　莫荫芳（壮）

第六大队
大队长　蓝组成（壮）
教导员　韦必选（壮）

第七大队
大队长　樊必签（壮）
教导员　樊云大（壮）

第八大队
大队长　蓝云生（壮）
教导员　樊炳（壮）

第十六大队（忻城）
大队长　韦孟良（壮）
教导员　蓝瑶（壮）

第三联队
联队长　周廷扬（兼）（壮）
政委　韦勋献（壮）
副联队长　韦满雁（兼）
特派员　吴师光

第一大队
大队长　张作刚（壮）
教导员　才（壮）

第四大队（辛）
大队长　蓝秀芳（壮）
教导员

瑶民大队
大队长　蓝昌法（瑶）

第四大队（忻）
大队长　周陈诗（壮）
教导员　甲坚（壮）

第十六大队
大队长　韦邵政（壮）
教导员　彤端（壮）

第四联队
联队长兼政委　梧裕茂（壮）
副政委　江明（壮）
政治部主任　韦君毅（壮）

第十大队
大队长　韦日高（壮、兼）
教导员　江明（苗、兼）

第十二大队（柳江）
大队长　韦君毅（壮、兼）
教导员

第十三大队
大队长　韦绪华
教导员

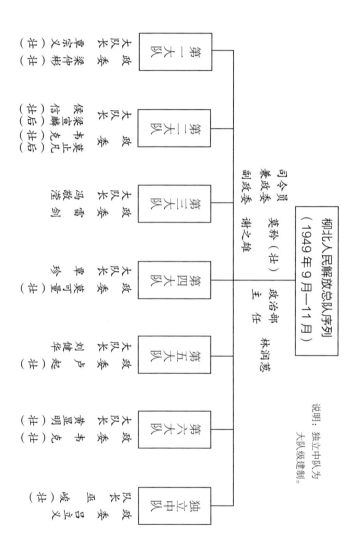

柳北人民解放总队序列
（1949年9月—11月）

司令员 兼政委 莫矜（壮）
副政委 谢之雄
政治部 主任 林润慈

第一大队
大队长 梁仲彬（壮）
政委 覃宗义（壮）

第二大队
大队长 梁专（壮后）
政委 侯鹏克凡（壮后）

第三大队
大队长 冯敏剑
政委 覃珍莹（壮）

第四大队
大队长 覃可莹（壮）
政委 覃量

第五大队
大队长 刘健起
政委 卢华（壮）

第六大队
大队长 黄显明克（壮）
政委 韦专（壮）

独立中队
队长 吕峻义
政委 巫立（壮）

说明：独立中队为大队级建制。

附录七　参考书目

中国共产党广西历史．第一卷
著者：中共广西壮族自治区委员会党史研究室著
出版社：北京：中共党史出版社，2004.8

中国共产党在广西
著者：郎敏路主编
出版社：南宁：接力出版社，1997.8

中国共产党在广西
著者：陈立生、庾新顺、黄莺编著
出版社：南宁：广西人民出版社，2019.9

红色广西：纪念中国共产党在广西建立组织 90 周年
著者：广西壮族自治区档案馆编著
出版社：南宁：广西人民出版社，2015.11

中国共产党广西历史读本（1921—2013）
著者：中共广西壮族自治区委员会编著
出版社：南宁：广西人民出版社，2014.6

党旗飘飘：中国共产党广西历史知识读本
著者：本书编写组编著
出版社：桂林：广西师范大学出版社，2011.7

旗帜：中国共产党在广西历史知识读本
著者：高枫主编
出版社：桂林：广西师范大学出版社，2012.6

广西通志：中共广西地方组织志

著者：广西壮族自治区地方志编纂委员会编

出版社：南宁：广西人民出版社，1994.8

广西通志：共产党志（1991–2005）

著者：广西壮族自治区地方志编纂委员会编

出版社：南宁：广西人民出版社，2015.4

中国共产党广西历史图志

著者：中共广西壮族自治区委员会党史研究室编

出版社：北京：中共党史出版社，2007.9

中国共产党广西历史图集：1921—2011

著者：庾新顺主编

出版社：桂林：广西师范大学出版社，2011.7

广西革命战争史纪事（1919—1949）

著者：庾新顺编著

出版社：南宁：广西人民出版社，1999.1

中共广西党史大事记：新民主主义革命时期

著者：中共广西壮族自治区委员会党史资料征集委员会编著

出版社：南宁：广西人民出版社，1989.11

中国共产党民族工作的伟大实践：广西卷

著者：中共广西自治区委员会党史研究室编著

出版社：南宁：广西人民出版社，2014.8

中国共产党与少数民族人民的解放斗争

著者：中共广西壮族自治区委员会党史研究室编

出版社：北京：中共党史出版社，1999.6

广西壮族革命史

著者：黄成授著

出版社：南宁：广西民族出版社，1994.6

红色传奇

著者：广西壮族自治区党员教育中心编

出版社：南宁：广西人民出版社，2019.8

广西红色文化

著者：于瑹、许晓明编著

出版社：南宁：广西人民出版社，2012.9

广西红色之旅

著者：中共广西壮族自治区委员会宣传部编

出版社：南宁：广西人民出版社，2006.6

八桂之魂：广西爱国主义教育基地巡礼

著者：陈欣德、庾新顺主编

出版社：南宁：广西人民出版社，2011.4

广西壮族自治区革命遗址通览．第 1 册

著者：中共广西壮族自治区委员会党史研究室编

出版社：南宁：广西人民出版社，2015.9

广西壮族自治区革命遗址通览．第 2 册

著者：中共广西壮族自治区委员会党史研究室 编

出版社：南宁：广西人民出版社，2015.9

红色留踪：广西革命遗址遗迹览胜．上

著者：中共广西壮族自治区委员会党史研究室编

出版社：南宁：广西民族出版社，2012.11

红色留踪：广西革命遗址遗迹览胜 . 下

著者：中共广西壮族自治区委员会党史研究室编

出版社：南宁：广西民族出版社，2012.11

广西解放纪实

著者：广西壮族自治区通志馆编著

出版社：南宁：广西人民出版社，1989.7

广西战役

著者：广西军区政治部编

出版社：南宁：广西人民出版社，1992.5

广西解放

著者：广西壮族自治区档案馆编

出版社：南宁：广西人民出版社，1999.12

红旗插上镇南关

著者：中共广西区委党史研究室、中共崇左市委党史研究室
编著

出版社：南宁：广西人民出版社，2014.12

决战桂系序幕

著者：秦孟真、邓群著

出版社：北京：中共党史出版社、京华出版社，2002.4

桂边围歼：广西解放与白崇禧集团被歼

著者：刘干才编写

出版社：北京：蓝天出版社；长春：吉林出版集团有限责任
公司，2014.4

全国解放战争时期的广西武装斗争 . 上

著者：中共广西壮族自治区委党史资料征集委员会编著

出版社：北京：中共党史出版社，1992.8

全国解放战争时期的广西武装斗争.下

著者：中共广西壮族自治区委党史资料征集委员会编著

出版社：北京：中共党史出版社，1992.8

解放战争广西敌后游击战纪实

著者：张绳道著

出版社：北京：解放军出版社，2011.1

梧州地区党史资料丛书——桂东武装斗争

著者：中共梧州地区委员会党史办公室编

出版社：中共梧州地区委员会党史办公室，1990.5

滇黔桂边区革命根据地

著者：中共广西百色地委、云南文山州委、广西南宁地委、广西河池地委、贵州黔西南州委、贵州黔南州委党史研究室编

出版社：北京：中共党史出版社，1999.6

桂西解放战争纪实：1946–1950.1

著者：黄语扬主编

出版社：北京：中国广播电视出版社，2005.9

滇黔桂边红色印记：中国工农红军黔桂边游击队根据地（广西）文化遗产

著者：中共广西壮族自治区委员会党史研究室编著

出版社：桂林：广西师范大学出版社，2017.12

解放战争时期党领导的城市工作

著者：中共广西壮族自治区委员会党史资料征集委员会编著

出版社：南宁：广西人民出版社，1989.10

战斗在黎明：解放前夕南宁地下斗争回忆录

著者：中共南宁市委党史研究室编

出版社：南宁：广西科学技术出版社，1999.10

红日照柳州：纪念柳州解放五十周年
著者：中共柳州市委党史研究室编
出版社：南宁：广西人民出版社，1999.11

桂林解放
著者：中共桂林市委员会党史办公室编著
出版社：南宁：广西人民出版社，1992.3

广西革命回忆录
著者：广西军区政治部编
出版社：南宁：广西人民出版社，1985.5

广西革命回忆录：续集
著者：广西军区政治部编
出版社：南宁：广西人民出版社，1985.12

广西革命斗争回忆录. 第一辑
著者：广西壮族自治区革命历史编辑委员会编
出版社：南宁：广西人民出版社，1981.4

广西革命斗争回忆录. 第二辑
著者：中共广西壮族自治区委员会党史研究委员会编
出版社：南宁：广西人民出版社，1984

广西革命回忆文选
著者：莫凤欣编纂
出版社：南宁：广西人民出版社，2001.6

莫文骅将军文集
著者：中共南宁市委党史研究室编
出版社：南宁：广西人民出版社，2010.1

二十年打个来回
著者：莫文骅著
出版社：南宁：广西人民出版社，1988.11

莫文骅回忆录
著者：莫文骅著
出版社：北京：解放军出版社，1996.7

老骥忆烽烟
著者：吴西著
出版社：南宁：广西人民出版社，1988.10

履迹杂录
著者：李殷丹著
出版社：南宁：广西人民出版社，2006.9

岁月如潮
著者：黄嘉著
出版社：南宁：广西人民出版社，2003.5

激情岁月
著者：黄嘉著
出版社：南宁：广西人民出版社，2007.10

风雨历程
著者：林克武著
出版社：南宁：广西人民出版社，2006.2

清水长流
著者：廖联原著
出版社：南宁：广西人民出版社，2004.2

七十春秋纪

著者：黄传林著

出版社：南宁：广西人民出版社，2007.1

柳州星火

著者：梁山著，刘明文注

出版社：南宁：广西人民出版社，2007

往事回顾：我的七十年革命生涯

著者：黄荣著

出版社：南宁：广西人民出版社，1999.3

我的革命生涯

著者：陈岸著

出版社：北京：中共党史出版社，1995.9

岁月如斯——黄云回顾历史

著者：黄云著

出版社：南宁：广西人民出版社，2011.6

硝烟岁月

著者：覃应机著

出版社：北京：中共党史出版社，1991.11

往事如斯

著者：张声震著

出版社：北京：中共党史出版社，2014.1

足迹

著者：刘毅生著

出版社：南宁：广西人民出版社，2007.4

中共广西党史人物传. 第一辑

著者：中共广西壮族自治区委员会党史资料征集委员会编

出版社：南宁：广西人民出版社，1992.4

中共广西党史人物传. 第二辑
著者：中共广西壮族自治区委党史研究室、广西壮族自治区民政厅编
出版社：南宁：广西人民出版社，1995.12

中共广西党史人物传. 第四辑
著者：中共广西壮族自治区委党史研究室编
出版社：南宁：广西人民出版社，2004.5

中共广西党史人物传. 第五辑
著者：中共广西壮族自治区委党史研究室编
出版社：南宁：广西人民出版社，2004.3

风范：新民主主义革命时期的中共广西党史人物
著者：中共广西壮族自治区委员会党史研究室编著
出版社：南宁：广西人民出版社，2017.5

八桂将军风云录
著者：庾新顺、朱永来主编
出版社：南宁：广西人民出版社，2001.1

巍巍丰碑：广西革命烈士传略
著者：韦宣仁、郑荣贵、陆汉超、吕旭尧主编
出版社：南宁：广西人民出版社，2000.2

广西革命烈士诗抄
著者：广西革命纪念馆编著
出版社：南宁：广西人民出版社，2019.6

毛泽东与广西
著者：中共广西区党委宣传部、中共广西区党委党史研究室编

出版社：南宁：广西人民出版社，1993.11

张云逸大将
著者：罗永平、曾傅先著
出版社：郑州：海燕出版社，1987.12

张云逸
著者：顾卫东、李军晓著
出版社：北京：作家出版社，1997.7

张云逸大将
著者：于波著
出版社：北京：解放军文艺出版社，2005.5

张云逸年谱
著者：张晓光著
出版社：北京：中共党史出版社，2005.10

张云逸大将画传
著者：洪亮编著
出版社：成都：四川人民出版社，2009.4

张云逸在广西
著者：广西壮族自治区档案馆编
出版社：北京：中国档案出版社，2009.10

张云逸传
著者：《张云逸传》编写组编
出版社：北京：当代中国出版社，2012.7

张云逸军事文选
著者：军事科学院《张云逸军事文选》编辑组编
出版社：北京：军事科学出版社，2007.12

雷经天画传
著者：广西壮族自治区档案馆编著
出版社：南宁：广西人民出版社，2017.7

纪念雷经天文集
著者：中共南宁市委党史研究室编
出版社：南宁：广西人民出版社，2009.9

陈漫远传
著者：庾新顺等编著
出版社：北京：中共党史出版社，2012.5

漫漫修远：陈漫远史料专辑
著者：中共广西壮族自治区委员会党史研究室编
出版社：北京：中共党史出版社，2005.8

莫文骅回忆录
著者：莫文骅著
出版社：北京：解放军出版社，1996.7

怀念钱兴
著者：中共怀集县委党史办公室编
出版社：广州：广东人民出版社，1988.12

陈枫画传
著者：本书编委会编
出版社：南宁：广西人民出版社，2013.3

纪念陈枫
著者：本书编委会编
出版社：南宁：广西人民出版社，2014.4

青松高洁：黄松坚史料专辑

著者：中共广西区委党史研究室编

出版社：南宁：广西人民出版社，1999

赵世同风范长存

著者：李修琅、方积凡编著

出版社：南宁：广西民族出版社，1994.12

右江走出个赵世同

著者：百色起义纪念馆编

出版社：南宁：广西人民出版社，2012.12

赵世同画传

著者：百色起义纪念馆编

出版社：南宁：广西人民出版社，2014.11

张世聪传

著者：李时新、张向民编著

出版社：北京：中国文史出版社，2019.4

春兰秋菊长千古：缅怀区镇同志

著者：广西中共党史学会编

出版社：南宁：广西人民出版社，1996.10

父子侨领：庄希泉 庄炎林世纪传奇

著者：林玉涵著

出版社：北京：人民出版社，2007.1

父子侨领画传：庄希泉庄炎林世纪传奇

著者：马珂主编

出版社：北京：人民出版社，2007.4

父子侨领：庄希泉、庄炎林百年传奇

著者：钟兆云、易向农著

出版社：太原：山西人民出版社，2013.12

老红军黄荣

著者：李德汉主编

出版社：南宁：广西人民出版社，2009.2

山河为重此身轻：纪念黄耿同志专辑

著者：吴忠才主编

出版社：南宁：广西人民出版社，2006.7

韦纯束

著者：陈欣德主编

出版社：南宁：广西美术出版社，2013.9

张镇道画传

著者：庾新顺主编 广西革命纪念馆编著

出版社：南宁：广西人民出版社，2018.1

张震球画传

著者：百色起义纪念馆编著

出版社：南宁：广西人民出版社，2016.1

中国共产党南宁历史. 第一卷（1921—1949）

著者：中共南宁市委党史研究室著

出版社：北京：中共党史出版社，2010.7

中国共产党柳州历史. 第一卷.1921–1949

著者：中共柳州市委党史研究室著

出版社：北京：中共党史出版社，2009.11

中国共产党柳州历史. 第二卷.1949—1978
著者：中共柳州市委党史研究室著
出版社：北京：中共党史出版社，2016.11

中国共产党桂林历史. 第二卷.1949–1978
著者：中共桂林市委党史研究室著
出版社：北京：中央党史出版社，2016.6

中国共产党梧州历史. 第一卷.1921–1949
著者：中共梧州市委党史研究室著
出版社：南宁：广西人民出版社，2011.6

中国共产党北海历史：1926–1949. 第一卷
著者：中共北海市委党史研究室著
出版社：南宁：广西人民出版社，2005.12

中国共产党钦州历史. 第一卷
著者：中共钦州市委党史研究室著
出版社：南宁：广西人民出版社，2010.7

中国共产党贵港历史. 1
著者：中共贵港历史编纂委员会编著
出版社：南宁：广西人民出版社，2012.12

中国共产党玉林历史. 第一卷
著者：中共玉林市委党史办公室著
出版社：南宁：广西人民出版社，2010.6

中国共产党百色市历史：1921.7—2007.9
著者：中共百色市委党史办公室编著
出版社：南宁：广西人民出版社，2011.5

中国共产党河池历史. 第一卷：1919—1949
著者：中共河池市委党史研究室著
出版社：南宁：广西人民出版社，2010.1

南宁市革命遗址遗迹
著者：中共南宁市委党史研究室编
出版社：南宁：广西人民出版社，2012.12

中国共产党柳州历史画册：1921—1949
著者：中共柳州市委党史研究室编
出版社：南宁：广西人民出版社，2017.12

黑夜里的战斗：柳州革命斗争回忆录
著者：中共柳州市委党史研究室编
出版社：南宁：广西人民出版社，2012.11

中共梧州党史简明读本：1921-1949
著者：中共梧州市委党史研究室著
出版社：南宁：广西人民出版社，2014.5

永恒的忠魂：钦州革命烈士传（一）
著者：农泽活主编
出版社：南宁：广西人民出版社，2011.9

贵港市革命遗址遗迹
著者：中共贵港市委党史办公室编
出版社：南宁：广西人民出版社，2014.12

红色足迹：中国共产党玉林历史图片集（1921-1949）
著者：中共玉林市委党史办公室编著
出版社：南宁：广西人民出版社，2016.7

红色记忆：河池市革命遗址遗迹
著者：蓝蔚锽主编，中共河池市委党史研究室编
出版社：南宁：广西人民出版社，2012.9

河池红色歌谣选集
著者：中共河池市委党史研究室编
出版社：南宁：广西人民出版社，2016.12

永恒的丰碑：来宾市革命遗址遗迹名录
著者：中共来宾市委党史研究室编
出版社：南宁：广西人民出版社，2014.12

永远的记忆：崇左市革命遗址遗迹
著者：中共崇左市委党史研究室编
出版社：南宁：广西人民出版社，2011.6

红色南疆：中国共产党领导崇左革命斗争史
著者：韦强著
出版社：南宁：广西人民出版社，2013

广西十万山区革命历史档案资料选编
著者：广西壮族自治区档案馆编
出版社：南宁：出版者不详，1997.12

六万山烽火：1925～1945．上
著者：六万山烽火编委会编
出版社：北京：中共党史出版社，2002.7

六万山烽火：1945～1950．下
著者：六万山烽火编委会编
出版社：北京：中共党史出版社，2002.7

烽火大瑶山

著者：中共金秀瑶族自治县委员会、金秀瑶族自治县人民政府编

出版社：南宁：广西人民出版社，2014.1

老桂系纪实

著者：中国人民政治协商会议广西壮族自治区委员会文史资料委员会编

出版社：南宁：广西人民出版社，2003.5

新桂系纪实．续编（一）

著者：中国人民政治协商会议广西壮族自治区委员会文史和学习委员会编

出版社：南宁：广西人民出版社，2005.10

新桂系纪实．续编（二）

著者：中国人民政治协商会议广西壮族自治区委员会文史和学习委员会编

出版社：南宁：广西人民出版社，2005.11

新桂系纪实．续编（三）

著者：中国人民政治协商会议广西壮族自治区委员会文史和学习委员会编

出版社：南宁：广西人民出版社，2006.11

新桂系纪实．续编（四）

著者：中国人民政治协商会议广西壮族自治区委员会文史和学习委员会编

出版社：南宁：广西人民出版社，2006.12

新桂系纪实．续编（五）

著者：中国人民政治协商会议广西壮族自治区委员会文史和学习委员会编

出版社：南宁：广西人民出版社，2007.12

新桂系与中共关系史

著者：陈新建著

出版社：南宁：广西人民出版社，2005.10